KB145868

수리역학 매화역수 운정비결 1

수리심리역학 매화역수
운정비결연구소

서울시 강남구 청담동 50-8 해오름빌딩 6층(도산대로 90길 13)
미국 : 7235 Baek CT. Van Nuys, CA. 91405
문의전화 서울 02_549_3933   미국 818_997_9323

수리여하 매화역수 운정비결 1

개정증보판 1쇄 발행 2018년 12월 17일
개정증보판 2쇄 인쇄 2021년 10월 15일

지은이 김종현
펴낸이 김양수
편집·디자인 운정비결연구소

펴낸곳 도서출판 맑은샘 / **출판등록** 제2012-000035
주소 경기도 고양시 일산서구 중앙로 1456(주엽동) 서현프라자 604호
전화 031) 906-5006 / **팩스** 031) 906-5079
홈페이지 www.booksam.kr / **이메일** okbook1234@naver.com

ISBN 979-11-5778-354-0 (14150)
ISBN 979-11-5778-351-9 (SET)

개정증보판

수리역학 매화역수
數理易學 梅花易數

운정비결

1

운정 김종현
云亭 金鍾鉉

운정비결의 책을 내면서

인간(人間)의 운명(運命)이란 참으로 미묘하게 전개됩니다. 1984년 스포츠서울 창간호부터 10년이란 세월동안 오늘의 운세(運勢)를 연재하다가 떠난 이후, 2015년에 다시 스포츠서울과 서적을 출판하며 운정비결(云亭秘訣)에 대한 강의를 하게 되었습니다.

세월이란 긴 여정에서 미국에서의 생활은 한국의 역학(易學)이 세계(世界)속의 학문(學文)을 발전, 승화할 수 있는 기회가 되었습니다. 미국 생활 속에서 세계(世界)의 많은 사람을 한 곳에서 접하며 사주팔사(四柱八字)라는 기본의 인식에서 벗어나, 운정비결(云亭秘訣)의 비법이 참으로 오묘함을 느끼며, 무궁무진한 연구의 대상이 되었습니다.

60갑자(甲子) 속에서 인간(人間) 개개인의 성격(性格)을 연구하다 보니 남(男), 녀(女) 1,080개의 성격이 확실하게 표출될 수 있음을 접하게 되었습니다.

학문(學文)의 대한 연구 분석에 많은 공헌을 아끼지 않고 뒤에서 노력한 운정비결연구소 이원재 대표님, 조래순 소장님, 황우현 이사님, 최지봉 이사님에게 감사드립니다.

2019년 1월

김종현

Homepage : www.unjung.kr
E-mail : info@unjung.kr

목차

1. 운정비결(云亭秘訣)을 익히기 위한 명리(命理)의 기초(基礎)

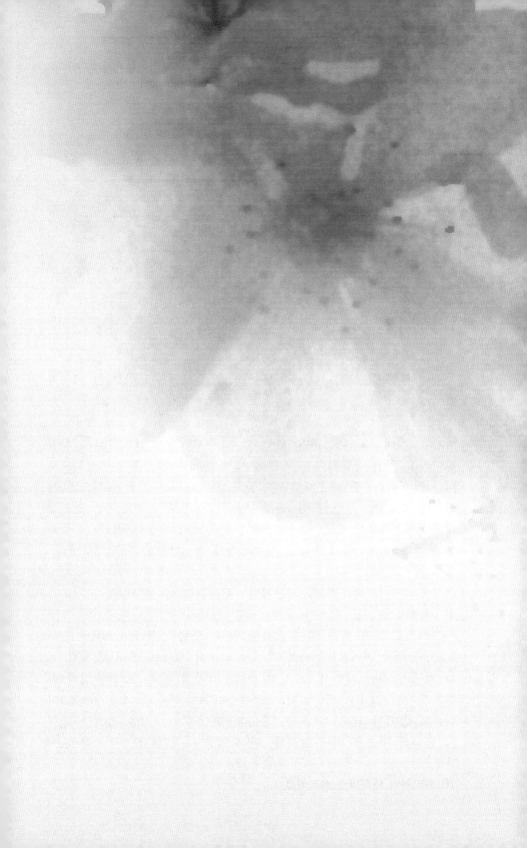

1-1. 음양오행

1-1-1. 음양(陰陽)

역학에서 음양(陰陽)이란 우주를 인식하는 가장 근본이 되는 이치이다.

이것은 상대성을 나타내며 우주 안에 존재하는 만물(萬物)은 음과 양이라고 하는 상대성의 구조를 통해서 존재한다는 것을 이치적으로 나타낸 것이다. 빛이 존재하면 어둠도 존재하고, 따뜻함이 있으면 차가움이 있으며, 강한 것이 존재하면 약한 것도 존재한다는 원리를 나타내며, 이렇게 모든 것은 상대적인 것으로 음양(陰陽)은 우주의 근본 기운(氣運)이 항상'짝을 이루어서 존재 한다'는 것을 나타낸다.

음양은 명리학(命理學)의 기본이며 핵심이다. 이 음양이라는 기운은 한 차례의 변화를 거쳐서 오행이라는 형태로 변모를 한다. 이 오행(五行)에도 음과 양의 짝이 존재를 한다. 오행은 목(木), 화(火), 토(土), 금(金), 수(水)의 다섯 가지의 기운의 형태로 존재로, 각각 음과 양에 소속이 되면서 그 성질이 나누어지게 된다. 오행의 양에 속하는 것은 목(木), 화(火)이고 음에 속하는 것은 금(金), 수(水)이다. 그 중에서 남은 토(土)는 음양의 중간적인 성질을 가졌다고 해서 음양의 구분을 하지 않는다. 이 오행을 다시 십간(十干) 과 십이지(十二支)로 나누어서 사주를 감명하는 기본 자료로 삼는 것이다. 음양의 이치란 세상의 삼라만상(森羅萬象)에 적용되는 것이라는 것을 이해하는 것이 역학을 이해하는 제일 중요한 시작인 것이다.

음(陰): 암(暗)어둠, 월(月)달, 냉(冷)차다, 유(柔)부드럽다, 여(女)여자, 금(金), 수(水)

양(陽): 명(明)밝음, 일(日)태양, 온(溫)뜨겁다, 강(剛)강하다, 남(男)남자, 목(木), 화(火)

1-1-2. 오행

역학에서 사용하는 오행(五行)이란 하나의 형태를 가진 물질을 그대로 나타내는 것이 아니다.

각 오행의 특성이 가지고 있는 대표적인 성질을 다섯 가지의 사물에 대입시켜서 표현을 한 것으로 이것을 취상(取像)이라고 한다. 이 성질은 오행이라는 것을 이해하는데 아주 중요한 요소이며 명리학에서 인간의 성정(性情)을 구분하는데 사용하는 기본적인 요소가 된다. 그러므로 이 오행을 정확하게 이해하고 있어야 역학의 개념을 이해하기가 쉽게 될 것이다. 이 오행을 공부할 때는 각각의 개념을 하나의 원소(元素)로 파악하지 말고 하나의 성질(性質)로 이해를 하는 것이 올바른 방법이다.

木(목)

목은 나무 즉 Wood 라고 쓰지만 우리가 보는 나무를 뜻하는 것이 아니다. 나무가 가지고 있는 뻗어나가는 성질, 즉 직진성(直進性)이라는 성질을 취상(取像)해서 나타낸 것이다. 직진성이란 한 번 가기 시작하면 계속 전진(前進)한다는 의미를 지니고 있기도 하다. 그래서 기운(氣運)이 강하다고 표현을 하며, 목이라는 자체가 꽃을 피워서 열매를 맺는 전 과정을 한 자리에서 묵묵하게 실현을 시켜 나가므로 강인한 의지와 생명력의 상징으로 파악하기도 한다. 또한 이 모든 과정의 시작에 해당하므로 창조(創造)의 기운으로 비유를 하기도 하고 인간의 성정에 대입해서는 용수철처럼 튀는 성질로 표현을 한다. 나무는 자기 자리에서 모든 것을 만들어 내는 굳건하고 강인한 생명력을 가지고 있지만 상황에 따라서는 적당히 휘어져서 전진하기도 하고 때로는 강한 힘으로 직진을 하기도 하는 강인함과 함께 유연함도 겸비하고 있다. 이렇게 강하지만 유연한 모든 성질을 표현한 단어가 목(木)이다.

그래서 목은 인(仁), 춘(春), 동(東), 청색(靑色), 새벽(曉), 소년기(少年期), 간장(肝臟), 신맛(酸) 등을 상징한다.

火(화)

화는 불 즉 Fire라고 쓰지만 실제의 불이 아닌 발산(發散)하는 성질을 나타낸다. 불이 가지고 있는 변화무쌍한 성질, 즉 확산성(擴散性)을 취상(取像)해서 나타낸 것이다. 확산성이란 방향을 정하지 않고 종횡무진(縱橫無盡)으로 그 기운이 펼쳐진다는 의미이고, 그래서 기운이 빠르다고 표현을 하기도 한다. 화라는 것은 자신의 존재를 고정시키지 않고 자유자재로 펼쳐내면서 다양한 모습을 만들어 나가는데 목에서 출발한 기운이 극한으로 가서 자신의 성질을 변화시키고 자신의 목기가 다하려고 하는 상태로 전환되는 것을 화로 표현을 한 것이다. 화는 분열하고 발전하며 무성하고 풍성해진다는 의미를 가지고 있으며 화려한 외형을 갖추어 가는 상태를 뜻한다. 하지만 외형이 화려해지는 만큼 내면의 기운은 텅 비어 가는 상태가 되므로 속이 공허하다는 의미로 사용한다. 이렇게 화려하게 분산되는 모든 성질을 표현한 단어가 화(火)이다.

그래서 화는 예(禮), 여름(夏), 남(南), 홍색(紅色), 낮(午前), 청년기(靑年期), 심장(心臟), 쓴맛(苦)등을 상징한다.

土(토)

토는 땅 혹은 대지(大地) 즉 Earth라고 쓰지만 실제로는 땅이 아니고 펼쳐놓고 모아서 나열(羅列)하는 성질을 나타낸다. 땅이 가지고 있는 정돈되고 모든 것의 바탕이 되어 주는 성질, 즉 정리성(整理性)을 취상(取像)해서 나타낸 것이다. 정리성이란 방향성이 없이 펼쳐져 있는 기운들을 각기 자리를 잡게 해주고 그 기운들이 스스로의 모습을 잘 드러낼 수 있도록 하며 간섭하지 않고 중재(仲裁)를 하면서 각기 자리를 정해 주는 것이다. 그래서 기운이 느리지만 균형을 잡아주는 성질을 가지고 있다고 표현하며, 토는 목화(木火)의 과정을 거치면서 생장 발전해오던 기운을 일단 정지를 시켜서 그 형태를 완성시키는 과정으로 넘기는 작용을 맡고 있는 중요한 기운이다. 이렇게 일단 멈춤이라는 과정을 통해서 한 번의 기운 순환의 과정을 만들어 가는 것이다. 그리고 그 다음의 과정인 금수(金水)의 수렴 통합으로 넘어 가게 해주는 중재자(仲裁者)의 역할을 한다. 토는 이러한 중재의 역할을 가지기 때문에 음양(陰陽)의 양면성을 다 가지고 있다. 이렇게 조정하고 정리하여 나열하는 성질을 표현한 단어가 바로 토(土)이다.

토는 신(信), 환절기(換節期), 중앙(中央), 황색(黃色), 오후(午後), 중년기(中年期), 비장(脾臟), 단맛(甛)등을 상징하며, 정리가 되어서 드러난 것들을 '토'라고 보면 된다.

金(금)

금은 쇠, 즉 Metal이라고 쓰지만 실제로는 쇠가 아니고 수렴(收斂)하는 성질을 나타낸다. 쇠라는 성질이 가지고 있는 고정화 되고 단단해지는 성질, 수렴성(收斂性)을 취상(取像)해서 나타낸 것이다. 수렴성이란 그동안 거쳐 온 변화 발전하던 방향성을 내부로 향하게 하여 그 형태를 새롭게 만들어 가면서 취합(聚合)하는 쪽으로 그 기운이 모여 든다는 의미를 가지고 있다. 그래서 기운이 가라앉는다고 표현을 하기도 한다. 목화(木火)의 작용이 끝나면서 이 기운을 중재하는 토의 중화(中和)작용에 의하여 성장(成長)이 아닌 성숙(成熟)으로 접어드는 단계로 금은 양(陽)의 기운을 가지고 분화 발전하는 단계가 아닌 음(陰)의 기운으로 수렴고착 하려고 하는 잠복하려는 상태를 뜻한다. 이렇게 거두어들이고 모으는 성질을 표현한 단어가 금(金)이다. 다른 말로 숙살지기(肅殺之氣)라고도 한다.

금은 의(義), 가을(秋), 서(西), 백색(白色), 저녁(夕), 장년기(長年期), 폐장(肺臟), 매운맛(辛)등을 상징하며, 모으고 숙성 시켜서 거두어들이는 것들을 '금'이라 하는 것이다.

水(수)

수는 물, Water라고 쓰지만 실제의 물이 아닌 고정(固定)하는 성질을 나타낸다. 물이라는 성질이 가지고 있는 흐느적거리면서도 얼음처럼 딱딱해지는 성질인 고정성(固定性)을 취상(取像)해서 나타낸 것이다. 고정성이란 목화토금의 운동 과정을 거쳐서 변화된 기운이 한 곳으로 집중되면서 그 형태를 만들어서 고형(固形)하는 쪽으로 그 기운이 뭉친다는 의미를 가지고 있다. 그렇게 어디로든 뭉치려고 하는 방향성을 가지고 있기 때문에 기운이 흐른다는 표현을 하는 것이다. 만물의 순환(循環)운동이 끝나면서 만물의 기운이 본래 출발한 그 지점으로 돌아가는 단계이며, 수는 양(陽)의 기운을 가지고 분화 발전하는 단계가 완전히 마무리가 되어서 음(陰)의 기운으로 고착유지 하려고 하는 침잠(沈潛)하는 상태를 뜻한다. 이렇게 모아서 저장하는 성질을 표현한 단어가 수(水)이다.

수는 지(智), 겨울(冬), 북(北), 흑색(黑色), 밤(夜), 노년기(老年期), 신장(腎臟), 짠맛(鹹)등을 상징하며, 저장하고 숨겨두는 것들을 수라고 보시면 된다.

오행은 글자 그대로 오행(五行)이지 오소(五素)가 아닌 것이다.

행(行)이라는 한문의 뜻대로 움직이고 어디로 간다, 왕래(往來)를 한다는 하나의 방향성 성질을 나타내는 것으로, 하나의 고정화된 물질이나 형태를 나타내는 것이 아니다. 다섯 가지의 기운이 하나의 흐름을 가지고 일정한 법칙 안에서 움직여 가는 상황을 표시한 것이 목화토금수(木火土金水) 오행(五行)이라는 것이다.

1-1-3. 오행(五行)의 상생(相生)과 상극(相剋)

상생, 상극의 법칙이란 오행이라는 기운이 어떤 형태로 각기 음양의 짝을 지어서 변화 발전하며 세상에 자신들의 변화된 모습을 드러내는 가에 대한 법칙이다. 이 개념은 서로 보조하고 도와준다는 상생(相生)의 개념과 서로 자극을 하며 견제를 하는 상극(相剋)의 개념 두 가지를 말하며, 이 개념은 목화토금수(木火土金水)라고 하는 다섯 가지 기운이 각각의 역할에 맞추어 서로 간에 돕고 견제하는 순환과정에 대한 것이다.
이것은 생극(生剋)이라는 과정으로 통해서 어떤 물질을 만들어 낸다는 것이 아니라 '생극'이라는 과정을 통해서 각각의 기운이 서로간의 도움과 간섭을 통해서 다른 방향으로 변화해 나간다는 의미이다.

1-1-4. 상생(相生)의 법칙

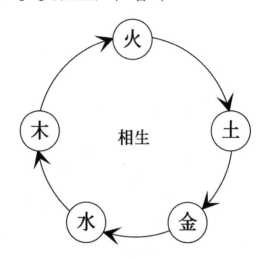

목생화(木生火): 목생화 나무가 불을 만들어낸다. 실제 상황에서 불을 땔 때는 나무를 사용하기도 하지만 목(木)기운이 화(火)기운으로 변화를 해나간다는 원리를 뜻한다.

화생토(火生土): 화생토 불이 흙을 만들어 낸다는 뜻으로, 실제로 나무를 태워서 일정한 시간이 지나면 재가 되므로 그 재가 토(土)가 되는 이치처럼 화(火)의 기운이 토(土)기운으로 변화를 해나간다는 원리를 뜻한다.

토생금(土生金): 토생금은 흙이 오랜 시간이 경과되어서 압축과 변형을 통해 광물질(鑛物質)로 변하는 것처럼 토(土)의 기운이 금(金)의 기운으로 변화를 해나간다는 원리를 뜻한다.

금생수(金生水): 금생수 이 부분에 대한 설명에서 대부분의 자료들이 혼란과 착오를 가져 오는 경우가 많다. 땅속에 있는 광물질이 녹아서 광천수를 만들어낸다는 이야기부터 금이 오랜 시간 압력을 받으면 석유가 된다는 이야기까지 다양한 이야기 들이 있지만 이 또한 물질의 변화 형태로 금생수를 설명하려다가 부딪치게 된 난관일 뿐이다. 금(金)기운이 수(水)기운으로 변화를 해나간다는 원리를 뜻한다.

수생목(水生木): 수생목 나무는 물이 있어야 생명을 유지해 나간다는 원리를 의미하지만 수(水)기운이 목(木)기운으로 변화를 해나가는 원리를 뜻한다.

1-1-5. 상극(相剋)의 법칙

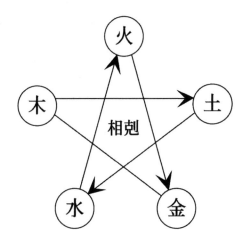

목극토(木剋土): 나무가 땅에 뿌리를 내리고 있으면서 성장을 해나간다는 원리를 이야기 하지만 목(木)기운이 토(土)기운과 서로 교통을 하고 있는 원리를 뜻한다.

화극금(火剋金) : 불이 쇠를 녹인다는 뜻으로 보통 용광로에 들어간 쇠를 열을 가해서 녹인다고 표현을 하기도 하지만 화(火)기운이 금(金)기운과 서로 교통을 하고 있는 원리를 뜻한다.

토극수(土剋水): 흘러가는 물을 흙이 가둔다는 의미로 사용을 하기도 하지만 토(土)기운이 수(水)기운과 서로 교통을 하고 있는 원리를 뜻한다.

금극목(金剋木): 도끼로 나무를 벤다는 의미로 사용을 많이 한다. 하지만 토(土)기운이 수(水)기운과 서로 교통을 하고 있는 원리를 뜻한다.

수극화(水剋火) : 불이 났을 때는 물로 그 불을 끈다는 원리로 설명을 주로 한다. 하지만 수(水)기운이 화(火)기운과 서로 교통을 하고 있는 원리를 뜻한다.

이 음양오행은 역학이라는 학문의 큰 줄기이다. 이 음양오행의 변화운동이 역학의 모든 것이라고 해도 과언이 아니므로 항상 연구를 게을리 하지 말아야 한다.

1-2. 천간(天干) 지지(地支)

천간과 지지란 명리학(命理學)에서 사용하는 가장 기초적이고 중요한 개념이다.

명리학이라는 학문은 이 천간 지지를 통해서 사주팔자를 구성하고 한 인간의 운명을 감정해 나가기 시작하는 것으로, 천간은 오행을 음양으로 나누어서 열 개의 천간으로 세분화 한 것이다. 천간은 갑(甲), 을(乙), 병(丙), 정(丁), 무(戊), 기(己), 경(庚), 신(辛), 임(壬), 계(癸) 이렇게 열 개로 다른 말로는 십간(十干) 이라고도 한다.

갑을(甲乙)은 목(木)
병정(丙丁)은 화(火)
무기(戊己)는 토(土)
경신(庚辛)은 금(金)
임계(壬癸)는 수(水)를 나타내고
갑목(甲木)은 양(陽),
을목(乙木)은 음(陰),
병화(丙火)는 양(陽),
정화(丁火)는 음(陰),
무토(戊土)는 양(陽),
기토(己土)는 음(陰),
경금(庚金)은 양(陽),
신금(辛金)은 음(陰),
임수(壬水)는 양(陽),
계수(癸水)는 음(陰)으로 음양의 구분을 한다.

이것을 표로 나타내면 아래와 같다.

갑(甲)	을(乙)	병(丙)	정(丁)	무(戊)	기(己)	경(庚)	신(辛)	임(壬)	계(癸)
목(木)	목(木)	화(火)	화(火)	토(土)	토(土)	금(金)	금(金)	수(水)	수(水)

1-2-1. 천간(天干)

甲(갑): 갑은 양목이며 나무를 상징한다. 성질은 곧고 강한 것을 의미하며 나무는 쭉쭉 뻗어서 한 방향으로 직진하는 성질을 가지고 있는데 이 성질을 취상해서 갑목으로 이름을 정하고 천간의 시작에 둔다. 갑목은 식물의 씨앗이 껍질을 뚫고 땅 위로 솟아 나오는 모습을 형상화 했다고도 한다. 큰 기둥, 큰 나무를 표현할 때 사용하며, 갑목은 양의 기운을 가진 나무의 성질을 뜻한다.

乙(을): 을은 음목이며 풀이나 화초를 상징한다. 성질은 갑목보다는 유연하고 부드러운 것을 의미하며, 나뭇가지가 펼쳐 나가는 성질을 형상화 한 것으로 구부러져서 뻗어가는 성질을 취상해서 을목으로 이름을 정하고 천간의 두 번째 자리에 둔다. 갑목이 한 방향으로 힘차게 뻗어가는 양의 기질을 가지고 있다면 을목은 좀 더 유연하게 펼쳐지는 기운을 표현한 것이다. 또 갑목을 커다란 나무에, 을목은 풀이나 화초에 비유를 하기도 한다.

丙(병): 병은 양화이며 빛을 상징한다. 성질은 태양처럼 모든 것을 비추는 빛과 같다. 이것은 태양빛이 먼 곳까지 이동하고 하늘 위에서 모든 곳을 비추는 성질을 형상화 한 것으로 분산되고 퍼지는 성질을 취상해서 병화로 이름을 정하고 천간의 세 번째 자리에 둔다. 병화는 화가 가지고 있는 열(熱)적인 속성보다는 빛의 속성을 대표한다. 병화는 태양의 역할처럼 만물을 비추고 자신의 기운을 조건

없이 상대에게 베풀어 주는 모습을 형상화 한 것이다. 태양이나 우두머리를 표현할 때 쓰기도 하며, 병화는 양의 기운을 가진 화의 성질을 뜻한다.

丁(정): 정은 음화이며 열을 상징한다. 성질은 태양에서 나와서 모든 곳을 따뜻하게 해주는 열을 의미하며, 이것은 빛이 가진 발산력으로 하늘 아래 모든 곳의 온도를 높여주는 성질을 취상해서 정화로 이름을 정하고 천간의 네 번째 자리에 둔다. 정화는 화가 가지고 있는 빛(光)의 속성보다는 열적인 속성을 대표한다. 정화는 이렇게 열의 기운을 사용해서 만물을 익히고 성장시키는 모습을 형상화 한 것이다. 정화는 음의 기운을 가진 화의 성질을 뜻한다.

戊(무): 무는 양토이며 뭉쳐 있는 흙을 상징한다. 성질은 산처럼 무겁게 자리를 잡고 모든 것의 중심을 잡아주는 것을 의미하며, 토가 가진 무게로 만물의 성장 속도를 늦추는 성질을 취상해서 무토라고 이름을 정하고 천간의 다섯 번째 자리에 둔다. 무토는 산이나 뚝처럼 목과 화의 뻗어나가고 분산되는 기운을 막아서 정지시키고 만물을 완전히 분화(分化)시키는 속성을 대표한다. 무토의 무자는 무성할 茂(무)자를 의미하며 만물을 완전히 분화시키는 모습을 형상화 했다고 했다고 한다. 무토는 양의 기운을 가진 토의 성질을 뜻한다.

己(기): 기는 음토이며 펼쳐져 있는 흙을 상징한다. 성질은 비옥한 대지처럼 분열 발달한 기운을 수렴하기 시작하는 것을 의미한다. 이것은 땅이 가진 취합 성으로 만물의 생장기운을 수렴기운으로 바꾸어 주는 성질을 취상해서 기토라고 이름을 정하고 천간의 여섯 번째 자리에 둔다. 기토는 논밭이나 평야처럼 비옥한 토지의 기운처럼 만물의 기운을 거두어서 결실을 준비하는 속성을 대표한다. 기토의 역할은 변화인데 목화의 분열 발전이 토에 이르러 수렴으로 전환하고 변화하는 속성을 형상화 했다고 한다. 기토는 음의 기운을 가진 토의 성질을 뜻한다.

庚(경): 경은 양금이며 제련이 되지 않은 쇠를 상징한다. 성질은 단번에 무엇이든 베어버리는 도끼와 같은 기운을 의미한다. 이것은 쇠가 가진 강인함으로 만물의 발전기운을 수렴시켜서 모으는 성질을 취상해서 경금이라고 이름을 정하고 천간의 일곱 번째 자리에 둔다. 경금은 가공되지 않은 쇳덩어리를 뜻하는데 투박하지만 숙살지기(肅殺之氣)처럼 만물의 기운을 한 번에 방향전환을 시키는 강력한 속성을 대표한다. 경금의 역할은 수렴인데 모아들이고 정돈해서 만물의 기운을 바꾸는 속성을 형상화 했다고 한다. 경금은 양의 기운을 가진 금의 성질을 뜻한다.

辛(신): 신은 음금이며 가공된 금속을 상징한다. 성질은 완전하게 수렴을 시켜서 그 형상을 고정시켜 놓은 기운을 의미한다. 이것은 쇠가 가진 날카로움으로 만물의 기운을 더욱 단단하게 만드는 성질을 취상해서 신금이라고 이름을 정하고 천간의 여덟 번째 자리에 둔다. 신금은 가공이 끝난 금속제품이나 보석을 뜻하는데 날카롭고 예리함으로 만물의 형태를 고착화 시켜가는 속성을 대표한다. 신금의 역할은 성형인데 형태를 만들고 가다듬어서 만물의 기운을 공고하게 다지는 속성을 형상화 했다고 한다. 신금은 음의 기운을 가진 금의 성질을 뜻한다.

壬(임): 임은 양수이며 흐르는 물을 상징한다. 성질은 단단하게 뭉쳐진 기운을 더욱더 압축시킨 기운을 의미한다. 이것은 물이 가진 압력으로 만물의 기운을 압축시켜서 고정시키는 성질을 취상해서 임수라고 이름을 정하고 천간의 아홉 번째 자리에 둔다. 임수는 큰 강물처럼 경신금의 과정을 지나면서 숙성된 기운을 씨앗의 형태로 만들어 두고 다음번에 있을 계절의 변화를 준비하는 속성을 형상화 했다고 한다. 임수는 양의 기운을 가진 수의 성질을 뜻한다.

癸(계): 계는 음수이며 얼어 있는 물을 상징한다. 성질은 완전히 굳어져서 고착화된
기운을 의미한다. 이것은 완전히 얼어붙어서 더 이상 압축이 되지

않는 성질을 취상해서 계수라고 이름을 정하고 천간의 마지막 자리에 둔다. 계수는 순수한 물의 특성을 지니고 있으며 생명력을 바로 펼쳐낼 준비가 되어 있는 속성을 형상화 했다고 한다. 계수는 음의 기운을 가진 수의 성질을 뜻한다.

1-2-2. 지지(地支)

지지는 12개로 구성이 되어 있으며 흔히 우리들이 띠라고 부르는 것이다. 여러분 들은 각자가 자신의 띠들을 가지고 있을 것이다. 쥐띠, 소띠로 시작해서 개띠, 돼지띠로 끝나는 12가지의 띠들을 전문 용어로 12지지(地支)라고 한다.

子(자): 12지지 중에서 첫 번째이며 동물은 쥐를 말하고, 오행으로는 水(수)를 나타낸다. 子(자)라는 글자는 씨앗을 상징하며 계절로는 양력 12월의 겨울을 뜻한다. 시간은 밤 11시부터 새벽 1시까지를 말하는데 한국은 동경기준시를 쓰기 때문에 실제 적용 되는 시간은 11시 30분부터 새벽 1시 30분까지 이다. 자시의 특징은 휴식을 취하면서 내일을 준비 하는 시간이라는 의미로 원칙적으로 사람은 이 자시에는 잠을 자고 있어야 한다.

丑(축): 12지지 중에서 두 번째이며 동물은 소를 말하고, 오행으로는 土(토)를 나타낸다. 축(丑)이라는 글자는 묶어두는 것을 상징하며 계절로는 양력 1월의 한 겨울을 뜻한다. 시간은 새벽 1시부터 새벽 3시까지인데, 동경기준시를 적용하면 새벽 1시 30분부터 새벽 3시 30분까지 이다. 축시의 특징은 활동을 멈추고 가만히 멈춰 있으면서 기운을 모으는 시간대 이므로 그렇게 활용을 해야 하는 것이다.

寅(인): 12지지 중에서 세 번째이며 동물은 호랑이를 말하고 오행으로는 木(목)을 나타낸다. 인(寅)이라는 글자는 싹이 나오는 것을 상징하며 계절로는 양력2월의 초봄을 뜻한다. 시간은 새벽 3시부터 5시까지를 말하는데, 동경기준시를 적용하면 새벽 3시 30분부터 5시 30분 까지를 말한다. 인시의 특징은 천천히 깨어나면서 활동을 준비하는 단계의 시간대이므로 하루의 시작을 준비해야 한다.

卯(묘): 12지지 중에서 네 번째이며 동물은 토끼를 말하고 오행으로는 木(목)을 나타낸다. 묘(卯)라는 글자는 씨앗이 땅을 뚫고 올라와서 자신의 모습을 드러내는 것을 상징하며 계절로는 양력 3월의 봄을 뜻한다. 시간은 새벽 5시부터 7시까지를 말하는데, 동경 기준시 적용하면 새벽 5시 30분부터 7시 30분 까지를 말한다. 묘시의 특징은 자신이 모습을 드러내고 활동을 시작해야 한다는 것을 나타내는 시간대이므로 하루는 묘시부터 시작을 해야 한다.

辰(진): 12 지지 중에서 다섯 번째이며 동물은 용을 말하고 오행으로는 土(토)를 나타낸나. 辰(신)이라는 글자는 震(벼락진)과 같은 의미로 사용을 하며 자신의 모습을 확실하게 드러내는 것을 상징하며 계절로는 양력 4월의 봄을 뜻한다. 시간은 아침 7시부터 9시까지를 말하는데, 동경기준시를 적용하면 아침 7시 30분부터 9시 30분까지이다. 진시의 특징은 밤새 준비했던 것들을 밝은 태양 아래에다 드러내는 시간대이므로 모든 비밀이 다 드러나는 것을 의미한다.

巳(사); 12지지 중에서 여섯 번째이며 동물은 뱀을 말하고, 오행으로는 火(화)를 나타낸다. 사(巳)라는 글자는 목의 기운이 천지간에 뱀처럼 빠르게 퍼져 나가는 모습을 상징하며 계절로는 양력 5월의 초여름을 뜻한다. 시간은 아침 9시부터 11시까지를 말하는데, 동경 기준시를 적용하면 9시 30분부터 11시 30분까지이다. 사시의 특징은 이 시간부터 만물은 각자의 고유한 속성에 따른 일(事)을 하는 시간대이므로 자신의 일을 활발하게 시작한다는 것을 의미한다.

午(오): 12지지 중에서 일곱 번째이며 동물은 말을 말하고, 오행으로는 火(화)를 나타낸다. 오(午)라는 글자는 기운이 가장 번성한 시간대이고 가장 밝은 때를 상징하며 계절로는 양력 6월의 여름을 뜻한다. 시간은 오전 11시부터 오후 1시까지를 말하는데, 동경기준시를 적용하면 오전 11시 30분부터 오후 1시 30분까지이다. 오시의 특징은 양기(陽氣)가 극한에 도달해서 음기(陰氣)로 변화가 준비가 되고 있는 시간대이므로 마지막으로 자신의 모든 노력을 쏟아 붓는 시기라는 것을 의미한다.

未(미): 12 지지 중에서 여덟 번째이며 동물은 양을 말하고, 오행으로는 土(토)를 나타낸다. 미(未)라는 글자는 양기가 서서히 자신의 힘을 잃어 가는 시간대이고 모든 활동이 점점 줄어드는 것을 상징하며 계절로는 양력 7월의 늦여름을 뜻한다. 시간은 오후 1시부터 3시까지를 말하는데, 동경기준시를 적용하면 오후 1시 30분부터 3시 30분까지이다. 미시의 특징은 양기의 수렴이 시작되므로 만물이 일정한 형태를 갖추어 나가기 시작하는 시간대 이므로 자신의 노력에 대한 성과물이 서서히 나오기 시작하는 시기임을 알려주는 것이다.

申(신): 12지지 중에서 아홉 번째이며 동물은 원숭이를 말하고, 오행으로는 金(금)을 나타낸다. 신(申)이라는 글자는 음기가 힘을 발휘하기 시작한 시간대이며 수렴활동이 본격화 되는 것을 상징하며 계절로는 양력 8월의 초가을을 뜻한다. 시간은 오후 3시부터 5시까지를 말하는데, 동경기준시를 적용하면 3시 30분부터 5시 30분까지이다. 신시의 특징은 음기가 온전하게 드러나기 시작하는 시간대이므로 만물이 자신들의 발전 결과물을 드러내기 시작하는 시기임을 알려 주는 것이다.

酉(유): 12지지 중에서 열 번째이며 동물은 닭을 말하고, 오행으로는 金(금)을 나타낸다. 유(酉)라는 글자는 음기가 완전히 자신의 지배력을 행사하는 시간대이며 수렴활동의 결과가 확실한 형태의 결실로 드러나는 것을 상징하며 계절로는 양력 9월의 가을을 뜻한다. 시간은 오후 5시부터 7시까지를 말하는데, 동경기준시를 적용하면 5시 30분부터 7시 30분까지이다. 유시의 특징은 음기가 완전히 자리를 잡아서 만물을 숙성시키는 시간대이므로 만물이 저마다의 결과물을 완전히 드러내놓고 품평회를 여는 모습을 보여줍니다.

戌(술): 12지지 중에서 열한 번째이며 동물은 개를 말하고, 오행으로는 土(토)를 나타낸다. 술(戌)이라는 글자는 만물의 수렴과정이 끝나고 창고에 차곡차곡 저장을 하는 시간대이며 결과물들이 정리가 되어 제자리를 찾아가는 것을 상징하며 계절로는 양력 10월의 가을을 뜻한다. 시간은 저녁7시부터 9시까지를 말하는데, 동경기준시를 적용하면 저녁 7시 30분부터 9시 30분까지이다. 술시의 특징은 만물의 발전 순환운동을 마무리를 하고 다음번의 순환주기를 다시 준비하는 시간대이므로 휴식과 사색의 시간을 가지는 것이 좋습니다.

亥(해): 12 지지의 마지막인 열두 번째이며 동물은 돼지를 뜻하고, 오행으로는 水(수)를 나타낸다. 해(亥)라는 글자는 만물의 모든 순환과정이 다 마무리 된 시간대이며 활동을 멈추고 조용히 다음번의 활동을 준비하며 긴 휴식시간으로 들어가는 것을 상징하며 계절로는 양력 11월의 초겨울을 뜻한다. 시간은 저녁 9시부터 11시까지를 말하는데 동경기준시를 적용하면 저녁 9시 30분부터 11시 30분까지이다. 해시의 특징은 충분하고 완전한 휴식을 해야 하는 시간대이므로 모든 활동을 중지하고 조용하게 지내는 것이 올바른 선택이다

이 천간과 지지를 통해서 사주팔자를 만들어 내며 추명 학에서 이야기 하는 모든 변화를 설명하기 때문이다. 갑(甲), 을(乙), 병(丙), 정(丁), 무(戊), 기(己), 경(庚), 신(辛), 임(壬), 계(癸) 십천간(十天干)과 子(자), 丑(축), 寅(인), 卯(묘), 辰(진), 巳(사), 午(오), 未(미), 申(신), 酉(유), 戌(술), 亥(해)의 십이지지(十二地支)는 꼭 인지하는 것이 좋다.

1-3. 60갑자(60甲子)

60갑자는 천간과 지지를 조합해서 만든 60개의 조합이다. 이 조합은 사주팔자에 사용이 되는 각각의 부호이다. 천간 10개와 지지 12개를 합치면 60가지 조합이 나오는데 갑자(甲子)를 첫 머리로 시작해서 마지막인 계해(癸亥)까지 계속 이어진다.

60갑자 조견표

甲子	乙丑	丙寅	丁卯	戊辰	己巳	庚午	辛未	壬申	癸酉
甲戌	乙亥	丙子	丁丑	戊寅	己卯	庚辰	辛巳	壬午	癸未
甲申	乙酉	丙戌	丁亥	戊子	己丑	庚寅	辛卯	壬辰	癸巳
甲午	乙未	丙申	丁酉	戊戌	己亥	庚子	辛丑	壬寅	癸卯
甲辰	乙巳	丙午	丁未	戊申	己酉	庚戌	辛亥	壬子	癸丑
甲寅	乙卯	丙辰	丁巳	戊午	己未	庚申	辛酉	壬戌	癸亥

1-4. 지장간(地藏干)

지장간은 [땅地 감출藏 천干]으로 땅 속에 감추어 놓은 하늘의 천간이라는 뜻이다. 하늘에서 만들어진 10가지의 기운이 지상으로 내려와서 땅 속으로 숨어 들어가서 감춰져 있다는 뜻이다. 이 지장간은 지지(地支)안에 숨겨진 천간의 기운인데 한 개의 지지 안에 두세 개씩 들어있다. 각각의 지지 하나마다 한 달씩 배속(配屬)이 되며 12달로 나누어 져서 매월의 일수인 30일을 기준으로 계절적인 상황에 따라 나누어지게 된다. 각각의 지지에 배속이 된 천간들은 각각의 힘이 가진 역량에 따라서 일전한 기간을 맡아서 지배를 하게 되는데 이것을 사령(司令)이라고 한다.

지장간 조견표

	子	丑	寅	卯	辰	巳	午	未	申	酉	戌	亥
餘氣	壬 10日	癸 9日	戊 7日	甲 10日	乙 9日	戊 7日	丙 10日	丁 9日	戊 7日	庚 10日	辛 9日	戊 7日
中氣		辛 3日	丙 7日		癸 3日	庚 7日	己 9日	乙 3日	壬 7日		丁 3日	甲 7日
正氣	癸 20日	己 18日	甲 16日	乙 20日	戊 18日	丙 16日	丁 11日	己 18日	庚 16日	辛 20日	戊 18日	壬 16日

자(子): 해자축(亥子丑)으로 이어지는 겨울의 중심에 놓여 있는 기운으로 자수는 천간 임수(壬水)가 10일을 먼저 사령(司令)해서 자월(子月)을 다스리고, 계수(癸水)가 나머지 20일을 다스리게 된다. 자수 안에는 천간의 임수와 계수가 모두 들어 있으며 진정한 수(水)기운을 대표하는 지지이다.

축(丑): 축토는 겨울의 마지막이면서 봄의 시작에 해당하는 기운으로 천간 계수(癸水)가 9일을 먼저 사령하고, 신금(辛金)이 3일을 사령하고, 축토의 주기운인 기토(己土)가 18일을 사령하여 다스리게 된다.

인(寅): 인목은 봄이 시작하는 때에 해당하는 기운으로 인월(寅月)에는 무토(戊土)가 7일을 사령하고, 병화(丙火)가 7일을 사령하고, 인목의 주기운인 갑목(甲木)이 16일을 사령하여 다스리게 된다.

묘(卯): 묘목은 목이 가장 왕성한 시기에 해당하는 기운으로 묘월에는 갑목(甲木)이 10일을 사령하고, 을목(乙木)이 20일을 사령하여 다스리게 된다.

진(辰): 진토는 봄의 끝나는 지점이며 여름으로 들어가는 문턱이 되는 기운으로 을목(乙木)이 9일을 사령하고, 계수(癸水)가 3일을 사령하고, 진토의 주기운인 무토(戊土)가 18일 사령하여 다스리게 된다.

사(巳): 사화는 여름의 시작하는 기운으로 무토(戊土)가 7일을 사령하고, 경금(庚金)이 7일을 사령하고, 사화의 주기운인 병화(丙火)가 16일을 사령하여 다스리게 된다.

오(午): 오화는 한여름으로 양기가 최고도에 달한 기운으로 병화(丙火)가 10일을 사령하고, 기토(己土)가 9일을 사령하고 나머지 11일을 정화(丁火)가 사령하여 다스리게 된다.

미(未): 미토는 늦여름이며 가을로 들어가기 시작하는 지점의 기운으로 정화(丁火)가 9일을 사령하고, 을목(乙木)이 3일을 사령하고, 미토의 주기운인 기토(己土)가 18일을 사령하여 다스리게 된다.

신(申): 신금은 초가을의 문턱으로 한 발짝 들어간 기운으로 무토(戊土)가 7일을 사령하고, 임수(壬水)가 7일을 사령하고, 신금의 주기운인 경금(庚金)이 16일을 사령하여 다스리게 된다.

유(酉): 유금은 서늘한 가을의 숙살지기(肅殺之氣)로 완전히 만물을 숙성시키는 기운으로 경금(庚金)이 10일을 사령하고, 유금의 주 기운인 신금(辛金)이 20일을 사령하여 다스리게 된다.

술(戌): 술토는 늦가을이며 겨울로 들어가기 시작하는 지점의 기운으로 신금(辛金)이 9일을 사령하고, 정화(丁火)가 3일을 사령하고, 술토의 주기운인 무토(戊土)가 18일을 사령하여 다스리게 된다.

해(亥): 해수는 겨울로 들어가는 문턱이며 전환점의 기운으로 무토(戊土)가 7일을 사령하고, 갑목(甲木)이 7일을 사령하고 임수(壬水)가 16일을 사령하여 다스리게 된다.

1-5 천간지지의 합충(合衝)

천간지지의 합충(合衝)이란 천간과 지지 사이에서 발생하는 오행 기운들의 변화운동을 이야기 한다. 천간지지의 합충이란 자연 상태에서 벌어지는 기운의 다양한 변화를 하나의 법칙으로 파악을 해낸 것이다. 이 합충은 사람의 성격과 운로를 파악하는데 많이 활용이 되므로 자세히 공부를 해야 하지만 본격적으로 익히기 위해서는 중급 단계의 수준에서 집중적으로 다루는 분야이다.

1-5-1. 천간합(天干合)

천간합은 음과 양이 만나는 합이므로 남녀 간의 만남으로 비유해서 정(情)이 생긴다는 의미로 유정(有情)이라고 표현을 한다. 이 천간합은 기운(氣運)의 결합이므로 인간의 생활에는 크게 영향을 미치지는 않습니다.

갑기합화토(甲己合化土): 천간의 갑목(甲木)이 기토(己土)를 만나 토(土)로 변하면서 갑목은 자신의 성질을 변화시킨다는 뜻이다.

을경합화금(乙庚合化金): 천간의 을목(乙木)이 경금(庚金)을 만나 금(金)으로 변하면서 을목은 자신의 성질을 변화시킨다는 뜻이다.

병신합화수(丙辛合化水): 천간의 병화(丙火)가 신금(辛金)을 만나 수(水)로 변하면서 병화와 신금은 전혀 다른 수기(水氣)로 자신들의 성질을 변화시킨다는 뜻이다.

정임합화목(丁壬合化木): 천간의 정화(丁火)가 임수(壬水)를 만나 목(木)으로 변하면서 정화와 임수는 전혀 다른 목기(木氣)로 자신들의 성질을 변화시킨다는 뜻이다. 이 경우는 서로 충돌을 하는 기운들끼리 만나서 완전히 새로운 성질로 변화시킨다는 뜻이다.

무계합화화(戊癸合化火): 천간의 무토(戊土)가 계수(癸水)를 만나 화(火)로 변하면서
무토와 계수가 전혀 다른 화기(火氣)로 자신들의 성질들을 변화시킨다는 뜻이다.

1-5-2. 지지합(地支合)

지지합에는 방합(方合)과 삼합(三合)의 두 가지가 있다. 방합은 각 오행의 성질이 동일한 지지들이 모여서 만들어 낸 합이다. 삼합은 서로 다른 성질을 가진 세 개의 지지들이 모여서 만들어 낸 합이다. 육합은 서로 음양이 다른 두 가지의 기운들이 만나서 만들어 낸 합이다. 이 지지합은 좋고 나쁨의 구분이 있는 것이 아니다. 그러므로 어떠한 원리로 구성이 되고 그 결과가 어떻게 운명의 좌표로 드러나는 가를 파악하는 것이 중요하다.

1-5-3. 방합(方合)

방합은 동일한 기운이 모여 있으므로 세력을 형성하는 합이라고도 한다. 각기 오행의 기운이 끼리끼리 모여서 세력을 이루고 있으므로 단단한 결속력을 가지고 있다. 혈연, 학연, 지연 등 사회적인 이해관계 보다는 내부적인 힘에 의해서 모인 것이 방합에 속하는 형태이

다.

인묘진(寅卯辰): 목기(木氣)의 계절인 봄에 속해 있는 인월, 묘월, 진월 등이 모여서 동일한 방위들끼리 이룬 합으로 목합(木合)이라고도 한다. 목의 세력이 강대해진 상태이다.

사오미(巳午未): 화기(火氣)의 계절인 여름에 속해 있는 사월, 오월, 미월 등이 모여서 동일한 방위끼리 이룬 합으로 화합(火合)이라고도 한다. 화의 세력이 강대해진 상태이다.

신유술(申酉戌): 금기(金氣)의 계절인 가을에 속해 있는 신월, 유월, 술월 등이 모여서 동일한 방위끼리 이룬 합으로 금합(金合)이라고도 한다. 금의 세력이 강대해진 상태이다.

해자축(亥子丑): 수기(水氣)의 계절인 겨울에 속해 있는 해월, 자월, 축월 등이 모여서 동일한 방위끼리 이룬 합으로 수합(水合)이라고도 한다. 수의 세력이 강대해진 상태이다.

1-5-4. 삼합(三合)

삼합은 각각의 오행의 성질이 다른 기운이 모여서 합을 형성하는 것이다. 각기 다른 오행기운을 가진 지지들의 모임이므로 특수한 목적이 있을 때에만 합이 이루어진다. 회사, 카르텔처럼 동일한 이익을 추구하는 사회적 목적이 같은 동기로 합쳐진 것이 삼합에 속하는 형태이다.

해묘미(亥卯未): 목의 장생(長生)인 해수와 목의 왕(旺)인 묘목과 목의 고(庫)인 미토가 모여서 만들어진 합이다. 목(木)의 세력이 왕(旺)해진다.

인오술(寅午戌): 화의 장생(長生)인 인목과 화의 왕(旺)인 오화와 화의 고(庫)인 술토가 모여서 만들어진 합이다. 화(火)의 세력이 왕(旺)해진다.

사유축(巳酉丑): 금의 장생(長生)인 사화와 금의 왕(旺)인 유금과 금의 고(庫)인 축토가 모여서 만들어진 합이다. 화(火)의 세력이 왕(旺)해진다.

신자진(申子辰): 수의 장생(長生)인 신금과 수의 왕(旺)인 자수와 수의 고(庫)인 진토가 모여서 만들어진 합이다. 수(水)의 세력이 왕(旺)해진다.

1-5-5. 육합(六合)

육합은 서로 다른 음과 양이 만나서 만들어 내는 합으로 남자와 여자가 만난 것에 비유를 해서 음양지합(陰陽之合) 이라고도 한다. 잘 깨지고 합으로 그렇게 의미를 두지는 않는 합이다.

자축(子丑) 합토(合土)
인해(寅亥) 합목(合木)
묘술(卯戌) 합화(合火)
진유(辰酉) 합금(合金)
사신(巳申) 합수(合水)
오미(午未) 합화(合火)

1-5-6. 천간충(天干衝)

천간충은 명리학에서 크게 다루는 것은 아니므로 이름과 형태만 알아 두면 된다.

01) 甲戊衝(갑경충): 천간의 갑목이 무토를 충하는 것
02) 乙己衝(을기충): 천간의 을목이 기토를 충하는 것
03) 丙庚衝(병경충): 천간의 병화가 경금을 충하는 것
04) 丁辛衝(정신충): 천간의 정화가 신금을 충하는 것
05) 戊壬衝(무임충): 천간의 무토가 임수를 충하는 것
06) 己癸衝(기계충): 천간의 기토가 계수를 충하는 것
07) 庚甲衝(경갑충): 천간의 경금이 갑목을 충하는 것
08) 辛乙衝(신을충): 천간의 신금이 을목을 충하는 것
09) 壬丙衝(임병충): 천간의 임수가 병화를 충하는 것
10) 癸丁衝(계정충): 천간의 계수가 정화를 충하는 것

1-5-7. 지지의 변화:충(沖),형(刑),파(破),해(害)

충(沖)

지지충(地支沖)이란 각각의 지지가 서로 반대가 되는 방위에 위치한 반대편의 강한 기운과 서로 부딪혀서 변화나 충돌을 발생시키는 것을 뜻한다. 충이라는 것은 서로가 반대 되는 성향의 기운을 가지고 있으므로 함께 양립을 할 수가 없다. 그러므로 충을 해설할 때는 좋고 나쁨의 문제로 파악을 하는 것이 아니라 충돌을 통해서 어떤 형태로 기운의 흐름과 모습이 변하는 것인지를 관찰해야 한다.

01) 자오상충(子午相沖)- 자수와 오화가 만나는 충돌 변화로 가장 강력한 충에 해당하기 때문에 군화지기(君火之氣)라고도 한다.

02) 묘유상충(卯酉相沖)-묘목과 유금이 만나는 충돌 변화로 강력한 충에 해당한다.

03)진술상충(辰戌相沖)- 진토와 술토가 만나는 충돌변화로 강력한 충에 해당한다.

04)축미상충(丑未相沖)- 진토와 술토가 만나는 충돌변화로 강력한 충에 해당한다.

05)인신상충(寅申相沖)- 인목과 신금이 만나는 충돌변화로 강력한 충에 해당한다. 상화지기(相火之氣)라고도 한다.

06)사해상충(巳亥相沖)- 해수와 사화가 만나는 충돌변화로 강력한 충에 해당한다.

형(刑)

형이라고 하는 살(殺)은 기본적으로 자신과 상대의 오행기운을 서로 조금씩 맞춰서 서로의 목적을 달성하기 위해 타협을 하는 기운의 형태이다. 이 형에는 삼형(三刑)과 자형(自刑)이 있다. 형은 기와 세가 만나 충돌을 일으키는 것이지 그냥 단독으로 일어나지는 않는다. 그러므로 년운이나 대운에서 그 작용력이 많이 나타난다.

01)인사신삼형(寅巳申三刑): 인, 사, 신의 기운이 사주 안에 모여 있거나 유년(流年)운 에서 들어올 때 발생하게 되는 변화이다. 무은지형(無恩之刑)이라고도 한다.

02))축술미삼형(丑戌未三刑): 축, 술, 미의 기운이 사주 안에 모여 있거나 유년(流年)운 에서 들어올 때 발생하게 되는 변화이다. 지세지형(地勢之刑)이라고도 한다.

03)자묘형(子卯刑): 자와 묘의 기운이 사주 안에 모여 있거나 유년(流年)운에서 들어올 때 발생하게 되는 변화이다. 무례지형(無禮之

刑)이라고도 한다.

04)진진자형(辰辰自刑): 진의 기운이 겹쳐서 사주 안에 모여 있거나 유년(流年)운에서 들어올 때 발생하게 되는 변화이다. 같은 기운이 겹쳐서 문제가 커진다는 의미이다.

05)오오자형(午午自刑): 오의 기운이 겹쳐서 사주 안에 모여 있거나 유년(流年)운에서 들어올 때 발생하게 되는 변화이다. 같은 기운이 겹쳐서 문제가 커진다는 의미이다.

06)유유자형(酉酉自刑): 유의 기운이 겹쳐서 사주 안에 모여 있거나 유년(流年)운에서 들어올 때 발생하게 되는 변화이다. 같은 기운이 겹쳐서 문제가 커진다는 의미이다.

07)해해자형(亥亥自刑): 해의 기운이 겹쳐서 사주 안에 모여 있거나 유년(流年)운에서 들어올 때 발생하게 되는 변화이다. 같은 기운이 겹쳐서 문제가 커진다는 의미이다

파(破)

파라고 하는 살(殺)은 파괴작용이라고는 하지만 그렇게 심각한 문제를 일으키는 것은 아니다. 형충보다는 작용력이 약하며 파가 되는 지지가 만나면 싸우기도 하고 즐겁기도 하는 등의 작은 문제들은 항상 일어난다고 생각을 하면 된다.

01)자유파(子酉破): 사주 안에서 자와 유가 만나거나 유년(流年)운에서 들어올 때 발생하게 되는 변화이다. 조용한 생활을 하기에 힘들다고 한다.

02)축진파(丑辰破): 사주 안에서 축과 진이 만나거나 유년(流年)운

에서 들어올 때 발생하게 되는 변화이다. 인덕(人德)이 적다고 한다.

03)인해파(寅亥破): 사주 안에서 인과 해가 만나거나 유년(流年)운에서 들어올 때 발생하게 되는 변화이다. 합과 파가 동시에 이루어져서 중도 좌절이 많으며 시비가 많이 발생한다고 한다.

04)묘오파(卯午破): 사주 안에서 묘와 오가 만나거나 유년(流年)운에서 들어올 때 발생하게 되는 변화이다. 색정과 유흥 오락 등에 인연이 많다고 한다.

05)사신파(巳申破): 사주 안에서 사와 신이 만나거나 유년(流年)운에서 들어올 때 발생하게 되는 변화이다. 형합(刑合)=>형파(刑破)의 순서로 발생을 하며 좋게 시작된 일이 불화 손재로 마무리가 되는 경우가 많다고 한다.

06)술미파(戌未破): 사주 안에서 술과 미가 만나거나 유년(流年)운에서 들어올 때 발생하게 되는 변화이다. 인간관계의 덕이 부족하여 항상 외로움을 느낀다고 한다.

害(해)

해는 사주팔자에 타고난 것을 위주로 한다.

01)자미해(子未害): 사주 안에서 자와 미가 만나면 발생하게 되는 변화로 원진(怨嗔)살이라고도 한다.

02)축오해(丑午害): 사주 안에서 축과 오가 만나면 발생하게 되는 변화로 귀문(鬼門)이라고도 하고 원진(怨嗔)이라고도 한다. 이 두 가지가 겹쳐서 작용을 한다.

03)인사해(寅巳害): 사주 안에서 인과 사가 만나면 발생하게 되는 변화로 형살(刑殺)이라고도 한다.

04)신해해(申亥害): 사주 안에서 신과 해가 만나면 발생하게 되는 변화이다.

05)묘진해(卯辰害): 사주 안에서 묘와 진이 만나면 발생하게 되는 변화이다.

06)유술해(酉戌害): 사주 안에서 유와 술이 만나면 발생하게 되는 변화이다.

1-5-8 원진(怨嗔)

귀문관살(鬼門關殺)
귀문관살은 사람의 인생살이에 있어서 아주 강한 흉(凶)작용을 주는 살이다. 귀문은 원진(怨嗔)과 함께 겹쳐 있는 경우가 대부분이며 함께 흉작용을 일으키는 경우가 많다. 사회관계에서 주변인들 특히 가까운 사람들과의 대인관계에 많은 불화(不和)를 발생시키므로 성혼 궁합에서도 아주 비중 있게 다루는 살이기도 하다. 이 살을 가진 사람들의 공통적인 특징은 불평, 불만, 원망이다. 또한 사주에 타고난 것보다 유년(流年)운에서 들어오는 것이 크게 작용한다. 귀문 관살이 있는 사람은 꼭 정반대의 사람을 만난다. 가정이나 학벌 혹은 성격의 차이가 크다.

원진살(怨嗔殺)
부부의 연을 맺는 궁합에서는 반드시 고려를 해야 할 살(殺)로 부부가 서로 원진에 해당하는 지지를 각각의 상대 간지[예: 남자의 일간이 오(午)인데 여자의 일간이 축(丑)일 경우]에 가지고 있으면 반드시 대흉(大凶)을 불러온다. 원진살은 귀문관살을 함께 불러오는 경우가 많으므로 조심해야 하고 원진살의 흉작용은 특히 남녀관계에서 강하게 일어난다. 원진 귀문의 부부생활은 끝내는 헤어진다고 하는 정도로 부부간에 인생향로가 어긋나고 이유 없는 다툼과 결론 없는 투쟁이 반복되는 경우가 많다. 이별과 슬픔 등으로 이어지는 인생의 고통을 꼭 한번은 겪고 넘어가는 것이 이 원진귀문관살 이다.

축오원진(丑午怨嗔)(귀문(鬼門): 사주에 축과 오를 가지고 태어나거나 유년(流年)운에 만나면 작용을 일으킨다. 부부, 부모 형제 등의 육친관계에 애정이 없고 인생을 낭비하며 사는 경우가 많고 부부 사이에 애정이 없고 변태 성욕 등의 발생으로 인한 애정사의 굴곡이 심하다.

진해원진(辰亥怨嗔)(귀문(鬼門): 사주에 진과 해를 가지고 태어나거나 유년(流年)운에 만나면 작용을 일으킨다. 부부 상호간에 시기, 질투의 성향이 강하고 매사에 불만이 많고 투쟁적인 경우가 많다.

사술원진(巳戌怨嗔)(귀문(鬼門): 사주에 사와 술을 가지고 태어나거나 유년(流年)운에 만나면 작용을 일으킨다. 부부 상호간에 의처, 의부증이 많고 여성은 특히 결벽증이 많다. 부부관계에서 흉작용을 일으키는 경우가 많다.

묘신원진(卯申怨嗔)(귀문(鬼門): 사주에 묘와 신을 가지고 태어나거나 유년(流年)운에 만나면 작용을 일으킨다. 부부간의 불화로 히스테리, 신경쇠약 등을 불러일으키는 경우가 많다.

자미원진(子未怨嗔): 사주에 자와 미를 가지고 태어나거나 유년(流年)운에 만나면 작용을 일으킨다. 부부 사이의 애정이 적고 애정사의 굴곡이 심하다.

인유원진(寅酉怨嗔): 사주에 인과 유를 가지고 태어나거나 유년(流

年)운에 만나면 작용을 일으킨다. 부부 사이의 일이 매사에 어중간하게 끝을 맺는 경우가 많다.

1-6. 육친(六親)

사주분석에 아주 다양하게 활용이 되고 한 개인의 사회관계성을 파악하고 분석하는 중요한 도구로 활용이 된다. 이 육친을 분류하는 법은 일간을 기준으로 한다. 일간(日干)을 기준으로 일간을 생하는 오행을 인성(印性), 일간이 생하는 오행을 식상(食傷), 일간을 극하는 오행을 관성(官性), 일간이 극하는 오행을 재성(財性), 일간과 같은 오행을 비겁(比劫)이라고 구분한다. 이것을 음양으로 다시 나누는데 그 분류는 아래의 표를 참고로 하면 된다.

육친 조견표

偏財 편재	正財 정재	偏官 편관	正官 정관	食神 식신	傷官 상관	劫財 겁재	比肩 비견	偏印 편인	正印 정인	육친 日干
戊	己	庚	辛	丙	丁	乙	甲	壬	癸	甲
己	戊	辛	庚	丁	丙	甲	乙	癸	壬	乙
庚	辛	壬	癸	戊	己	丁	丙	甲	乙	丙
辛	庚	癸	壬	己	戊	丙	丁	乙	甲	丁
壬	癸	甲	乙	庚	辛	己	戊	丙	丁	戊
癸	壬	乙	甲	辛	庚	戊	己	丁	丙	己
甲	乙	丙	丁	壬	癸	辛	庚	戊	己	庚
乙	甲	丁	丙	癸	壬	庚	辛	己	戊	辛
丙	丁	戊	己	甲	乙	癸	壬	庚	辛	壬
丁	丙	己	戊	乙	甲	壬	癸	辛	庚	癸

우측의 일간을 기준으로 각각의 육친을 파악한다.

비견(比肩): 일간과 같은 오행에 음양도 동일하다.
겁재(劫財): 일간과 같은 오행에 음양이 다르다.
식신(食神): 일간이 생하는 오행에 음양도 동일하다.
상관(傷官): 일간이 생하는 오행에 음양이 다르다.
편재(偏財): 일간이 극하는 오행에 음양이 동일하다.
정재(正財): 일간이 극하는 오행에 음양이 다르다.
편관(偏官): 일간을 극하는 오행에 음양이 동일하다.
정관(正官): 일간을 극하는 오행에 음양이 다르다.
편인(偏印): 일간을 생하는 오행에 음양이 동일하다.
정인(正印): 일간을 생하는 오행에 음양이 다르다.

1-7. 12운성(運星)

이 12운성을 분류하는 법은 일간을 기준으로 하는데 아래의 표를 참고로 한다.

12운성 조견표

구분	甲	乙	丙	丁	戊	己	庚	辛	壬	癸
長生	亥	午	寅	酉	寅	酉	巳	子	申	卯
沐浴	子	巳	卯	申	卯	申	午	亥	酉	寅
冠帶	丑	辰	辰	未	辰	未	未	戌	戌	丑
建祿	寅	卯	巳	午	巳	午	申	酉	亥	子
帝旺	卯	寅	午	巳	午	巳	酉	申	子	亥
衰	辰	丑	未	辰	未	辰	戌	未	丑	戌
病	巳	子	申	卯	申	卯	亥	午	寅	酉
死	午	亥	酉	寅	酉	寅	子	巳	卯	申
墓	未	戌	戌	丑	戌	丑	丑	辰	辰	未
絶	申	酉	亥	子	亥	子	寅	卯	巳	午
胎	酉	申	子	亥	子	亥	卯	寅	午	巳
養	戌	未	丑	戌	丑	戌	辰	丑	未	辰

01)장생(長生): 천간오행이 생기(生氣)받아 나오면서 외부로 자신의 존재를 드러내고 활동을 하기 시작하는 시기이다.

02)목욕(沐浴): 천간오행이 생지를 빠져 나오면서 묵은 기운을 떨쳐내고 자신의 길을 찾아가는 시기이다.

03)관대(冠帶): 천간오행이 세상에 자신을 드러내고 자신만의 생각과 행동을 주체적으로 옮기기 시작하는 시기이다.

04)건록(建祿): 천간오행이 세상에 자신을 드러낸 후 자립하여 자신의 일을 만들어 나가고 있는 시기이다.

05)제왕(帝旺): 천간오행이 세상에 자신의 일을 완성하고 자신의 뜻이 펼쳐진 세상을 고고하게 바라보며 여유 있게 지내는 시기이다.

06)쇠(衰): 천간오행이 세상에 자신이 만들어낸 일들을 서서히 거두어들이며 새로운 시작을 준비하는 시기이다.

07)병(病): 천간오행이 자신의 일들을 다 마무리하여 거두어들이고 내부적으로 기운을 완전하게 축적하는 시기이다.

08)사(死): 천간오행이 완전히 자신의 일을 마감하고 활동정지를 선언한 후에 조용히 자신만의 시간을 가지는 시기이다.

09)묘(墓): 천간오행이 자신의 흔적을 완전히 지우고 다음 생의 시작을 위해서 자신만의 공간으로 문을 닫고 들어가는 시기이다.

10)절(絶): 천간오행이 자신이 할 일을 생각하면서 자신의 모습을 변화시키기 위해서 준비를 하고 있는 시기이다.

11)태(胎): 천간오행이 자신이 하고 싶은 일을 시작하기 위해서 계획을 잡고 서서히 형태를 만들 준비를 하는 시기이다.

12)양(養): 천간오행이 자신의 일을 시작하기 위해서 모든 준비를 마치고 외부로 나가는 시간만을 기다리고 있는 시기이다.

1-8. 신살(神殺)

12신살은 사주분석의 소도구라고 할 수 있는 개념이다. 사주분석을 보다 정밀하게 하고 인간의 외부환경에서 발생하는 특이한 요소들을 설명하는데 아주 유용하게 사용이 된다. 12신살을 사주분석에 잘 활용하면 좋다.

12신살 조견표

年支基準	劫殺	災殺	天殺	地殺	年殺	月殺	亡身	將星	攀鞍	驛馬	六害	華蓋
申子辰	巳	午	未	申	酉	戌	亥	子	丑	寅	卯	辰
亥卯未	申	酉	戌	亥	子	丑	寅	卯	辰	巳	午	未
寅午戌	亥	子	丑	寅	卯	辰	巳	午	未	申	酉	戌
巳酉丑	寅	卯	辰	巳	午	未	申	酉	戌	亥	子	丑

01)겁살(劫殺): 갑작스러운 횡액이나 재물의 손실을 입는 경우가 많다.

02)재살(災殺): 수옥(囚獄)살이라고도 하며 송사 감금 등의 재앙을 입는 경우가 많다.

03)천살(天殺): 이루지 못하는 공상을 추구하는 경우가 많다.

04)지살(地殺): 역마와 비슷하며 고향을 떠나서 활동을 하는 경우가

많다.

05)년살(年殺): 도화살(桃花殺) 이라고도 하며 애정사에 얽히는 경우가 많다.

06)월살(月殺): 자신의 주변 환경 변화로 뜻밖의 이득이 생기는 경우가 많다.

07)망신(亡身): 자신의 계획대로 진행이 되지 않는 등 액운(厄運)이 생기는 경우가 많다.

08)장성(將星): 자신의 의지대로 긍정적인 결과가 나오는 경우가 많다.

09)반안(攀鞍): 자신이 계획하는 일들이 무리 없이 편안하게 이루어지는 경우가 많다.

10)역마(驛馬): 한 곳에 머무르지 못하고 일을 하는 경우가 많다.

11)육해(六害): 주변의 눈치를 보고 위축되게 살아가는 경우가 많다.

12)화개(華蓋): 남들에게 없는 특별한 기술을 가지고 살아가는 경우가 많다.

1-9. 공망(空亡)

천간은 10개이며 지지는 12개로 구성이 되어 있으니 이 조합은 지지의 2개가 짝을 찾지 못하는 상황이 되니 출발부터 문제를 안고 있다. 일간의 오행을 출발점으로 하여 한 개씩 짝을 맞추어 나가다가 비어있는 두개의 자리를 만나게 되는데 그 자리에 해당하는 지지를 공망이라고 한다. 이 공망은 형태는 있는데 내용물이 없는 상태이니 비었다고 한다.

공망 조견표

	甲子	甲戌	甲申	甲午	甲辰	甲寅
	甲子	甲戌	甲申	甲午	甲辰	甲寅
	乙丑	乙亥	乙酉	乙未	乙巳	乙卯
	丙寅	丙子	丙戌	丙申	丙午	丙辰
	丁卯	丁丑	丁亥	丁酉	丁未	丁巳
60 甲子	戊辰	戊寅	戊子	戊戌	戊申	戊午
	己巳	己卯	己丑	己亥	己酉	己未
	庚午	庚辰	庚寅	庚子	庚戌	庚申
	辛未	辛巳	辛卯	辛丑	辛亥	辛酉
	壬申	壬午	壬辰	壬寅	壬子	壬戌
	癸酉	癸未	癸巳	癸卯	癸丑	癸亥
空亡	戌.亥	申.酉	午.未	辰.巳	寅.卯	子.丑

2. 운정비결(云亭秘訣)
사주 계산법(四柱 計算法)

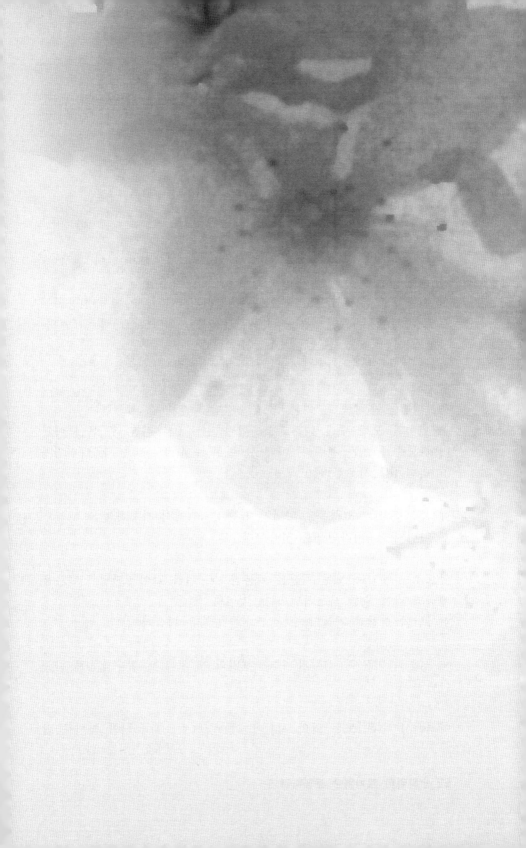

2-1. 선천(先天)의 기본수(基本數)를 구하는 법.

사람에게는 일생을 지배하는 자신의 고유한 기본수가 있어 평생 변하지 않는다.

이 선천의 기본이 되는 '수(數)'는 운정비결(云亭秘訣)에서 사용하는 수로 평생(平生), 일 년(一年), 매월(每月), 매일(每日)의 운(運)을 구할 때 기본으로 사용하게 되는 숫자이다.

그러므로 어떠한 운을 보기위해서든지 이 숫자는 변하지 않는다.

운정비결(云亭秘訣)은 기본적으로 9진법(九進法)을 사용한다.

9진법이란 모든 수를 더하고 그 합한 수를 9로 나눈 후 몫이 아닌 나머지 수를 쓰는 것이다. 이때 그 합한 수를 9로 나눈 후 나머지가 0이라면 9를 사용한다(0 = 9).

예) 31 ÷ 9 = 3(몫) ... 나머지 4(운정비결에서 사용하는 수)
    나머지가 0이라면 9를 사용한다.

앞으로 사용되는 모든 계산은 기본적으로 위와 같이 9진법으로 몫을 제하고 남는 수를 사용하면 되는 것이다.

한사람의 선천의 기본기 수를 구하는 공식은 다음과 같다.

☞ 선천의 기본수: 생월의 수 + 생일의 수 + 1 = 합수를 9로 나눈 나머지 수

여기에서 '1'은 모든 것의 시작이 되는 생(生, 태어남)의 의미를 담

은 숫자로 무조건 더해주는 숫자이다. 생월과 생일은 음력으로 자신이 태어난 해의 생월, 생일의 숫자를 사용하면 된다.

예) 1989년 10월 18일생(양)
    1989년 9월 19일생(음) ※운정비결에서는 음력만 사용

    선천의 기본수: 9 + 19 + 1 = 29 ÷ 9 나머지 2 ← 선천의 기본수.

※ 참고: 항상 스마트기기의 앱, 또는 인터넷, 만세력을 이용하여 자신의 음력생일을 찾아 자신의 생년, 생월, 생일, 생시의 천간지지를 확인해야 하며, 이중에 자신의 생일에 해당하는 일주(日柱)를 적어 놓고 운정비결(云亭秘訣)과 함께 사용하여야 한다.

이 선천의 기본수와 자신의 일간은 운정비결(云亭秘訣)을 바탕으로 평생, 한해, 매달, 매일의 운세와 함께 수리의 변화를 만들어 갈 수 있는 것이다.

2-2. 평생의 운세를 구하는 법.

평생의 운세를 보려면 선천 기본기 수와 평생의 기본수를 구해야 한다.
선천의 기본수를 구하는 공식은 '2-1'에서 설명했으니 이번엔 평생의 기본수를 구하는 공식을 알아본다.

평생의 기본수: 음력으로 태어난 생년월일시를 사용한다.
년(年)의 천간수(天干數) + 년(年)의 지지수(地支數) + 생월수(生月數) + 생일수(生日數) + 시(時)의 지지수(地支數)
= 9진법 후, 나머지 수

년의 천간수는 태어난 해의 년주(年柱)에서 천간의 숫자를 사용하는 것이고,
년의 지지수는 태어난 해의 년주(年柱)에서 지지의 숫자를 사용하는 것이며,
생월수는 태어난 월의 숫자를 그대로 사용하는 것이며,
생일수도 태어난 날의 숫자를 그대로 사용하는 것이며,
시의 지지수는 태어난 시주(時柱)의 천간지지(天干地支) 중에 지지의 숫자를 사용하는 것이다.

천간의 수는

갑(甲)	을(乙)	병(丙)	정(丁)	무(戊)	기(己)	경(庚)	신(辛)	임(壬)	계(癸)
1	2	3	4	5	6	7	8	9	10

지지의 수는

자(子)	축(丑)	인(寅)	묘(卯)	진(辰)	사(巳)	오(午)	미(未)	신(申)	유(酉)	술(戌)	해(亥)
1	2	3	4	5	6	7	8	9	10	11	12

그러므로 예를 들면,

예) 1989년 10월 18일생 오전 7시(양)
  1989년 9월 19일생 辰時 (음) ※운정비결에서는 음력만 사용
  기사년(己巳年) 갑술월(甲戌月) 신해일(辛亥日) 임진시(壬辰時)생

평생의 기본수: 6(己) + 6(巳) + 9(생월수) +19(생일수) +5(辰)
= 45 ÷ 9 = 5 나머지 '0'이 되므로 평생의 기본수는 9가 된다(나
머지가 '0'이 되면 '9'가 기본수 된다).

이렇게 평생의 기본수를 만들었으면 이제 선천의 기본수와 함께 사
용하여 수의 흐름을 만들어 내어야 한다. 그 흐름은 12개의 지지를
기반으로 하여 12개의 수를 배치하는 것이다.

12개 숫자의 배치는 아래의 칸과 같다.

寅	卯	辰
巳	午	未
申	酉	戌
亥	子	丑

항상 선천 기본수는 '寅' 칸에 들어가고, '卯'의 칸에는 평생의 기본

수, 일 년의 기본수, 오늘의 기본수가 들어가는 곳이 된다.

먼저 평생 운을 볼 때는 '寅' 칸에 선천의 기본수를 넣고 '卯'칸에 평생의 기본수를 넣는다.

예) 1989년 10월 18일생 오전 7시(양)
　　1989년 　9월 19일생 辰시 (음)
　　선천의 기본수: 2
　　평생의 기본수: 9

그러므로 각 칸에 배치하면 아래와 같다.

寅 　　　　2	卯 　　　　9	辰
巳	午	未
申	酉	戌
亥	子	丑

이제 각 칸을 채우기 위해서 아래의 공식을 보고 배치하면 된다.

辰의 수: 寅 2 + 卯 9 = 11 ÷ 9 = 1 … 나머지 2 '辰'
巳의 수: 寅 2 + 辰 2 = 　4 ÷ 9 = 0 … 나머지 4 '巳'
午의 수: 卯 9 + 辰 2 = 11 ÷ 9 = 1 … 나머지 2 '午'
未의 수: 巳 4 + 午 2 = 　6 ÷ 9 = 0 … 나머지 6 '未'
申의 수: 巳 4 + 未 6 = 10 ÷ 9 = 1 … 나머지 1 '申'
酉의 수: 午 2 + 未 6 = 　8 ÷ 9 = 0 … 나머지 8 '酉'
戌의 수: 申 1 + 酉 8 = 　9 ÷ 9 = 1 … 나머지 0 = 9 '戌'
亥의 수: 寅 2 + 巳 4 + 申 1 = 　7 ÷ 9 = 0 … 나머지 7 '亥'
子의 수: 卯 9 + 午 2 + 酉 8 = 19 ÷ 9 = 2 … 나머지 1 '子'
丑의 수: 辰 2 + 未 6 + 戌 9 = 17 ÷ 9 = 1 … 나머지 8 '丑'

공식대로 계산하여 칸에 넣으면 아래와 같다.

寅		卯		辰	
	2		9		2
巳		午		未	
	4		2		6
申		酉		戌	
	1		8		9
亥		子		丑	
	7		1		8

이렇게 평생의 수가 열두 칸에 채워지면 그 사람의 운명을 숫자의 흐름으로 알 수 있게 되는 것이다. 또, 각 칸마다 '대운(大運)'이라는 개념으로 몇 년씩의 시기를 주제별로 묶어서 운세를 살펴본다.

그 대운을 살펴보는 공식은 각 칸의 수를 기간으로 설정하고 수를 계속 더하여 나아가는 방식으로 '寅'칸의 시작은 태어난 나이(한국은 태어나자마자 한 살을 더해주기에) '1'부터 시작을 하는 것이다. 그래서 위의 예로 계산하면,

'寅'칸의 대운은 수가 '2' 이므로 1~2세 까지 2년간이 되고,
'卯'칸의 대운은 수가 '9' 이므로 2세에 9를 더하여 3~11세 까지 9년간이 되며,
'辰'칸의 대운은 수가 '2' 이므로 11세에 2를 더하여 12~13세 까지 2년간이 되고,
'巳'칸의 대운은 수가 '4' 이므로 13세에 4를 더하여 14~17세 까지 4년간이 된다.
'午'칸의 대운은 수가 '2' 이므로 17세에 2를 더하여 18~19세 까지 2년간이 되고,
'未'칸의 대운은 수가 '6' 이므로 19세에 6을 더하여 20~25세 까지 6년간이 되며,
'申'칸의 대운은 수가 '1' 이므로 25세에 1을 더하여 26~26세 까지

1년간이 되고,

‘酉’칸의 대운은 수가 ‘8’ 이므로 26세에 8을 더하여 27~34세 까지 8년간이 된다.

‘戌’칸의 대운은 수가 ‘9’ 이므로 34세에 9를 더하여 35~43세 까지 9년간이 되고,

‘亥’칸의 대운은 수가 ‘7’ 이므로 43세에 7을 더하여 44~50세 까지 7년간이 되며,

‘子’칸의 대운은 수가 ‘1’ 이므로 50세에 1을 더하여 51~51세 까지 1년간이 되고,

‘丑’칸의 대운은 수가 ‘8’ 이므로 51세에 8을 더하여 52~59세 까지 8년간이 된다.

여기에 해당 일주의 지지와 동일한 지지에 일주의 천간을 넣고 그 천간을 기준으로 삼아 순행하여 각 칸에 모두 채워 넣는다.

1989년 9월 19일 辰시생의 일주는 신해(辛亥)이다. 그러므로 지지 亥외 천간에 ‘辛’을 넣고, 이어서 천간의 순서대로 순행하여 대입한다.

甲寅		乙卯		丙辰	
	2		9		2
丁巳		戊午		己未	
	4		2		6
庚申		辛酉		壬戌	
	1		8		9
辛亥		壬子		癸丑	
	7		1		8

이 평생 운은 각 칸의 숫자가 그 대운의 주제로 수리(數理)에 해당하는 일들이 일어나게 된다. 그러므로 앞으로 수의 이치에 대해서 익히게 되면 평생을 각 대운별로 묶어서 일어나는 일들의 주제와 특징과 길흉을 살펴볼 수 있게 되는 것이다.

2-3. 한 해의 운세를 구하는 법.

한 해의 운세를 구하기 위해서는 그 해의 기본수를 사용해야 한다. 위의 평생 운을 보듯이 '寅'의 칸에는 항상 선천의 기본기 수를 배치하지만, 卯의 칸에는 운세를 보고자 하는 해의 기본수를 만들어야 하는 것이다.

일련의 기본수: 그해의 나이 수 + 생월수 +생일수 = 9진법 후, 나머지 수

예) 1989년 10월 18일생 오전 7시(양)
　　1989년　9월 19일생 辰시 (음)
　　선천의 기본수: 2

2012년 기준 일련의 기본수:　24(세) + 9 + 19 = 52 ÷ 9
나머지 '7' ← 올해의 기본수

올해의 기본수는 '卯'의 칸에 배치한다.

寅		卯		辰	
	2		7		9
巳		午		未	
	2		7		9
申		酉		戌	
	2		7		9
亥		子		丑	
	6		3		9

이제 각 칸을 채우기 위해서 아래의 공식을 보고 배치하면 된다.

辰의 수: 寅 2 + 卯 7 = 9 ÷ 9 = 1 ... 나머지 0 = 9 '辰'

巳의 수: 寅 2 + 辰 9 = 11 ÷ 9 = 1 ... 나머지 2 '巳'

午의 수: 卯 7 + 辰 9 = 16 ÷ 9 = 1 ... 나머지 7 '午'

未의 수: 巳 2 + 午 7 = 9 ÷ 9 = 1 ... 나머지 0 = 9 '未'

申의 수: 巳 2 + 未 9 = 11 ÷ 9 = 1 ... 나머지 2 '申'

酉의 수: 午 7 + 未 9 = 16 ÷ 9 = 1 ... 나머지 7 '酉'

戌의 수: 申 2 + 酉 7 = 9 ÷ 9 = 1 ....나머지 0 = 9 '戌'

亥의 수: 寅 2 + 巳 2 + 申 2 = 6 ÷ 9 = 0 ... 나머지 6 '亥'

子의 수: 卯 7 + 午 7 + 酉 7 = 21 ÷ 9 = 2 ... 나머지 3 '子'

丑의 수: 辰 9 + 未 9 + 戌 9 = 27 ÷ 9 = 3 ... 나머지 0 = 9 '丑'

여기에 각 칸에 2012년(올해)의 '寅'월의 천간을 넣고 그 천간을 기준으로 삼아 뒤 칸까지 모두 채워 넣는다.

음력 2012년 1월은 壬辰년 壬寅월이다.

그러므로 첫 칸의 '寅'의 천간은 '임'으로 두고 이어서 천간의 순서대로 대입한다.

壬寅(1월)		癸卯(2월)		甲辰(3월)	
	2		7		9
乙巳(4월)		丙午(5월)		丁未(6월)	
	2		7		9
戊申(7월)		己酉(8월)		庚戌(9월)	
	2		7		9
辛亥(10월)		壬子(11월)		癸丑(12월)	
	6		3		9

위의 표처럼 각 칸에 천간과 지지, 그리고 상징하는 숫자가 자리하

게 된다.

이것이 음력 1월(인월)부터 시작되는 매달의 운을 나타내는 운세이다.

각 칸의 상징하는 숫자들은 매월의 주제가 되며, 각 칸의 천간과 지지는 자신의 일주 천간지지와 합, 충, 파, 해, 원진을 비교하고 따져가면서 수리와 함께 해설해 나가면 된다.

위의 예로든 사주의 일주는 '신해'일주로써 신해일주의 천간지지와 각 칸의 천간지지를 비교해 나가게 되는 것이다.

2-4. 오늘의 운세를 구하는 법.

오늘의 운세를 구하기 위해서는 오늘의 기본수를 사용해야 한다.
위의 일 년 운을 보듯이 '寅'의 칸에는 항상 선천의 기본수를 배치하
지만, 卯의 칸에는 운세를 보고자 하는 날의 기본수를 만들어야 하
는 것이다.

오늘의 기본수: 오늘의 월수 + 오늘의 일수 = 9진법 후, 나머지 수

예) 1989년 10월 18일생 오전 7시(양)
　　1989년　9월 19일생 진시 (음)
　　선천의 기본수: 2

위의 사람이 자신의 오늘의 운세(2012년 3월 05일 음력)를 본다면,

오늘의 기본수: 음력 3월 5일 이므로 3 + 5 = 8 ÷ 9 = 0
나머지 '8' ← 오늘의 기본수
(9 이상일 경우 9진법 적용, 나머지수를 사용한다.)

선천의 기본수는 '寅'의 칸에 배치하고, 오늘의 기본수는 '卯'의 칸에
배치한다.

寅 2	卯 8	辰 1
巳 3	午 9	未 3
申 6	酉 3	戌 9
亥 2	子 2	丑 4

이제 각 칸을 채우기 위해서 아래의 공식을 보고 배치하면 된다.

辰의 수: 寅 2 + 卯 8 = 10 ÷ 9 = 1 ... 나머지 1 '辰'
巳의 수: 寅 2 + 辰 1 = 3 ÷ 9 = 0 ... 나머지 3 '巳'
午의 수: 卯 8 + 辰 1 = 9 ÷ 9 = 1 ... 나머지 0 = 9 '午'
未의 수: 巳 3 + 午 9 = 12 ÷ 9 = 1 ... 나머지 3 '未'
申의 수: 巳 3 + 未 3 = 6 ÷ 9 = 0 ... 나머지 6 '申'
酉의 수: 午 9 + 未 3 = 12 ÷ 9 = 1 ... 나머지 3 '酉'
戌의 수: 申 6 + 酉 3 = 9 ÷ 9 = 1 ... 나머지 0 = 9 '戌'
亥의 수: 寅 2 + 巳 3 + 申 6 = 11 ÷ 9 = 1 ... 나머지 2 '亥'
子의 수: 卯 8 + 午 9 + 酉 3 = 20 ÷ 9 = 2 ... 나머지 2 '子'
丑의 수: 辰 1 + 未 3 + 戌 9 = 13 ÷ 9 = 1 ... 나머지 4 '丑'

여기에 오늘이 음력 2012년 3월 5일이므로 丙戌일 이므로 오늘의 지지와 동일한 지지, 시에 오늘과 같은 천간을 채워 넣고 그 천간을 기준으로 삼아 순행하여 각 칸에 모두 채워 넣는다.

그러므로 오늘(3월 5일)의 지지'戌'시의 천간은 '丙'으로 대입하고 이어서 천간의 순서대로 순행하여 대입한다.

庚寅		辛卯		壬辰	
	2		8		1
癸巳		甲午		乙未	
	3		9		3
丙申		丁酉		丙戌	
	6		3		9
丁亥		戊子		己丑	
	2		2		4

위의 표처럼 각 칸에 천간과 지지, 그리고 상징하는 숫자가 자리하게 된다.

이것이 이날의 '卯'시부터 하루를 2시간씩 나타내는 운세가 된다.

寅(8시 이전), 卯(8~10시), 辰(10~12시), 巳(12~14시), 午(14~16시), 未(16~18시), 申(18~20시),酉(20~22시), 戌(22~24시).

戌시에서 금일 24시까지 전부 적용되었으므로 亥시, 子시, 丑시 에서는 더 이상 금일시간을 표시할 필요가 없으므로 금일 운세에서는 적용을 하지 않는다.

상징하는 숫자는 매 시간의 주제가 되며, 각 칸의 천간과 지지는 자신의 일주 천간지지와 합, 충, 형, 파, 해, 원진을 비교하고 따져가면서 수리와 함께 해설해 나가면 된다.

2-5. 수열표 (數列表).

아래의 수열 표는 운정비결의 9진법으로 정상적인 계산을 하여 각 칸에 배치했을 때 나오는 모든 경우의 수열이다.
만약 아래의 수열 외의 계산이 나왔다면 계산 도중 어딘가 틀렸다는 것이다.
이 표를 통해 자신의 계산법이 맞았는지 확인해 볼 수 있다.

112	123	134	145	156	167	178	189	191
336	459	573	696	729	843	966	189	213
999	459	819	369	729	279	639	189	549
448	933	527	112	696	281	775	369	854
213	224	235	246	257	268	279	281	292
549	663	786	819	933	156	279	393	426
549	999	459	819	369	729	279	639	189
393	887	472	966	551	145	639	224	718
314	325	336	347	358	369	371	382	393
753	876	999	123	246	369	483	516	639
189	549	999	459	819	369	729	279	639
257	742	336	821	415	999	584	178	663
415	426	437	448	459	461	472	483	494
966	189	213	336	459	573	696	729	843
639	189	549	999	459	819	369	729	279
112	696	281	775	369	854	448	933	527

516	527	538	549	551	562	573	584	595
279	393	426	549	663	786	819	933	156
279	639	189	549	999	459	819	369	729
966	551	145	639	224	718	393	887	472
617	628	639	641	652	663	674	685	696
483	516	639	753	876	999	123	246	369
729	279	639	189	549	999	459	819	369
821	415	999	584	178	663	257	742	336
718	729	731	742	753	764	775	786	797
696	729	843	966	189	213	336	459	573
369	729	279	639	189	549	999	459	819
775	369	854	448	933	527	112	696	281
819	821	832	843	854	865	876	887	898
819	933	156	279	393	426	549	663	786
819	369	729	279	639	189	549	999	459
639	224	718	393	887	472	966	551	145
911	922	933	944	955	966	977	988	999
123	246	369	483	516	639	753	876	999
459	819	369	729	279	639	189	549	999
584	178	663	257	742	336	821	415	999

3. 기본수(基本數)의 성격(性格)

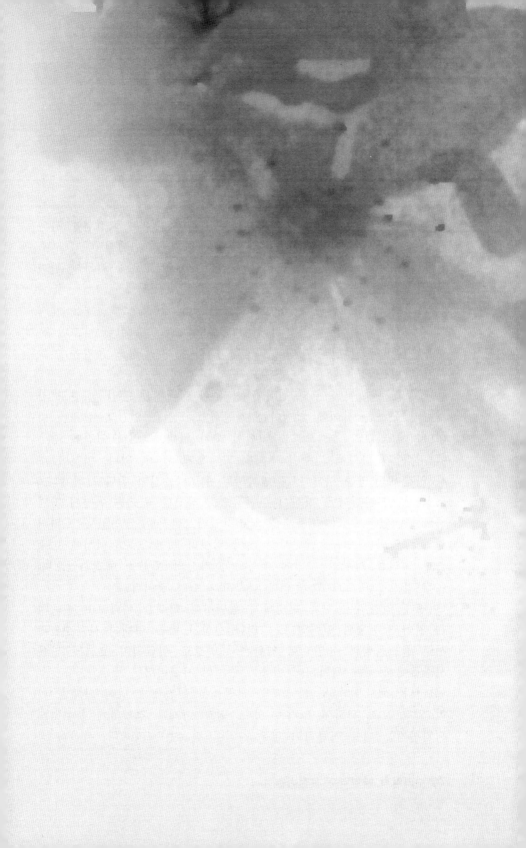

인간은 자신의 의지나 노력이 없이 선천적으로 타고난 운명과 태어난 뒤 자신의 노력이나 행위로부터 얻어지는 후천적인 결과로 운명이 결정된다. 이 우주만물의 영고성쇠가 일정하게 정해진 궤도를 따라서 변화하는 일련의 과정이 선천적인 운명이라면, 주위 환경의 영향을 받거나 자신의 노력으로 변화하고 발전하는 일련의 과정이 바로 후천적인 운명이라 하겠다.

우리는 운명이 이 선천적인 운명과 후천적인 운명의 적절한 조화와 결합으로 이루어지는 것을 알 수 있다. 우리는 주변에서 타고난 소질이나 재능이 성장 과정에서 환경이나 받아온 교육에 의하여 변화하는 것을 많이 보아 왔다.

말하자면, 운명에는 선천적으로 타고난 것과 선천적인 운명을 개척할 수 있는 후천적 운명이 함께 있다. 그러므로 인간이란 타고난 운명을 기본으로 정신적 수양과 노력에 의하여 어느 정도 운명을 변화시켜 간다는 것을 되새겨 볼 필요가 있을 것이다.

아침부터 밤까지 하루의 변화가 쉼 없이 이어지는 동안, 자신도 감지하지 못하는 사이에 발생하는 자연적인 조건은 인간의 한계를 벗어나기에 인간의 능력으로는 어찌할 수가 없다. 그러나 인간은 경우에 따라 그 상황에 맞추어 변화를 가져오게 할 수 있다. 이것이 바로 인간이 운명을 어느 정도 변화시킬 수 있는 길이 된다고 하겠다.

그래서 옛 사람들은 자신이 선천적으로 타고난 운명을 어떻게 하면 바꿀 수 있을까 하는 문제를 궁리하였다. 이러한 끊임없는 노력의 결과로 역리를 연구, 발전시킨 것이 역서라 하겠다. 그 역서에서 추출한 수리를 사람의 운명에 접목하여 자신의 운명을 예견하였으며, 여러 가지 노력으로 그 운명을 바꾸고자 했던 것이다.

이렇게 인간의 운명을 현명하게 판단하여 미래를 내다보고 예측하는 일이 선현들의 일이었다. 그러나 변화가 빠른 현대의 사회생활과 서구 물질문명의 유입으로 역학은 미신으로 취급되며 오늘날 많은 사람들에게 낮게 평가되어 있음이 주지의 사실이다.

그러나, 예로부터 뜻있는 몇몇 선현들은 인간에게 얽힌 관계를 미리 밝혀 보기 위하여 노력해 왔다. 실로 미래를 정확하게 유추하게 되기까지는 대를 거듭하여 많은 시간이 필요했던 것이다. 시간과 공간의 변화에 따라서 인간의 운명이 변화했기 때문이었다.

옛 선현들은 먼저 수리(數理)를 설정하고 그 변화에 따라 운명을 해석했는데, 인간이 보다 보람 있고 그 무엇인가를 성취할 수 있는 인생을 영위하기 위한 수단으로 그것을 이용했던 것이다. 그것이 곧 1에서 9까지의 기본수이다. 1에서 9까지의 숫자를 먼저 설정하고 서로 크게 대별되는 9가지 기본수의 성격을 생각하였다. 그리하여 그에 따라 모든 것을 판단하고 그것을 행동의 지표로 삼는 처세를 해왔던 것이다.

1. 생(生)의 성격

숫자 1은 태어난다는 의미를 갖는다. 그러므로 날 생(生)자에 비유해서 그 뜻을 나타낸다. 초목의 싹이 땅위에 나온 모양을 본뜬 글자로서, 없는 것이 생기고 싱싱하게 자란다는 뜻을 내포한다.

아무리 어려운 일이라도 참고 견디는 의지력과 인내심을 지니고 있다.

모든 사물을 이성적으로 판단하는 능력을 지녔으며, 옳거나 이롭다고 생각하는 것을 과감하게 밀고 나간다.

쉽게 흥분하지 않고 일을 냉정하게 처리하는 차분함도 가지고 있다.

어떤 사건이나 사물을 성급하게 처리하지 않고 전후 사정과 앞으로의 관계 등을 생각해서 한다.

주위 사람들에게 신뢰감을 주어 믿고 따르게 한다. 주위의 믿음과 칭송은 자신을 앞으로 나아가게 하는 밑거름이 될 수 있다. 대인관계가 좋아서 사회활동이 순조롭고, 목표한 대로 밀고 나갈 수 있다.

자립심과 독립심이 강하여 다른 사람들에게 의지하거나 도움을 바라지 않는다. 오히려 사람들로부터 부러움을 산다.

주위 사람의 의견을 하나로 모으는 데에 소질이 있으며, 리더십이 강하여 지도자적인 기질을 타고 났다. 자기 스스로 남을 다스리려 하기보다는 주위로부터 그러한 권고를 받는 편이다. 상대방을 압도하는 것은 모두 기질 탓이라고 본다.

보통 사람이면 쉽게 좌절하거나 체념하는 일도 붙잡고 늘어진다. 어떤 일이라도 마음먹은 일이면 인내심을 발휘하지만, 때때로 인내심을 발휘하여 달성한 것도 쉽게 포기하고 마는 경우도 있다. 이런 성격으로 직장생활을 하는 사람은 상사와 의견 충돌을 자주 일으킨다. 물론 옳은 일이기 때문이긴 하지만, 이것도 자신의 이기심이라고 생각할 수도 있다.

상대방과 의견 충돌을 조금만 줄이고, 아랫사람에게는 존경을 받지만 윗사람에게서 배척받는 원인이 이기심에 있음을 알고 자제한다면 좋은 결실이 있겠다.

2. 주(柱)의 성격

숫자 2는 기둥(柱)이다. 집을 지을 때 주춧돌 위에 세워서 지붕이
나 서까래를 받쳐주는 나무이다. 그러므로 집안이나 단체, 나라에서
가장 핵심적이고 요긴한 사람을 뜻한다.

자신이 생각하고 있는 것을 남에게 터놓고 얘기하는 일이 드물다.
남이 모르게 혼자 비밀스럽게 하는 것을 좋아하며, 그것에서 즐거움
을 찾는다. 어떤 일을 할 때 침착하지 못하고 덤벙대며, 자신의 생각
을 남에게 이야기할 때도 자기가 관심이 적은 일이나 하기 싫은 것
에는 손도 대지 않고 반면에 관심이 있는 것에는 깊이 파고들어 몰
두하기도 한다.

호기심이 많아서 의문을 갖고 사물에 접하고 모험심도 강하여 하지
말라는 것은 더욱 하고 싶은 충동을 느끼기도 한다. 창작적인 재능
도 갖추고 있어서 머리로 생각한 것을 실제 손으로 만들어 보기를
좋아한다. 실험정신도 강하여 한 번 호기심을 품은 생각이나 원리는
몇 번이고 직접 되풀어 만들어 본다. 늘 상상력이 풍부할 뿐만 아니
라 그것을 실제 행동으로 옮기는 일이 많다. 새로운 아이디어가 어
디서 나오는지 항상 신기할 정도의 생각들이 많다.

동정심이 대단히 많아서 어려운 처지에 있는 사람을 이해하고 도울
줄 안다. 자기의 주장을 굽힐 줄도 알고 남의 생각도 자신의 생각처
럼 이해하려고 노력하는 형이다. 낭만적인 생각에 젖기를 좋아하며
로맨틱한 면을 보인다. 감수성도 예민하여 바람에 흔들리는 나뭇잎
을 보고도 깊은 생각에 빠져 들기도 하고, 떨어지는 낙엽을 보고 눈
물을 흘리기도 한다.

일을 처리할 때는 멀리 내다보는 지혜는 있으나 실행력이 부족하
고, 맺고 끊는 기질이 부족하여 타인의 비난을 받기도 한다.

좋은 기회를 맞이하고도 어물거리다 놓치는 경우가 많다. 매사에

좀 더 과감하게 행동하라.

3. 귀(鬼)의 성격

숫자 3은 귀신을 의미한다. 그러므로 귀신 귀(鬼)자를 부여하는데, 얼굴에 커다란 탈을 쓴 도깨비나 눈에 보이지 않는 영혼을 뜻한다.

그러나, 여기서는 매우 뛰어난 재능이나 그런 재능을 가진 사람이라는 뜻으로 쓰인다. 따라서 이 숫자가 운명에 배치된 사람은 두뇌가 총명하고 뛰어날 뿐만 아니라 자신에 대한 긍지가 대단히 강하여, 무엇이든지 남에게 지기 싫어하고 마음먹은 일은 반드시 성취하고자 하는 욕구가 강하다.

사교적이면서도 직선적인 성격 때문에 주위 사람들로부터 호평을 받기에는 부족한 사람이다. 남과의 교제를 소중히 여기며 대인관계에도 관심을 많이 기울이나 실속이 없다.

총명한 두뇌를 갖고 있어서 많은 사람 가운데서도 두드러지게 그 재능을 발휘할 줄 알며, 엘리트에 속하는 수재 형이다. 끊임없이 움직이며 활동하기를 좋아하고 경우가 밝고 정의로운 사람이다. 자신이 옳다고 믿으면 무엇이든 포기하지 않는 고집과 줏대를 갖고 있기도 하다.

특히 타인의 성격을 잘 파악하여 어울리기 때문에 조직력과 통솔력이 뛰어나지만 자기 자신을 과신하고 있는 것이 흠이다. 옳다고 판단하면 독단적으로 밀고 나가려는 성격 때문에 손해를 자초하는 경향이 있으므로 여러 사람과 타협하여 일을 하는 것이 중요하다. 남의 말을 들으면 비밀히 간직하여 가슴에 담아 두지 못하고 다른 사람에게 말해 버리는 경우가 잦아서 입이 빠르다는 이야기를 자주 듣는다. 또 자기 자신을 반성한다든가 자기감정을 다스릴 만한 시간을 가지지 않기 때문에 고요하고 차분한 성격이 결여된 편이다.

특히 여성의 경우에는, 강한 듯 하지만 인정이나 사랑에 약하여 한 번 빠져들면 물불을 가리지 않고 걷잡을 수 없는 상태가 되는 충동

형이 많다. 그러므로 3의 숫자를 가진 사람은 감정적인 충동성만 잘 다스리면 활동적이고 적극적인 성격을 최대한 발휘하여 행복한 삶을 영위할 수 있다고 본다.

4. 안정(安定)의 성격

4는 안정(安定)의 의미를 가진 숫자이다. 글자 그대로 정신과 마음이 고요하고 평안하며 사회적 위치도 안정되게 자리를 잡았다는 의미이다.

남자로 이 숫자에 해당하는 사람은 군자(君子)의 성품으로 매사에 침착하고 여유가 있는 것이 장점이다. 과묵하기 때문에 어떤 어려운 일이 닥치더라도 당황하지 않고 자신의 임무를 수행한다.

또한 대인 관계에 있어서 모나게 행동하지 않고 원만하기 때문에 모든 사람과 잘 어울린다. 가정에 대해서도 집안을 화목하게 이끄는 성격이다.

여자인 경우에는 다른 사람 밑에 있기를 싫어한다. 리더십이 강하기 때문에 소극적인 여성과는 잘 어울리지 않는 경향이 있다. 또 불의를 보면 참지 못하는 성격으로, 의협심이나 자기의 자존심을 개성있게 나타낸다.

어느 누구라도 좋게 대하는 단점 때문에 주관 없는 회색분자라는 소리를 듣는다. 또 너무 말이 없이 때문에 속을 알 수 없는 능구렁이라는 평을 듣기도 한다. 남의 일에 적극적으로 나서지 않아, 손해를 보는 일은 별로 없지만 사교성이 부족하다.

여자인 경우에는 너무 독선적인 경향이 있기 때문에 주위로부터 따돌림을 당하기도 하고, 남편의 일이 난관에 봉착했을 때 남편을 제치고 자기가 나서는 경향이 있으므로 남편으로부터 질타를 당하기도 한다.

따라서 이 숫자를 가진 사람은 남자라면 좀 더 적극적인 면을 가져야하고 여자라면 자신을 조금 더 절제해야 앞길이 순탄하겠다.

근면하고 성실하며 온순할 뿐만 아니라 아주 정직한 사람이다. 특히 여자는 사주가 강하기 때문에 나보다 상대를 아끼는 마음이 있어야 한다. 이러한 마음이 부족하면 결혼해도 화합이 힘들고 깨지기 쉬우니 늘 명심하라.

5. 경파(驚破)의 성격

5는 경파(驚破)를 의미하는 숫자이다. 글자 그대로 놀랄 경(驚)과 깨어질 파(破)로서, 물질적인 면에서나 정신적으로나 깜짝 놀라고 타격을 받는다는 뜻이다.

이 숫자가 운명에 배치된 사람은 장점보다 단점이 많다. 따라서 이런 사람은 어떤 경우에 처하든 살려는 의지가 강하고 자기의 목표나 이익에 대한 집념이 강하다.

불쌍한 처지에 빠진 사람을 도와주려는 동정심과 미지의 세계에 도전하려는 모험심이 강하다. 특히 인간적으로 결속되면 의리를 끊지 않고 영원히 지속시키는 지조 있는 성격을 가지고 있다.

단점으로는 냉소적이고 과격한 성격을 들 수 있다. 그래서 사람들과 자주 충돌하고 절친했던 사람과도 떨어지는 경향이 많다. 이런 성격 때문에 친해지고 싶어 했던 사람과 접근하기가 곤란하여 항상 고독하다.

또한 이성적으로 냉정하게 판단하는 능력이 결여되어 있어서 충동적으로 움직이기 때문에 사업이나 직장에서 손해를 본다.

기회를 따라서 움직이며 민첩하고 경솔하다. 성미가 급하여 지레짐작으로 일을 그르치는 경우가 많다. 남과는 잘 타협하지 않으며, 자신의 이익을 좇는 경향이 많다. 여럿이 함께 일을 하기보다는 혼자 하는 개인 사업을 좋아한다. 보편적으로 평범한 것에 만족하지 않으며 남보다 뛰어나길 갈구한다. 인간관계에 있어서도 마음이 변하기 쉽고 사람을 좋아하거나 싫어하는 것을 분명히 하는 사람으로서, 조금은 냉정하여 접근하기 어려운 인상을 준다.

특히 여자의 경우 따사로운 정이 없기 때문에 항상 집안이 썰렁하고 온기가 없다. 따라서 이 숫자에 해당하는 사람은 매일 자신의 삶을 갈고 닦는 일기를 쓰거나 문예와 예능 방면에 관심을 기울여 정서를 함양하는 것이 필요하다.

6. 관(官)의 성격

6은 벼슬(官)을 의미하는 숫자이다. 벼슬이란 관청에 나아가서 나랏일을 맡아 다스리는 자리를 뜻한다. 요즘 말하는 행정, 경찰, 군인 등의 공무원이 이에 속한다.

이 숫자를 가진 사람은 그 성격이 매우 침착하고 합리적인 것이 장점이다. 결벽증이 있을 정도로 완벽함을 추구하기 때문에 절대로 타인에게 손해를 끼치거나 도움을 받지 않는다. 가정에서나 직장에서나 자기 책임을 성실하게 수행하기 때문에 신뢰를 얻는다.

여성의 경우에도 남자 못지않게 결벽성이나 완벽성이 두드러지게 나타나는 성격이다.

자기 앞가림만 하기 때문에 모든 문제를 폭넓게 생각하고 이해하는 능력이 부족한 것이 단점이다. 또 실수에 대한 용서가 없는 까닭에 맑은 물에 고기가 모여들지 않는 것처럼 사람이 모여들지 않는 경향이 있다.

가정생활에서도 잡다한 가정사에 일일이 간섭해서 아내를 피곤하게 하고 자식들마저 괴롭히는 성격이다. 여성인 경우에도 주도면밀한 성격 탓에 남편의 사랑이 식는 결함을 가지고 있다.

단점에 비례하여 장점도 많다. 맡은 일은 잡음이 없이 깨끗하게 처리하고 제 할 일을 미루거나 남에게 전가하는 일이 없다. 모험이 따르는 일이나 자신의 능력에 비추어 무리가 되는 일은 굳이 하려 들지 않는다. 남에게 피해가 되는 일을 하지 않으며, 신세지는 일도 하지 않는다.

이 숫자가 운명에 있는 사람이 역지사지(易地思之)라는 말처럼 자기의 처지와 남의 처지를 바꿔서 생각하는 도량과 포용심을 구비한다면 사회생활에서 빛을 발하는 진주가 될 것이라 믿는다.

7. 퇴식(退食)

7이라는 숫자는 퇴식(退食)을 나타낸다. 물리칠 퇴(退)자와 밥 식(食)자가 뜻하는 것처럼, 밥을 물리친다는 뜻을 갖는다. 그러므로 건강이 약하거나 노후기에 들어서 있다는 뜻으로, 발전보다는 뒤로 물러서는 퇴보를 나타낸다.

이 숫자에 해당되는 사람은 성격은 끈질긴 집념이 대단하지만 독선적인 성격으로 손해를 보는 일이 많으며 부모의 덕을 보기도 어렵다. 또한 매사에 의욕적으로 임하지 못하고 소극적이기 때문에 남들로부터 신임을 받지 못한다.

장점으로는 집념과 끈기가 있고 친화력이 강해 어디에든 잘 어울린다. 악착같기보다는 의를 추구하여 이웃이나 동료들과 함께 잘 어울려 인생을 즐기려는 여유가 있는 것이 좋은 점이다.

단점으로는 명분을 빙자해서 어려운 일에서 빠지려는 경향이 있고, 서클이나 친목회 같은 데서 파쇼적인 경향을 지나치게 드러낸다.

또 자기를 중심으로 판단하기 때문에 상사의 신임을 얻지 못하고 또 그것에 개의치 않으므로 승진 운이 따르지 않는다.

특히 여성의 경우 극성맞다는 말을 들을 정도로 매사에 적극적이고 능동적이다. 활동력이 대단하여 손이 안 닿는 곳이 없을 정도로 폭이 넓다. 더러는 자신의 활동 범위를 넘어서서 남편의 일까지 거들어 주는 일이 있다. 이로 인하여 남편의 체면에 손상을 가져오며 기를 꺾어놓기가 일쑤다. 이런 운명의 여성은 좀 더 은근함을 갖고서 남편에게 접근하고 드러나지 않게 사랑한다면 점차 발전을 보일 수도 있겠다.

남성의 경우에는 너무 자신의 주장만 내세우지 말고 남의 말에도 귀를 기울일 줄 아는 이해심을 지녀야 하겠다. 또 매사를 좀 더 세심하게 계획하고 판단하는 힘이 필요하겠다.

8. 재(財)의 성격

 8은 재물(財)과 밀접한 관계를 나타내는 숫자이다. 재물은 돈이나 그 밖의 값나가는 증권, 집, 토지, 금, 은, 보석 등의 동산과 부동산 모두를 뜻한다.

 따라서 이 숫자에 해당하는 사람은 매사에 실리를 추구하는 강한 성격으로 자연 재물을 모으고 안정을 얻게 되는 것이 장점이다. 그러므로 그 재물을 얻기 위한 창의력이나 창조적인 능력을 개발하려는 의욕도 왕성하다. 여성인 경우에도 남성의 성격처럼 재물 욕심이 있어서 매우 활동적이다.

 단점으로는 재물을 가지고 모든 것을 판단하므로 타산적이고 이기적인 성품을 드러내는 수전노 기질이 있다. 의지와 명분을 쉽게 버리고 재물을 좇아가기 때문에 도움을 준 선배나 직장의 상사들까지도 배반하는 경향이 있다.

 특히 여성의 경우는 아주 작은 재물이라도 절대 포기하지 않는다. 그러므로 그것이 오히려 화근이 되어 큰 재물을 잃는 경우도 많다. 왜냐하면 어려운 처지에 있는 사람의 숨통을 꽉 조이게 되므로 그 사람들이 복수를 하기 때문이다. 원한을 사는 일이 없도록 조심하여 처신해야 할 것이다. 지도력이 강하고 개성이 풍부할 뿐 아니라 의리가 있는 성품이다. 금전적인 것에 너무 치중하거나 몰두하지 말고 이해관계를 따지지 말아야 한다.

 항상 평범한 것을 좋아하지 않고 정열적으로 극단적인 생활을 하기 때문에 파란만장한 인생의 길을 걷는 사람도 많다. 따라서 이런 사람은 자신이 결심한 일이면 모두 반대하는 것이라도 끝까지 밀고 나가며 그것에 몰두하게 된다. 또 한푼 두푼 저축하는 근면성은 돈보이나 재물 욕심이 지나쳐서 대인 관계를 그르칠 수 있으므로 인간성과 인간미를 잃지 않도록 유의해야 한다.

9. 문서(文書)

9는 문서(文書)라는 뜻을 나타내는 숫자이다. 글월 문(文)자와 글서(書)자를 합한 말로 물건이나 서류 등을 뜻한다. 곧 새로운 계약, 보증, 승인서 등의 서류를 나타낸다.

이 숫자를 가진 사람은 서류의 내용을 한자 한자 따져보는 곰 같은 끈기를 가지고 있으면서 과묵한 것이 장점이다.

그러나 고리타분한 물건이나 서류에만 얽매이지 않고 여럿이 모인 자리에서 남을 설득하거나 즐겁게 해주는 뛰어난 재치와 유머 감각도 지니고 있다.

특히 여성의 경우 활동력이 매우 왕성하여 세상 문제에 밝기 때문에 다른 사람의 지배나 도움을 받지 않고 스스로 일어서려는 독립심이 강하다.

단점으로는 독단적인 면이 강하고 타인의 충고를 무시하는 배타성이 강하므로 주변에 진실한 친구가 없다. 또한 고집이 있기 때문에 사업이 잘 안되더라도 끝까지 밀고 나가서 파산을 하는 우지함이 있다.

특히 여성인 경우 남편에게조차 지기를 싫어하기 때문에 가정불화가 잦고 그 영향을 받은 자식들이 탈선할 우려가 있다. 따라서 이 숫자를 가진 사람은 자기주장을 너무 내세우지 말고 여러 각도에서 사물을 파악하는 안목을 가져야겠다.

한편 철학적(哲學的)이며 심령적(心靈的)인 세계를 좋아하는 이상주의적인 사고를 가졌기 때문에 감수성이 아주 예민할 뿐만 아니라 작은 일에도 마음의 상처를 받기 쉽다. 또 자기의 진실한 모습을 잘 보이지 않으며 표면적으로는 냉정한 사람이기도 하다. 그리고 모든 일에 봉사정신이 투철하고 동정심(同情心)이 많으며 부드러운 마음씨를 가졌다. 정열적이면서도 빨리 좌절하고 권태를 느끼기 쉬우며 마음을 잘 안정시키지 못한다. 이러한 사람의 경우 특이하게 타향에서 성공하는 사람이나 자격증을 이용한 자유업에 종사하는 사람이 많다. 또한 주위에 도움을 주는 사람이 많이 있다.

4. 운정비결(云亭秘訣)의 국운(國運) 풀이

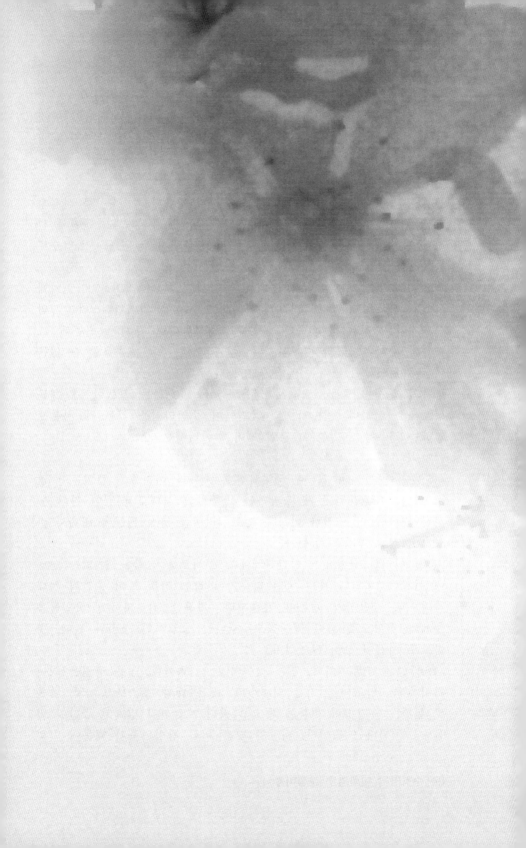

운정비결(云亭秘訣)로 수의 이치를 풀어내는 흐름을 알아보자.

먼저 국가의 운을 운정비결(云亭秘訣)의 방법으로 풀어낸다면 먼저 어떤 것을 선천기본수로 사용하고 어떤 것을 국가의 후천수로 쓸 것인가? 가 문제가 된다.

필자는 그 문제를 이렇게 해결해 보았다.

우선 단기 4320년을 합하면 9라는 숫자가 나온다. 이 숫자를 선천수로 정하고, 서기 1987년을 합한 수 7을 후천수로 놓는다. 단기와 서기에서 정해진 9와 7의 숫자를 놓고 1987년의 국운을 매화역수로 고찰하여 보겠다.

우선 9의 개념을 알아야 하는데 9는 문서(文書)를 의미한다. 여기에서 문서라 함은 국운에 변화를 가져다주는 것을 의미한다. 다음 7의 숫자개념은 퇴식(退食)이다. 풀어서 해석한다면 문서는 받는데 그 국운의 문서가 곧 퇴식을 맞으니 전반적으로 국운을 수용할 수 있는 핵심적인 인물이 없다는 것을 의미한다.

국가의 문서는, 다시 말해서 국운을 이어받으려는 분들이 그 해는 퇴식을 맞이하니, 전반적으로 국민들이 주인의식을 잃은 채 사분오열하는 경우를 보는 것이 낭연한 이치 아니겠는가?

1987년을 돌이켜 볼 때 국내외적으로 무척 어려웠고 큰일들이 많이 있었다. 국민 모두가 소망하는 민주화의 시대로 이끌어 가야 할 시점에서 좀 더 냉철한 이성을 갖고 한 번쯤 당시 행동에 대해서 반성하고 싶은 생각은 없는가?

한편 이러한 상황에서 인간관계에서도 서로를 신뢰할 수 없는 상태에 이른다. 이러다 보니 국민 다수가 바람만 잔뜩 들어 순간의 적대감정으로 극단적인 행동이 표출된다. 그동안 위정자들이 국민들을 출세의 방편으로 삼아 정서적으로보다는 물질적인 소비와 퇴폐, 향락으로 이끌어 오지 않았던가?

1987년은 丁卯년이다. 丁은 火이며 卯는 木이다. 丁은 장정을 의미하며 卯는 남성의 성기를 의미한다. 丙은 태양으로 보고 丁은 촛불로 본다. 즉 장정이 촛불을 들고 나서니 지금까지 밀폐된 공간이 빛을 보게 된다는 뜻이다. 태양의 빛은 너무 광범위하기 때문에 구석

구석까지 보기는 불가능하지만 촛불은 미세한 곳까지 볼 수 있다. 이러한 이치로 볼 때 그동안 쌓였던 국민의 의혹이 솟구쳐 행동으로 나타나서 당시 명동성당에서 촛불 시위데모가 있었지 않았는가? 이것을 철학적으로 해석하면, 丁은 火이기 때문에 촛불에서 화염병에 이르기까지 모든 것이 불로 시작하여 발생한다고 본다. 그러면 월별로 상세히 알아보기로 하자.

선천수		후천수		
9 문서	+	7 퇴식	=	7 퇴식
(1월)		(2월)		(3월)
7 퇴식	+	5 경파	=	3 귀신
(4월)		(5월)		(6월)
1 귀인	+	8 재물	=	9 문서
(7월)		(8월)		(9월)
8 재물	+	2 변화	=	1 귀인
(10월)		(11월)		(12월)

 1987년 음력 1월이면 양력으로 2월이 된다. 이때부터 丁卯년 文書의 빛은 서서히 소용돌이치며 민주화를 갈망하는 국민의 목소리가 더욱 높아가기 시작하는 것이다. 그러나 7이라는 퇴식은 국가적으로 자신의 안정을 찾지 못하는 시기이다. 또한 5월에는 경파가 떨어지는데, 이는 놀랠 경자와 파할 파자로써 군부는 마침내 국민 앞에 머리를 숙이지 않을 수 없었다. 다음에 6월에는 귀신이 발동하니, 분수를 지키지 못하고 여기저기서 들고 일어서는 노동조합에서부터 봇물 터지듯 하는 민주화의 함성이 한꺼번에 터져 둑이 터지는 듯 뛰쳐나왔으며, 음력 7월부터는 민의의 소리를 수렴하기 시작하고 8, 9월에는 본격 선거전에 돌입하여 새로운 역사의 장을 마련하지 않았던가. 그리고 10월은 재물인데, 이것은 선거전이 한층 가열되어 국민들에게 선심 공세의 금력을 활용하니 국가적으로 엄청난 재정적 손실을 가져옴을 의미한다. 그리고 12월 21일(음력11월 1일)부터 변화가 오는데 그것은 무엇을 의미하는가. 그 당시에 갑자기 우회하여 대통

령 선거가 이루어지지 않음을 의미한다. 이상과 같이 1987년의 국운
을 매화역수를 통하여 살펴보았다. 이것은 지난 원고를 발췌하여 기
록하였음을 밝혀둔다.

5. 수리조합(數理組合)의 풀이

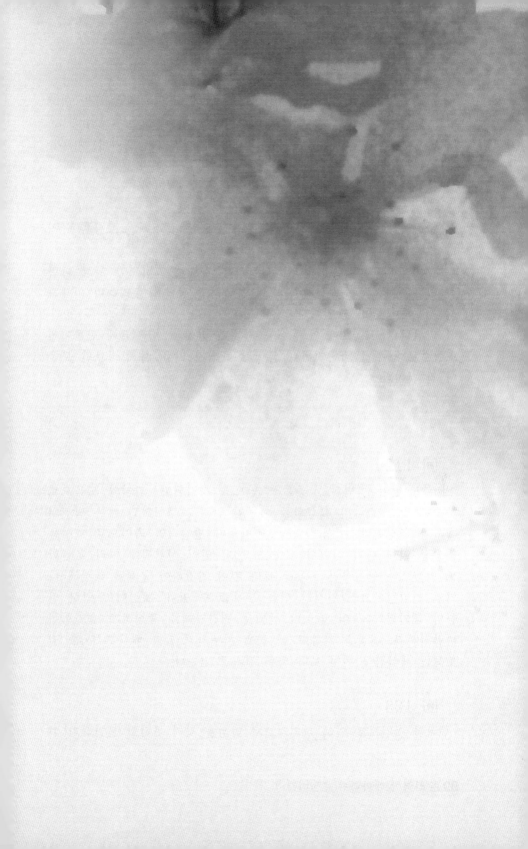

흔히들 좋은 운, 나쁜 운을 평가한다면 급한 마음에 좋은 해만 찾고 나쁜 해만 찾아내는 성급한 풀이를 하고는 한다. 그러나 사람의 운명은 항상 전조가 있고 진행이 있으며 결말이 있는 것이다. 이것을 하나의 '흐름'으로 인지해야 한다.

이 흐름을 알기위해서 우리는 '수리의 흐름'을 알아야 한다.

이 수리의 흐름은 앞에서 보여준 수리표와 같이 정해진 흐름과 규칙이 있는 법이다.

그래서 운정비결(云亭秘訣)은 각각의 숫자도 중요하지만 항상 나란히 있는 세 칸의 숫자를 비교하여 분석하고 상황을 추리하며 이해하려는 노력이 필요한 것이다.

이 단원의 각 수리조합의 풀이는 필자의 경험과 연구 끝에 만들어진 조합으로 공부가 막히거나 흐름이 이해되지 않을 때 살펴보면 도움이 될 것이다.

◼ 112

새로운 일이나 변화는 좋은 측면으로 부각되고, 귀인의 도움으로 분주한 만큼 소득의 활성화를 이루며 안정을 추구하면 빠른 발전의 계기가 조성된다. 이성의 만남도 따르며 발전적인 측면으로 매사를 조심성 있게 다져 나가면 실수는 없다. 일이 성취됨에 따라 조급함도 있겠으나 원칙적인 분야를 보다 깊이 관찰하여 문제를 해결해 나가면 진취적이고 발전적인 면을 부여할 수 있다. 자신이 노력한 만큼의 대가와 소득이 따르니 폭넓은 인간관계를 충실하게 유지함이 바람직하다. 내실을 기하며 한 곳에 치우치지 말고 매사를 분석, 검토하는 세심한 노력이 보다 빠른 결과를 만든다.

◼ 123

주위의 여건으로 인해 심리적으로 안정을 갖지 못하고 불안하기 쉬우니 매사에 성급하지 말아야 한다. 현실을 직시함이 직장이나 가정에서 원만하게 나아가는 방법이며 교제 중인 이성간에도 변화가 우려되니 매사에 시간적인 여유를 갖고 침착하게 대처하여 원만한 분위기를 조성해야 한다. 직장이나 생활에 있어서도 변동은 삼가며 냉철하게 생각하여 좀 더 이성적인 판단으로 해결함이 바람직하다. 변화를 추구하기보다는 현재의 위치를 고수함이 이로우며 현실에 대한 불안감에 휘말리기 쉽지만 안정을 유지하여 자신을 돌본다면 아무런 무리가 없을 것이다.

◼ 134

심리적으로 여유롭지 못하니 이성보다는 본능이 앞서기 쉬우며 그로인한 손해가 따를 수 있다. 고부간이나 상사와도 자중하여 마음의 안정을 찾아야하겠으며 건강에도 한층 신경을 기울여야 할 때이다. 타인의 일에는 가급적 개입을 삼가야 하며 그로 인해 자신의 이미지가 흐려지는 일이 없도록 신중을 가해야 한다. 점차 발전적인 상태로 돌입되면 금전의 여유와 함께 귀인의 도움으로 생활에 활기를 더해 간다. 다만 지나친 자기 주관은 주위의 반목을 살 수 있으니 중용을 지켜 항시 융합적인 길을 모색함이 재물과 명예를 얻는 방법임을 잊지 말고, 변화와 변동은 또 다른 갈등이 따를 수 있으니 매사에 안정을 추구함이 이롭다.

◼ 145

안정적인 분위기 속에서 큰 무리가 없이 목적을 성취시킬 수 있으며 특히 문서나 명예에 관한 일은 의도한 대로 자신의 능력을 발휘하여 쟁취할 수 있는 시기이다. 다소의 장애가 따르긴 하지만 일관된 목표의식을 가지고 밀고 나간다면 주위나 이성의 도움도 따라준다. 대인관계에 있어서도 자신의 이미지가 크게 부각될 수 있는 때이므로 뜻하지 않은 좋은 기회를 최대한 활용하기 바란다. 주위의 사소한 변화에도 민감하게 반응을 보이는 때이니 가급적 변화를 가져 보겠다는 생각을 자제하고 매사에 신중하고 면밀한 검토를 시행하여 앞으로의 방향을 결정짓기 바란다.

■ 156

의욕이 충만한 가운데 자신의 일이나 문제 등이 현실로 돌입되는 시기이니 현 상황에서 확장이나 변화를 시도하기 위하여 과감한 행동이 따라야 하며 너무 주위를 의식할 필요는 없다. 목적이 뚜렷한 상태에서 자신의 의도가 강한 만큼 능력을 발휘할 수 있으나, 무작정 시작한 후 심리적 불안을 겪는 자가당착을 범하지 않도록 신중해야 한다. 항상 원인과 결과를 분석, 검토하는 전반적인 고찰이 요구되며, 추진보다는 재확인과 검토, 구상을 앞세워야 한다. 한편 문서적으로 자신의 뜻이 관철되어 나감으로써 큰 발전을 할 수 있다.

■ 167

자신의 명예에 관한 행동이나 금전관계도 원활하나 과감한 행동이나 처세는 심사숙고해야 한다. 활동 분야에 종사하는 사람은 점진적인 발전과 명예의 행운이 있으나 상대에게는 다분히 절제된 행동을 보임이 유리하다. 때에 따라 적극성은 오히려 상황을 전복시킬 수 있으며 모든 분야에서 서류상의 문제는 정확한 확인 및 보관이 필요하고 이성간의 문제는 명확히 해두는 것이 미래에 큰 도움이 될 것이다. 능력이 되는 한 다음을 위한 작업에 몰두하는 것이 좋고 활동성 있고 과감한 의욕이 생겨서 진취적인 발전을 하게 된다. 다만 남의 말에 현혹되지 말고 자기중심을 잃지 않길 바란다. 금전적인 이득과 함께 이성이나 귀인의 도움이 따른다.

■ 178

명예나 재물이 우리 삶에 중요하듯이 건강 또한 중요하다. 가급적 슬기롭게 자신의 주관을 관철시키되 일을 확대하지 않는 것이 좋다. 다만 의욕을 잃지 말고 매사를 확인하고 원인부터 분석하면 뒤탈은 없을 것이다. 특히 독단적인 판단과 행동을 삼가고 종결지을 문제가 있으면 시간적인 여유를 두는 것이 바람직하다. 득을 위한 실이라면 반드시 행해야 좋겠지만 심리적인 상태로 보아서 스스로 허락하지 못할 것이다. 주위와 의견대립 상태에서 스스로 피로감을 가중시키지 않도록 자중하고 순리를 지키는 것이 현명한 자기관리임을 다시 한 번 명심해야 하는 시기이다.

▣ 189

뜻대로 된다고 해도 지나친 확장이나 변화는 무리가 따른다. 명예 및 금전에 순탄한 면이 있으나 무모한 투자와 지출은 다소 위험성을 내포한다. 판단이 정확하다 하더라도 재차 관찰하고 연구함이 타당하다. 주위의 의견을 무심히 흘려버리지 못하는 우유부단한 행동에 자신도 놀랄 때가 있다. 금전적인 면에서 약간의 손해가 있다 하더라도 당황하지 말고 상황을 잘 판단해두는 것이 바람직하다. 이성간에는 원만한 분위기 조성이 이루어지며 발전적으로 지속되면 결혼의 최적기이다. 한편 사업가는 현실성 있는 주위의 도움이 큰 의미를 부여하는 좋은 계기가 된다.

▣ 191

과욕을 부리지 않은 상태라 하더라도 문서 및 서류로 인한 주위의 반목과 질시의 분위기가 초래되며, 이성이나 가정 내에서의 의견충돌로 정신적인 불안감이 조성되므로, 명예나 이익을 추구하기보다 이전의 안정 상태를 유지하도록 최선을 다한다. 안정적인 추세로 돌입하면서 금전적인 소득이 있겠으나 들어오는 만큼 지출이 있게 되니, 있다 해서 낭비해서는 안 될 것이다. 심리적인 중압감은 후반에 들어서 다소 회복의 기미가 보이긴 하지만 주위로부터 다른 요구가 대두되므로, 인정에 이끌려 성급한 호의를 보이는 것을 가급적 삼감이 바람직하다. 가까운 사이일수록 냉정함을 유지해야 할 때임을 명심하기 바란다.

▣ 213

지금까지 지속되던 모든 상황에 변화를 갖게 되는 경향이 있다. 이성간에도 새로운 만남이 오며 사업가에게도 색다른 변화가 온다. 변화의 과정에서 의욕과 용기를 과감하게 활용해야 할 것이다. 귀인의 도움으로 새로운 뜻을 이루게 되며, 이사와 직장의 변화 등으로 지금까지 지속되던 주변과 헤어지게 되는 경우가 많겠다. 안정된 상태에서 조금씩 꿈을 펼쳐 나간다면 자신의 뜻을 성취할 수 있다. 도와줄 수 있는 동조자도 있겠고 명예도 따를 수 있는 상태이니 마음의 안정을 갖고 추진하면 사업이나 변동에 뜻을 이루게 된다. 심리적 갈등과 함께 계약이나 문서, 서류상의 문제가 대두되지만 시간이 흐름에 따라 여유도 갖게 되고 안정을 찾을 수 있겠다. 다만 확실하지 않은 문서 등과 보증담보는 삼가야 하겠으며 건강관리에 신경을 써야 한다.

◼ 224

현 상태에서 과감히 탈피함으로써 새로운 도약을 하게 된다. 활동적으로 움직이는 곳에 이익이 따른다. 명예가 따르고 의지대로 밀고 나간다면 뜻을 이루게 된다. 과감하게 도전하여 뜻을 쟁취하기 좋은 시기라 하겠다. 그리고 현 상태를 벗어나 외국으로 나가거나 타지방에 가서 능력을 최대한 활용할 수 있으며 금전적으로도 안정을 갖게 되니 투자에도 좋은 결과가 기대된다. 주의할 점은 건강에 유의하면서 자신의 뜻을 추구하는 실리적인 면을 게을리 하지 말아야겠다는 것이다.

◼ 235

스스로 자신을 개척하는 것이 한층 생을 폭넓게 보는 것이다. 건강에 신경이 쓰일 때이며 한층 자신의 의지를 강하게 느낄 때이다. 오랫동안 신뢰를 유지하며 폭넓게 인간관계를 조성할 수 있는 방안을 모색하라. 금전이나 명예가 따라줄 수 있으며 문서적인 면에도 안정을 유지한다. 한편 경쟁자가 많으니 독단적 판단에 따른 행동보다는 윗사람의 조언이 가장 좋은 해결 방안이라는 것을 알고 수렴할 줄 아는 융통성이 필요하다. 독선적인 행동이나 자만적인 경향을 갖고 상대를 대할 때에는 일을 풀어가는 속도가 지연될 우려가 크다. 일정한 목표에 확신을 갖고 정확히 밀고 나아가며 상황에 대한 원만한 처세가 중요하다. 집착적인 경향에서 무리한 행동은 건강을 악화시키거나 심신의 피로를 가중시키기만 한다.

■ 246

발전적이며 차분한 안정에 한층 치중하는 때이다. 이어서 희망적인 상황이 전개되므로 목적의식이 강할 때 추구하는 목표와 아울러 정신적인 안정도 부여해야 한다. 한편 자존심이나 독자적인 판단이 강하여 독불장군 형으로 흐르는 경향이 많다. 물론 자신의 생활이나 금전적 안정이 충족되는 상태에서는 자만하게 되는 것이 인지상정이라 하겠으나 겸손한 자세로 상대와의 진실한 대화가 최상의 길이다. 금전과 명예가 따르며 이성간에도 좋은 일만 따른다. 목적을 달성하기에 시간적으로 충분하니 폭넓게 활용하여 문서나 명예에 한층 박차를 가함이 좋다. 미혼으로 지연된 상태의 이성관계라면 최고의 기회이다. 더 이상 미루지 말고 쌍방의 부모로부터 합의를 얻어내기 바란다.

■ 257

생활에 큰 변화와 혁신적인 변모가 예상된다. 변화 속에서 갈등을 겪는 가운데 주위로부터 이율배반적인 상황이 초래되기도 하며, 또한 심리적으로 안정적이지 못한 상태에서 이성교제는 자칫 본능적인 행동이 앞서 실수가 따른다. 항상 자신의 주장보다는 주위의 의견을 수렴하여 지혜롭게 임하는 자세가 필요하다. 신경이 많이 쓰이는 때이며 때로는 의욕이 저하되는 면을 타인에게 발산하는 경향이 있어 스스로 자제하는 극기의 정신이 뒤따라야 한다. 자칫하면 건강의 악화로 인하여 위기를 느끼기도 하고 의욕이 상실되기 쉬운 때이니 절제된 행동과 원만한 처세에서 자신을 개척함이 가장 요구된다.

■ 268

문서에 따르는 변화에서 명예가 따르나 과욕을 내포할 경우에는 도리어 구설이 뒤따르는 경향이 있다. 심사숙고하여 주관적 사고방식을 타인에게 고집하지 않는 책임 있는 행동이 뒤따르면 주위로부터 호평을 받게 되니 행동에 순리를 택하기 바란다. 발전적 과정에서는 명예, 문서적인 측면을 신중하게 택하여 결여된 부분이 없는가를 확인하고 행동에 옮겨야 한다. 지금까지 추진하던 문제가 때로는 의외로 빨리 풀려나갈 경우도 있으니 문제의 해결을 성급하게 말고 차분히 검토해야 할 시점이다. 이성간에 좋은 변화를 모색할 수 있으며 밝은 전망에 주위로부터 호감을 받을 수 있다.

■ 279

대수롭지 않은 일에도 심리적인 갈등과 스트레스로 의욕이 감퇴되는 경향이 있으며 진취력이 저하되고 조급한 처리를 하게 되니 실수가 따르기 쉬운 시기이다. 자신의 뜻을 이루기에는 보이지 않는 장애가 많고 고심하게 되며 주위로부터 구설이 뒤따르기도 하니 특히 근신하여야 한다. 침체된 인간관계를 활성화시키기에는 많은 애로가 따르니 성급하게 나서지 말고 깊이 있게 진일보하는 방향에서 돌파구를 찾도록 함이 필요하다. 현실적응이 순조롭지 못하나 변화, 변동에 따르는 다소의 활력은 가질 수 있다. 한편 능력에 한계를 느끼더라도 좌절하지 않는 인내력이 요구 된다. 또한 건강이 불규칙적이며 저조하기 쉬운 때이니 명심하여 무모한 일을 도모하지 말며 주위의 도움을 요청하는 것이 바람직하다.

■ 281

뜻대로 움직여지지 않으니 초조하고 답답한 심정에 쌓이기 쉽다. 사소한 문제가 대두되고 타인의 방해가 있기 쉬우며 다 이루어진 일도 시일이 늦어지는 때이다. 그러나 빠른 이해력과 상대를 깊이 파고드는 철저한 통찰력을 발휘한다면 현실은 오히려 좋은 결과를 가져올 수 있다. 조급하게 굴지 말고 신경질적인 행동을 피하며 온화하게 받아들일 수 있는 자제력을 가지면 하고자 하는 것이 관철될 수 있다. 상대의 호전적인 면에 신경을 집중하기보다 깊이 상황의 흐름을 관찰하고 철두철미한 자기방어가 우선 앞서야 된다. 실물수가 따르고 들어온 재물이 다시 빠져나가는 때이나 현실대처에 넓은 포용력을 발휘하여 융통성을 살려 간다면 변동적인 상황으로부터 새로운 의욕과 활력을 가질 수 있다.

■ 292

문서나 명예에서 뜻이 관철되며 나아가 지금까지 지연된 상태가 원활히 이루어진다. 한편 이러한 상태에서는 주위의 동조성을 백 번 활용하여 발전적인 계기나 활력으로 뛰어보는 것도 바람직하다. 모든 면에 능력을 인정받으며 명예와 재물을 겸비하는 추세로 이끌어 나아가며, 공직자는 명예에서 사업자는 계약이나 문서에서 기쁨을 맞이하는 경우가 크다. 이성간에는 뜻이 일치하는 계기가 조성되나 철두철미한 자기관리가 중요하다. 또한 진로를 수정하기에 획기적으로 좋은 계기가 되는 경우가 많으며 금전적인 목표가 무난히 이루어진다. 대인관계에서는 서로에게 이익을 준다는 전제 조건 하에서 주관적으로 뜻을 펼쳐 나가기 바란다. 좀 더 적극적인 자세가 중요하게 느껴지는 시점이다.

■ 314

능력의 한계를 느끼기 쉽고 자칫 체념에 빠지는 시기이다. 어떻게 모든 것을 포용하느냐 하는 정신적인 자세가 중요하며, 자신의 활동 범위가 보다 넓게 이어져 가지만 보증이나 담보를 통해 타인의 문제에 개입할 수 있는 측면에서 신중함이 요구되고 인간관계의 유지에 한층 신경을 쓸 때다. 성급하게 나서지 말고 현 위치를 고수하여 태도를 확고히 할 때 모든 것이 순리적으로 풀려나갈 수 있는 계기가 조성된다. 금전적인 문제에서는 바로 뜻이 관철되나 수입에 따르는 지출 또한 크게 형성되며, 변동에 따르는 인간관계나 이성문제는 독자적 의도보다는 서로 절충할 수 있는 원만한 유대가 필요하다. 아울러 좀 더 적극적이고 긍정적인 태도로 임할 때이다.

■ 325

침체된 국면에서 벗어나 새로운 도약의 계기가 무르익는다. 다만 일의 추진 과정에서 직선적인 성격과 과감성 있고 도전적인 일처리는 돋보이나 이러한 점이 때로는 갈등과 좌절감을 수반할 수도 있다. 따라서 좀 더 생각할 수 있는 시간적 여유와 차분한 계획으로 깊이 관찰하고 실행하는 면을 부여한다면 정신적인 성취와 함께 발전적으로 능력이 표출될 수 있는 시기라 할 수 있다. 성급한 면은 주위의 조언이나 자문에 힘입어 보다 큰 활력으로 승화될 수 있으니 가급적 안정적인 측면으로 쌓아나가면 좋은 변화가 예상되며 그로 인한 발전도 크게 기대된다.

■ 336

심리적 갈등이 대두되며 현실을 박차고 탈피하고자 하는 충동이 강하여 여러 가지로 변화를 추구하게 된다. 이상과 현실의 괴리감에서 현 위치로부터 도피하고 싶은 심리적 갈등이 대두되는 때이다. 그러나 점차적으로 문서나 관으로 인한 명예, 승진의 기회가 부여되겠으니, 주위의 포용력을 백 번 활용하여 적극적인 자세로 돌입할 때 좋은 결과를 맺을 수 있는 시기이다. 또한 너무 아집적인 자기 판단보다는 주위의 의견에 순응함도 빠른 지름길임을 인식하기 바란다. 다만 목적에 너무 치중하다보면 스트레스로 인한 건강의 악화가 우려된다. 또한 가정에 노인이 계신 사람은 노인분의 건강이 약화되는 경우가 있으며 그로 인한 우환이 겹칠 수도 있다.

■ 347

안정된 상태를 고수하는 것이 바람직한 시기라고 본다. 갈등적인 상태에 돌입하면 지금까지의 유대관계가 급변하는 방향으로 흐르게 되며 가정적으로도 더러 부부관계나 형제간에 마찰을 피할 수 없어 다소 번민의 시간이 흐를 것이다. 그러나 좀 더 생각하고 인내할 수 있는 여유를 가질 수만 있다면 큰 곤란은 야기되지 않을 것이니 이 시기의 안정을 추구하는 스스로의 억제력은 주위를 비롯하여 자신을 차분하게 다스릴 수 있는 원동력이 된다. 문제가 서서히 풀려나가고 변화의 욕구로 한 발 앞선 자기 개선의 길을 모색하게도 되니 금전적인 안정을 유지하라. 특히 이런 경우 시간이 흐름에 따라 복잡한 인간관계나 문제가 자연스럽게 해결될 수 있으니 조급한 마음으로 새로운 대상이나 돌파구를 찾기보다는 여유를 갖고 현실에 대처하는 것이 빨리 안정을 찾을 수 있다.

◼ 358

적극적인 자세로 보다 발전적인 변화를 맞게 되는 시기이다. 아울러 활동적인 분야에서 새로운 계기가 조성되며 변화와 변동에서 혁신적으로 좋은 계기를 이룰 수 있다. 차분한 가운데 진일보적인 상태로 유도하여 나가면 빠른 이익이 따를 때이다. 그리고 변화에서 귀인의 도움으로 문서적인 면에 몰입하여 자신의 페이스로 뜻을 이룰 것이다. 금전이나 재물도 안정을 찾으며 심리적으로도 안정을 가질 수 있다. 특히 이성간에는 좋은 변화가 뒤따르고 대인관계에서도 상대와 원만한 관계를 지속시킬 수 있는 행운도 크게 따른다.

◼ 369

하고자 하는 일에 대한 적극적인 의욕이 따르고 학생이나 사업가는 학업 또는 사업에 대한 열의가 크게 일며 한편으로 자신의 뜻을 관철시킬 기회도 마련된다. 다만 문서의 변화는 자칫하면 구설이나 질투, 모함이 따른다는 것을 유념해야 한다. 자신의 일이 아닐 경우 나서지 말고 특히 보증 담보에 신경을 써야 한다. 변화를 너무 과신하지 말고 순발력을 발휘해야 한다. 그리고 현 위치에서 떠나 외국이나 타지방으로 출장을 가게 되거나 그렇지 않으면 활동적으로 자신의 뜻을 관철시킬 수 있는 때다. 특히 명심할 것은 본인이 자중하여 경솔한 행동을 자제하여 원만한 위치를 조성하는데 만전을 기해야 한다.

◼ 371

건강이 다소 침체일로에 있으며 능력에 회의감을 갖게도 된다. 의욕이 너무 앞서거나 물질적인 면을 강하게 추구하기보다는 현재의 상태에서 안정을 찾도록 하라. 한편 순리대로 서서히 풀어 나가면서 뜻을 도모하도록 하며 변화의 과정에 있어서 독자적인 행동보다는 인간적인 유대관계를 중요하게 여기는 형태가 보다 빠른 발전적 상황을 유도한다. 다소의 변화는 좋으나 무리한 변동이나 변화는 가급적 하지 말며 현직을 고수함이 현명한 판단이다. 자신이 분주한 만큼 노력의 대가가 나올 수 있는 상태이나 자신의 득을 너무 앞세우지 말고 또한 확고한 목적의식을 잃지 않기 바란다.

◼ 382

재물에 특히 관심을 갖게 되며 심리적으로도 금전에 치우치는 경향이 강할 때이다. 욕구도 전보다는 좀 더 적극적인 행동으로 표출되며 노력의 대가도 크게 기대할 수 있는 시점에서 강한 의욕도 뒤따른다. 전반적인 변화를 도모하는 과정에서 재물도 한층 안정된 상태에 놓이니 보다 집요한 노력을 경주해야 할 때이다. 또한 이성간의 관계어서 뜻이 관철되는 동시에 변화 속에서도 안정감이 있으며 기쁨이 충만 될 수 있다. 명예나 재물은 밖으로부터 충만 되며 자신의 뜻이 또한 관철되는 때이다. 귀인의 도움으로 재물적인 이익관계가 크게 형성될 수 있으나 너무 자기의 뜻대로만 밀고 나가는 아집이 강해지기 쉬운 시기이므로 이 점에 유의하기 바란다.

◼ 393

귀인의 도움으로 명예와 재물이 따르며 문서적인 면도 자신의 소신대로 이루어질 것이다. 특히 명예나 문서에 기대하여 적극적인 자세로 추진하면 목적을 달성하기는 무난하다. 우유부단한 성격으로부터 어느 정도 탈피하여 적극적이며 진취적인 자세를 가질 수 있으며 여유도 있다. 이성간에도 지금까지의 지연상태가 급변하여 원하는 상태로 돌입하며 좋은 인연을 맺게 된다. 주위에서 귀인의 도움도 따라주며 사업상 이익을 얻게 된다. 한편 문서적인 문제의 해결은 빠를수록 종결을 짓는데 무리가 따르지 않을 것이다. 따라서 확고한 판단과 신념을 갖고 자신의 뜻을 이루는데 최선을 다해 주기 바란다.

■ 415

상황에 따라서 급진적인 발전을 꾀할 수 있다. 따라서 확고한 계획과 노력으로 한 발 앞선 자세로 추진해 나가는 과감성이 한층 중요한 때이다. 점차로 균형 잡힌 인생관과 처세 및 생활태도가 생겨난다. 경제적 여건이 호전되며 기대와 의욕 또한 왕성해지니 좀 더 확고부동한 주관을 정립해야 할 때이다. 이러한 상태에서는 모든 것이 뜻대로 관철되며 주위로부터 좋은 조언이나 발전적 계획에 편승하여 금전적 안정은 물론 진취적인 방향으로 급상승하는 때이다. 또한 귀인의 도움으로 자신의 의도가 한층 원만히 형통됨은 물론이고 사업가나 공직자는 발전 및 승진의 기회가 부여된다. 학생도 학업에 큰 열의를 갖게 되고 노력에 따른 성과가 있는 시기이다.

■ 426

겸양의 미덕으로써 점진적인 발전을 꾀할 수 있다. 재능과 실행력에 있어서 한 발 앞선 자세로 추진해 나가는 과감성이 한층 중요한 때이다. 균형 잡힌 인생관과 처세, 생활태도가 생겨나지만 경제적 여건에 다소의 기복이 초래된다. 기대와 의욕이 왕성해지므로 좀 더 확고부동한 자기주관을 정립해야 할 때이다. 이러한 상태에서는 뜻대로 관철되고 주위의 좋은 조언이나 발전적 계획에 편승함으로써 금전적 안정은 물론 여러 가지 진취적인 방향으로 정진할 수 있다. 귀인의 도움으로 인하여 자신의 의도대로 됨은 물론 사업가나 공직자는 발전 및 승진의 기회가 부여되기도 한다.

■ 437

무리한 욕심이나 허황된 상태로 접근하다가는 도리어 큰 손해를 불러일으킬 때이다. 따라서 행동에 조심하고 좀 더 생각하는 자세로 주위를 수렴함이 필요하다. 예상치 못했던 결과나 주위의 배신도 따를 수 있으며 가정적으로도 자신의 위치가 흔들리는 경향이 많다. 그러나 갈등적 상황이 차츰 정리되기 시작하며 좀 더 과감하다면 좋은 결과를 얻을 수 있다. 변화, 변동에서도 큰 무리가 없으며 실리가 따르게 된다. 귀인의 도움으로 재물과 명예가 성취되고 안정된 상태에서 소망을 이룰 수 있으며 젊은 연인은 사랑의 결실이 있겠고 사업가는 순조로운 운영이 예측된다. 학생도 차분히 학업에 전념하여 능률이 오를 것이다.

▣ 448

적극성보다는 내면성을 유지하는 성품이므로 안정 속에서도 과감성 있는 자세로 임하는 것이 이상적인 때다. 문서나 명예는 큰 발전의 기회를 부여하므로 자신의 활동 기반을 확고히 구축할 수 있다. 다소 심리적 갈등이 대두되며 현실을 박차고 탈피하고자 하는 충동이 강하여 변화를 모색하게 된다. 그러나 적극적이고 혁신적인 활동의 전개를 꿈꾸며 확고한 위치 확립을 위하여 노력하는 시기이다. 현실에 안주할 수 없다는 자각으로 현 상태나 위치를 벗어나 멀리 여행이나 출장 등을 갔다 올 수 있는 여건도 마련된다. 자신을 가로막는 장애적 상황이 와도 그것에 구애받지 않고 꿋꿋하게 길을 걸어가겠다는 확고한 결심이 일어나므로 적극적인 능력을 발휘하여 이루고자 하는 바를 성취하기 바란다.

▣ 459

좀 더 적극적인 자세로 행동에 임하는 것이 바람직하다. 물론 목적을 달성하기에 시간이 다소 걸린다 하더라도 자신의 주관대로 실행력 있게 움직이면 좋은 결과가 있을 것이다. 목적을 달성하기 위해서 다소 과감한 행동력이 요구되며 끈질긴 노력의 대가를 크게 기대할 수 있다. 때로는 실의에 빠졌던 일이 성취될 공산이 크고 의도하지 않은 기쁨도 따를 것이다. 명예나 문서적인 면도 추구됨과 동시에 안정 속에서 자신의 목적을 달성할 수 있는 기회도 주어지게 된다. 이런 상태에서는 자신의 의욕을 보다 발휘하여 활동적인 방향으로 나아갈 수 있는 힘이 필요하다.

◼ 461

가정이나 외부로부터 심리적인 갈등을 느끼게 되는 시기이다. 주위의 동향을 관찰하여 우선 구설이나 모함에 휘말리지 않는 것이 타당하다고 본다. 욕구불만이 쌓이고 가정에서도 안정을 구하지 못하는 경향이 있으므로 좀 더 깊은 이해와 먼저 배려하는 마음이 필요하다. 그러나 귀인의 협력으로 풀려나가고 금전적인 면에도 다소 안정을 유지한다. 명예나 문서는 자신의 의도대로 타당성 있게 맞이하게 되며 남과의 교제에서도 승산의 기회를 잡을 수가 있다. 그 나름대로의 결단과 기회를 복합하여 현실의 안정적인 상태로 이끌 수가 있으니 성급하지 않는 겸허한 자세로 매사를 풀어나가기 바란다.

◼ 472

의기소침해지기 쉬운 마음에서 자칫 의욕이나 욕구가 상실되며 자기안정을 추구하기도 다소 힘든 상태에 돌입한다. 자신의 목표나 이상이 꿈과 같이 여겨져 현실을 탈피하고 싶은 경향이 있으므로, 너무 이상을 추구하기보다는 자신을 돌보기 위한 현실적인 모색이 이상적이라고 생각된다. 이러한 심리적인 침체상태는 일시적이니 분발하여 좀 더 과감하게 목적을 달성하는 데 충분한 노력을 경주함이 안정에 이르는 빠른 길이라 여겨진다. 아울러 명예나 재물도 따르니 자신의 입장에서 한층 분발하여 과감히 도전하는 것이 바람직하다.

◼ 483

굳건하고 확고한 자기기반에서 뜻을 다져나갈 때이며 금전에 대한 인식이 강해져 생활의 활력과 방향이 확고해진다. 그리고 변동에서 새로운 길을 모색하기보다는 현 위치에서 안정을 찾는 것이 유익하다. 하던 일을 전환하고 싶은 심리적인 경향이 있어서 안정된 상태를 영위하기에는 다소 권태나 갈등을 느낄 때이다. 투자나 투기는 한층 삼가 조심성 있게 행동하고 보증 담보는 절대 삼가는 것이 유리하게 되는 경우가 많다. 믿었던 사람이나 가까운 사람의 배신이나 모함으로 인한 구설이 따를 수 있으니 타인의 일에는 깊이 관여하지 말아야 할 때이다. 또한 건강에 신경을 쓰며 피로가 겹치지 않게 안정하는 것이 좋다.

▣ 494

결단력을 갖고 자신의 의지대로 결행함이 필요한 때다. 명예가 따르고 금전적인 여건도 아울러 발전하니 좀 더 적극적인 상태로 밀고 나가는 행동력이 있어야 된다. 신용과 책임 있는 자세로 과감하게 선두에 서는 확고한 자기 노력이 뜻을 실현할 수 있게 할 것이다. 그러나 밝은 전망이 전개되는 상황에서는 방종하거나 경거망동할 수 있음에 유의하기 바란다. 그리고 마음속에 갈등이나 번민이 따르니 변화나 변동적 상황에서 자제하여 무난한 인간관계를 유지함이 필요하다. 상대에 대해 신경이 쓰이고 감정적인 면이 대두되니 냉철한 판단과 결단력이 필요하다. 여유 있는 자세로 풀어 나가는 것이 이상적이라 하겠다.

▣ 516

현재의 상황에서 벗어나려는 과감한 도전으로 인해 새로운 돌파구가 생겨나지만, 신중히 검토하고 분석하여 확고한 판단이 섰을 때 행동으로 옮김이 바람직하다. 또한 겸손한 자세로 모처럼 찾아온 기회를 잃지 않도록 하고 급한 성격을 자제함이 요구된다. 정한 목표에 대하여 신념을 가지고 꾸준히 노력하면 원하는 바를 이룰 수 있으며 아울러 문서적인 명예나 승진의 행운이 도래하니 뜻이 순조롭게 성취될 수 있다. 한편 자연스럽게 적극성을 띠면 목적과 의식이 병합되어 순조로운 행운도 따를 수 있다.

■ 527

자신이 처해 있는 현 상태에서 벗어나고 싶으나 의욕이 저하되어 심리적으로 안정을 찾지 못한다. 그 불안한 감정이 노출되어 뜻에 어긋나는 결과를 초래할 우려가 있으니 침체된 상태를 벗어나 안정을 취하려는 노력이 필요하며, 변화나 변동을 시도하기보다는 당면한 현실에 대해 정확히 파악하고 확인하여 가급적 안정을 추구함이 유익하겠다. 복잡했던 상황들이 빠른 해결의 전기를 맞으며, 새롭게 전개되는 일이나 만남을 통하여 생활에 활력을 가질 수 있다.

■ 538

변화적인 상황에서 새로움을 추구하며 주위를 포용해서 좀 더 적극적으로 임한다면 기대 이상으로 자신의 뜻을 이루는 때이다. 금전이나 문서적인 측면에서는 다소 어려움도 따르지만 과욕을 부리지 않고 안정을 추구함으로써 일을 통한 성취와 보람을 맞이하게 된다. 한편 성취의 기쁨에 도취되어 활동을 게을리 하지 말아야 한다. 이성간에는 지연된 상태가 발전하여 생활에 활력이 생기고 주위의 우호적인 분위기를 느낄 수 있다. 또한 새로운 만남을 통한 다른 분야의 빠른 발전도 예상된다.

■ 549

안정된 상태에서 명예나 문서로써 성취감을 느끼게 되며 차분한 가운데 실리도 뒤따른다. 변화나 변동도 좋은 쪽으로 전개되므로 단계적으로 목적을 실행함이 필요하다. 무리한 욕심이나 과욕으로 재물을 추구하는 것을 가급적 삼가 순리를 택하는 것이 안정을 도모하는 지름길이 된다. 공직자는 자신의 책임을 완벽하게 함으로써 명예가 따르고, 사업가는 변동이나 변화에서 이익이 따른다. 다만 과음과 과로로 자신을 해칠 우려가 있으니 가급적 삼가기 바란다.

■ 551

과욕이나 무리한 상황이 대두될 때는 빨리 원칙적인 분석이 필요하다. 도모하던 사업이나 개인적인 안정이 미비하여 하는 일이 지연되나, 윗사람이나 친구를 통하면 해결의 실마리가 풀릴 수 있다. 자신의 행동을 원만히 다스리는 여유를 가져야 순탄하고 계획을 실천으로 옮길 수 있다. 외국 등으로의 여행에 따르는 변화는 한층 더 유리하며, 귀인의 도움도 따라 변화는 좋은 결과가 기대되는 때이다. 좀 더 적극성을 갖고 주위를 포용하고, 목적한 바를 위해서 꾸준히 노력하면 그 만큼의 대가가 따른다.

◪ 562

열과 성의를 다함에 명예가 따르고, 지금까지의 지연상태는 보다 빠른 진전의 상태로 이루어지며 금전관계도 원만히 융합되어 나간다. 능력을 인정받으니 대기만성의 자세로 행동하기 바란다. 다만 노력한 대가가 클수록 겸허한 자세가 필요하고 특히 언행에 경거망동함이 없이 세밀한 판단과 용기를 갖고 추진함이 필요한 시기이다. 이성간에는 결합적인 분위기가 한층 고조되니 적극성을 살려 포용함이 중요하다. 목적에 따르는 최선의 노력이 좋은 결과를 낳을 수 있으며 뜻대로 행동할 수 있을 것이다.

◪ 573

자신의 콤플렉스에 빠지기 쉬우며 능력의 한계로 인한 피로감이 쌓이기 쉬울 때이다. 그러나 점차 지금까지의 상태에서 벗어나 활동의 범위를 넓혀감에 따라 부족하지 않게 뜻이 관철되며 활력을 불러일으킬 수 있는 계기가 조성된다. 이성간이나 새로운 인연으로 인하여 정신적 자각과 함께 생활의 전환기를 맞으며 금전적인 면에서 안정을 유지하게 된다. 다만 과음이나 과로로 인해 건강에 이상이 생길 우려가 있으니 가급적 과음, 과로는 삼가 함이 필요하다. 자신의 심리적 상태가 안정권에 지속됨으로써 자만에 빠질 우려가 있으니 자기관리에 힘쓰기 바란다.

▣ 584

뜻대로만 되지 않는 것이 인생살이다. 의욕을 앞세우기보다는 현실을 판단하는 눈을 갖고 대처하며 안정을 찾는 것이 유리하다. 금전적인 분야뿐만 아니라 상대의 배신이나 모함으로 인한 심리적 갈등은 매사를 독단적으로 처리하려는 데에 기인하는 것이다. 타인의 의견에 편승하지 말고 시간적인 여유를 갖고 깊이 있게 생각하여 행동해야 멋진 승산의 계기를 찾을 수 있다. 적극성보다는 중용의 처세가 필요하며 늦게라도 안정을 찾는데 자신의 뜻은 관철되어진다.

▣ 595

강인한 정신력으로 돌진할 수 있는 힘을 간절히 필요로 한다. 주위의 인정이나 판단을 의식하여 자신의 주관을 잃으면 고통을 맛보기 쉬울 때이다. 지금이야말로 과감성을 갖고 행동에 임하면 명예는 한층 더 돋보일 수 있다. 능력이나 용기를 잃고 좌절할 경우, 많은 실망을 안겨줄 수 있으니 희망을 잃지 않도록 한다. 한편 문서적으로 획기적인 기회를 놓고 양보하는 경우가 더러 있는데, 주위를 너무 의식하는 경우 좋은 기회를 놓칠 수 있으니 항상 적극적인 자세로 임함이 좋을 것이다. 분별력을 살린 한 발 앞선 행동도 기대에 크게 어긋나지 않을 것이다.

▣ 617

귀인의 도움이나 문서적인 뒷받침은 강하지만 무리하게 자기 과시를 하는 경향이 있어 때로는 다 이루어 놓은 것을 놓칠 수 있다. 우직하게 자신의 행동에 책임을 질 수도 있지만 때로는 선의의 요령도 필요한 것을 알고 행동하라. 상황과 현실을 한 번 더 검토하여 판단의 기준을 슬기롭게 함이 가장 이상적인 때이다. 금전적 변화는 다소 미비하지만 분주한 만큼 소득이 따르고 안정을 찾게 되는 경우가 많다. 다소 불안감이 생기거나 진취성이 결여될 수 있다 하여도 발전적인 방향으로 풀어나가는 추진의 원동력은 무난한 것으로 본다. 아울러 본인이 찾고자 하는 목적은 안정감 있게 형통할 수 있다.

▣ 628

주어진 기회에 과감하게 대처하여 실리를 얻을 수 있다. 새로운 변화를 계기로 금전적인 여유도 생기며 일대의 전환기에 접어들어 취업을 원하는 사람은 무난히 이루어지고 시험에도 좋은 결과를 접하게 된다. 아무리 좋은 기회가 찾아온다 하더라도 기회를 놓치면 목적을 이룰 수 없으니 그것을 어떻게 활용하는가에 자신의 성취가 달렸다고 하겠다. 가급적 안정을 추구하고 변화나 변동을 삼가야 할 것이다. 때로 피로감과 의욕의 좌절을 느낄 수 있지만 변화를 갖지 않는다면 크게 타격은 없으니 차분하게 시간의 흐름을 기다리는 여유가 필요하다. 차츰 안정을 갖게 되고 이성이나 귀인과의 만남도 연출된다.

▣ 639

자신의 노력에 따르는 결과를 무난히 얻게 되나 점차로 형이상학적인 공무 중 부상과 종교에 대한 관심이 짙어지는 이유로 현실에 적극성이 결여되기도 한다. 공과 사의 구별을 명확히 하여 행동해야 한다. 보증 및 담보 계약은 불이익을 초래할 수 있으니 가능한 한 이 시기를 피함이 이롭다. 문서적인 측면에서는 좋은 결실을 맺게 되며 자신의 실력 발휘에도 좋은 계기가 조성된다. 또한 추구하는 사업이나 명예는 점진적인 발전을 가지며 기발한 계획이나 실천이 뒷받침되는 때다. 후반은 활동적인 측면에서 이익과 능률이 오르며 해외나 국내의 여행 등으로 폭넓은 활동과 인간관계를 형성하는 흐름이 기대된다.

▣ 641

안정된 가운데 자신의 실리를 추구해야 하는 시기이며 경솔하게 판단하여 심리적인 갈등을 초래하지 않도록 해야 한다. 곤고한 가운데 보람을 얻기가 쉽지 않으니 매사 자제하고 타협과 원만한 처세가 필요한 시기이다. 가능한 한 타인의 일에 개입하지 않는 것이 이로우며 단계적으로 자신의 주관을 관철한다면 무리 없이 목적을 달성할 수 있을 것이다. 능력과 여건을 백 번 활용하여 추진하고 불필요한 지출을 억제하여 유연성 있게 대처하고 최대한 활용함이 현명하다.

◼ 652

너무 강한 쟁취력이나 오기로 성급하게 질주하다 보면 중도에서 금전이나 명예에 바람직하지 못한 문제를 일으킬까 우려된다. 어떠한 모함이나 구설을 의식하지 말고 자신의 의도대로 꾸준히 밀고 나간다면 무난한 설계에 힘입어 뜻대로 형통될 것이다. 겉으로 보기에는 화려하나 실속을 갖지 못하는 때이며 특히 경솔한 판단에서 실수도 따를 수 있을 때니 상대와 대화로 풀어나가는 방법이 현명할 것으로 여겨진다. 문서나 명예는 서서히 대처함이 보다 안정되며 자신의 뜻을 관철할 수 있다. 성급하거나 자신의 뜻대로 관철시키려 하지 말고 주위를 포용하여 같이 보조를 맞추어 나가길 바란다.

◼ 663

막혔던 문제의 해결을 볼 수 있는 좋은 시기로 안정되면서 순리적인 방법으로 문제가 풀리는 경우가 많다. 지금까지의 지연된 상태에서 좀 더 활동적인 상태로 연결시키면 해외로 출장이나 여행의 길이 열리며 관으로 인한 승진이나 명예가 따르는 획기적인 기회를 갖고 있다. 자신이 이것을 어떻게 활성화시키느냐에 따라 보다 진취적인 상태로 발전할 수 있다. 생각이 철두철미하며 용의주도한 반면 과감하게 실행하는 추진력이 부족한 점을 감안해 뜻을 관철하여 밀고 가는 행동력을 길러야 한다. 적극적인 상태로 심리적인 방향을 변화시켜 능률적인 시간 활용과 함께 계획과 의지를 일치시킬 때 목적을 달성할 수 있는 기회가 올 것이다.

◼ 674

자칫 타인과의 연결이나 결합에서 좋지 않은 결과로 인해 곤고한 지경에 놓이게 되며 심리적인 갈등과 마찰로 의욕이 저하될 우려가 있다. 한동안의 안정으로 다소 여유를 얻으며 생각지 않은 만남이 연출된다. 오랫동안 헤어져 지낸 친구나 애인, 별거 중인 부부는 우연한 기회로 상봉의 기회를 맞게 되어 기쁨과 슬픔이 엇갈리는 혼란도 있다. 안정의 추구에 마음을 쓰게 되며 다소의 마찰이나 충돌도 우려되니 슬기롭게 넘겨야 금전적인 문제도 안정을 얻게 된다. 시간적 여유를 갖고 주위를 포용하며 건강에도 주의를 기울여야 하니 행동에 있어서 서둘러 처리하려는 성급함은 버려야겠다.

▣ 685

금전적인 호운을 맞이하며 순리적으로 풀려나가며 아울러 변화나 변동에서 새로운 안정이 추구되고 문서적으로 좋은 때이다. 좀 더 자신의 노력의 대가에 기대를 걸 수 있으며 안정적인 활동성에서 보다 큰 결실을 맺을 수 있다. 이성간에도 지금까지의 지연된 상태에 활력을 불러일으키나 겸손한 마음의 자세가 필요하다. 재물은 실리적 면에 강하니 섬세하게 계획을 세워 매사에 철두철미하게 움직여야 할 것이다. 경솔하거나 자만함은 금물이다. 한편 기회를 모색하는 경우 자신의 뜻을 관철시켜 나갈 때 번창하며 이사나 변동도 좋은 때이다. 다만 노력을 게을리 하지 말고 자신과 주변을 활성화하며 좀 더 폭넓은 이해력을 살려 여유롭게 대처해 나감이 좋다.

▣ 696

지금까지 쌓아올린 공이 인정을 받으며 문서적인 측면의 일에 발전의 계기가 조성되어 인사이동, 확장, 변경 등에 좋은 결실을 맺게 된다. 학생의 경우는 시험에도 좋은 결과를 얻으며 자격증의 취득에 있어서도 능력을 최대한 발휘해 기대 이상의 결과를 얻는다. 성급함보다는 안정을 추구하면서 주위의 자문이나 조언을 귀담아 두는 것이 도움이 된다. 가능한 한 타인의 일에는 간섭이나 개입을 않는 편이 좋으며 자신의 건강에 많은 신경을 기울여 안정을 도모하기 바란다.

▣ 718

귀인의 도움을 받아 일의 추진에 큰 힘이 되며 이로 인하여 명예적인 측면도 한층 돋보이는 때이다. 생활에 안정을 찾아 자기 목적을 실현하기에 별 어려움이 없이 지켜나갈 수 있도록 노력하라. 문서로 주위에 물의를 일으킬 수 있으니 신중함이 요구되지만 지혜를 발휘해 어려움을 모면하는 재주 또한 발휘된다. 되도록 타인의 일에 깊이 관여하거나 나서지 않는 편이 좋다. 심리적 갈등이 대두되는 때이며 타인 때문에 의욕이 저하되는 경우도 발생하므로 소홀히 다룬 건강에 더욱 신경을 써야한다. 대인관계에서는 상대에 대한 의사 표시를 명백히 하여 서로가 오해가 없도록 하며 원만한 생활을 해나가도록 양보나 너그러움이 절실한 때이다.

▣ 729

현실적인 여건이 자신의 욕구에 충족되지 않은 상태에서 새로운 변화를 꿈꾸게 되며, 일의 추진 과정에서는 중도에 변동 상황이 많아 자칫하면 의욕을 잃기 쉽고 자포자기 하는 경향도 있다. 그러나 주도적 입장을 잃지 말고 상황의 흐름을 잘 주시하여 적극적으로 대처하였을 때는 그 어느 때보다도 변화를 통한 자기발전의 가능성이 가장 높은 시기이다. 특히 명예와 직업, 문서상에 변동적 상황이 대두되는 경향이 많은데 분별력에 발전의 폭이 크게 달려 있는 시기이다. 전반적으로 심리적인 갈등이 대두되어 계획보다는 타인의 감언이설에 현혹되기 쉬우니 부화뇌동하는 행동에서 오는 피해에 가급적 유의하여야 할 것이다. 심사숙고하는 자세를 취해 실행에 앞서 관찰이나 확인을 하면 자신에게 오는 손실을 막는 최상의 무기가 될 것이다. 그런 다음 노력한 대가의 결실을 보게 될 것이다.

▣ 731

자신의 능력과 힘을 바탕으로 생활하는 가운데 귀인의 도움이 있겠고 과감하게 실행할 줄 아는 데서 순리적으로 풀려 나간다. 한편 금전적으로 조급하지 않은 여유 있는 처세에서 오히려 풍족함을 맛볼 수 있다. 이때에는 안정을 저해할 변화적인 국면은 가급적 삼가기 바란다. 생각에 따라서 본인의 사치가 심해지고 마음의 안정을 찾지 못해 갈등적 요소가 심해지는 상태가 전개될 수 있으니 행동을 보다 신중하게 함이 좋을 것이다. 또한 대인관계에서도 너무 과다한 지출이나 변화가 우려되니 생활이 여유롭다고 낭비하면 뒤에 심한 후회를 하게 된다. 건강도 좋은 영향권을 벗어나 자신의 심리적 갈등에 영향을 줄 수 있으니 평소의 자기 관리가 중요하다.

▣ 742

마음의 안정 속에서 뜻이 관철되며 이에 따라 명예나 문서에서 보다 발전될 계기에 놓이게 된다. 활동 범위를 좀 더 넓게 개척해 최대한으로 능력을 발휘할 수 있는 장으로 만들어 주위로부터 명예를 얻을 수 있는 좋은 계기가 된다. 삶의 도약을 성실하게 추진하는 노력이 필요하며, 과감히 주위를 포용하여 개인적인 일보다는 협조관계의 연계를 활용하여 펼쳐나감이 빠른 발전으로 돌아올 것이다. 끈질긴 면을 활용하여 백 번 자신의 뜻으로 몰고 감이 필요하다. 문서적인 면은 지연된 상대가 해결되며 지금까지의 미비한 상태가 보완된다. 금전적인 문제는 해결을 볼 수 있는 기회가 오며 안정을 추구할 수 있는 상태에 도달된다.

▣ 753

현재의 상태에서 더 큰 변혁의 일면을 맞게 된다. 뜻하지 않은 일의 발생으로 다소 당황하나 그 위기를 잘 극복하면 그 대가를 기대 이상으로 찾을 수 있다. 능력보다는 기분에 치우치는 경향이 다소 있으니 좀 더 침착하게 밀고 나아가면 모든 것을 성취시킬 수 있는 능력을 갖게 된다. 현명하게 처세할 수 있는 방법론이 서고 실리적으로 금전적인 면을 아울러 추구할 때이다. 선배나 주위에 대한 과감한 포용력으로 한 발 앞선 자세로 임하면, 무리하다고 생각되는 환경에 놓여 있더라도 밀고 나아가는 힘의 가속도를 발휘함으로써 목적을 달성할 수 있는 계기가 조성된다. 사업가는 귀인의 도움이 따르고 이성관계는 보다 급진적 상태로 돌입하여 안정을 찾으나, 문서적인 분야에서는 갈등이 고조될 수 있으니 현실에 대처하는 방안이 모색되어야 한다. 심리적 갈등도 예상되니 여유 있는 마음가짐이 필요하다.

■ 764

일시적으로 명예와 안정을 도모할 수 있으나 곧 변화의 조짐이 보이니 새로운 방향의 설정이 절실하다. 대인관계에서나 이성간에는 불화와 마찰의 우려가 있으니 서로 양보의 미덕을 발휘하기 바란다. 심리적인 갈등으로 자신의 안정을 추구하지 못하며 의욕이 저하되는 경향이 있다. 공직자는 현직에서 탈피하고 싶은 경향이 있으며 사업가도 새로운 사업으로 돌입하고 싶은 심리적 갈등이 따르고 의욕이 상실된다. 이성간에는 갈등이 고조되고 헤어지기도 하며 또한 손해나 손실이 오기 쉬운 상황에 놓이게 되니 안정된 자세가 필요하다. 따라서 모든 것을 성급하게 생각하지 말고 시간적 여유를 갖고 대처하는 방법이 필요하며 사람을 대하는 데도 포용력 있는 넓은 아량으로 대함이 후일 자기 발전에 큰 도움이 될 것이다. 점점 안정을 찾아 여유를 누리겠으나 새로운 변화를 찾기보다는 현 상태에서 고수함이 바람직하겠다.

■ 775

별로 진척이 없는 시기이므로 무엇을 이루기에는 시간적인 여유를 필요로 한다. 건강 상태에 신경을 쓸 때이고 무기력과 의욕상실이 오고 좌절에 빠져 비관주의에 사로잡히는 나약함을 보이기 쉽다. 보다 긍정적이고 진취적으로 생각하여 현 위치에서 좀 더 높은 자리로 도약하려는 노력이 있다면 곧 이 위기는 극복되고 새로운 변화에서 활력을 찾겠다. 현실에서 벗어나 외국으로 나가거나 원거리 출장 등으로 활동의 폭을 넓힐 수 있는 일이 조성되며 여행이나 변동에서는 크게 발전할 때이다. 이성으로 인한 변화적 갈등도 대두되니 심리적으로 안정을 찾지 못할 경우 어떠한 이성이라도 자신의 마음에 흡족하다고 느끼지 못한다. 한 가지 목적에 전념하고 그 쪽으로 집중하였을 때 서서히 풀려나갈 것이다. 좀 더 적극적인 자세가 필요하며 평소의 노력을 게을리 하지 말아야 한다.

▣ 786

금전적인 인식이 강해지며 필요성 또한 크게 작용하는 때이다. 심리적인 상태는 금전을 추구하며 재물에 대한 욕구가 충족되는 상황이다. 다방면에서 새롭게 발전하는 계기에 놓이게 되며 무엇이든 자신감 있게 해낼 수 있다는 의욕이 가장 강할 때이니 도전적인 자세로 뛰어들기 바란다. 다만 지나친 고집을 버리고 계획을 검토, 분석하여 실행에 차질이 없도록 한다. 사업가는 새로운 변화 구상이나 계획이 현실과 일치되며 공직자는 명예나 승진의 기회를 포착하는 상태에 이르게 된다. 학생도 학업과 아울러 다른 분야에서도 능력의 발휘와 함께 자신의 발전에 도움이 되는 좋은 결과가 기대된다.

▣ 797

현실에서 모든 것을 탈피하고 싶은 심정이며 안정을 갖지 못하는 때이다. 물론 하는 일이 순조롭지 못한데서 갈등이 대두되며 모함이나 질투로 인하여 고립되는 상태에 놓인다. 자신의 반성이 필요하며 상대와의 갈등은 이해로써 해소될 수 있을 것이다. 냉전 상태를 심각하게 몰고 가면 현 위치의 이탈이나 또 다른 파경으로까지 이를 수 있으니 마음을 어떻게 결정하는가가 중요하다. 생각과 행동이 자신으로부터 이루어진다는 점을 명심하여 대처하기 바란다. 시간이 흐르면 뒤엉키던 일들이 서서히 풀려나가며 금전적인 분야에서도 안정을 찾는다. 특히 문서적인 분야에 좋은 시기이므로 학생인 경우 안정을 찾고 학업 및 각종 시험 등에서 좋은 결과가 예상된다. 다만 경솔한 판단보다 겸허한 마음자세가 더욱 필요하다.

▣ 819

새로운 일의 태동이 있으니 능력과 의욕을 병합하여 목적을 성취시킬 수 있도록 하라. 어느 때보다도 마음의 동요가 있으며 욕구 또한 강하지만, 처음 시작할 때의 발전적인 상황이 지속도리 수 있도록 세심한 관심을 기울이도록 하라. 특히 금전적인 문제에 있어서 능력과 의욕이 일치함에 주위의 협조가 따르며 점진적 발전으로 치닫게 된다. 또한 이성간의 새로운 만남이 있으니 크게 성취감을 느낄 수 있다. 한편 서로가 빠른 상태로 돌출됨에 주위의 호응이나 의견에 따라 성사를 치르는 것도 무방하다. 한편 건강에 다소 신경을 쓸 때이며 자신의 의욕만 믿지 말고 때로는 마음을 다져보는 것도 좋은 방법이 될 수 있다.

■ 821

변화나 변동에서는 다소 불리한 상태로 전개된다. 심리적인 갈등은 물론 능력과 건강면에서도 다소 침체 상태에 놓이며 부정적으로 생각할 때이다. 인내하면서 기다릴 수 있는 마음의 자세가 중요하다. 아직은 움직일 때가 아니므로 섣불리 나서서 문제가 해결되는 것이 아니다. 완벽함을 요구하는 반면 상대의 의견과 합리성을 이루지 못하기 때문에 불리한 경우에 놓이게 된다. 성격상의 문제와 건강에 따르는 심리적인 상태에 변화가 오니 여유 있는 자세가 중요하다. 변동이나 이사는 가급적 피하며 심리적인 갈등은 동행자가 있는 여행으로써 치유할 수 있다.

■ 832

성급한 행동에서 손해가 따를 공산이 크며 이성으로 인한 구설이나 모함이 뒤따를 우려가 있다. 안될 일은 자신이 파악하기보다는 윗사람이나 선배의 자문을 구하는 것이 좋다. 갈등적 상황에 놓인 상태라면 시간적 여유를 가지고 계획을 세워 어려운 상황 하에서 서로의 두뇌 싸움은 가급적 피하는 것이 좋다. 변혁이나 변화에서 충격적인 상황에 돌입하더라도 이성을 갖고 행동한다면 매사는 순리적으로 풀려나갈 것이다. 금전적인 문제는 여러 가지 장애가 따르지만 안정을 추구하기에 점차 좋은 시기로 접근해가며 호전 상태로 보아진다.

▣ 843

겉으로는 화려한 것 같으면서도 실속은 없는 때이다. 자중하여 원만히 대처함이 바람직한 처사이다. 금전적인 변동이나 변화, 직업에 대한 불만이 고조되며 사업가는 안정을 추구하지 못할 때이다. 주위의 조언도 배척하려 하며 안정을 추구하지 못할 때이므로 이러한 상황일수록 가급적 경솔하게 행동하지 말고 시간을 두고 연구하여 침착하게 처세함으로써 안정을 찾을 수 있다. 또한 건강에도 신경을 써야 되며 가급적 안정일변도의 처세가 필요한 시점에 있다. 자신을 지킬 줄 알며 적극적인 상태보다는 시간의 여유를 가지고 주위를 포용함이 가장 이상적일 것이다.

▣ 854

내부의 손실 또는 좌절을 감수하면서 서서히 돌입할 때 소기의 목적을 달성할 수 있을 것이다. 욕심이 지나쳐서 실패하는 경우가 있으므로 적당히 보조를 맞추어야 한다. 자기의 의사만을 너무 내세우면 파탄이 생길 우려가 있다. 다분히 고독감이나 쓸쓸한 자기 연민의 감정이 숨어 있다. 이는 독보적인 위치에서 행동하다가 홀로 남을 때 느끼는 허탈감에서 비롯된다. 금전적 갈등을 해소하기 위한 성급한 행동은 가급적 삼가는 것이 좋다. 계획했던 일은 순조롭게 풀려나가며 차츰 금전적 안정을 맞이할 수 있다. 사업이나 명예도 차츰 회복될 수 있으며 작은 것이 크게 성취할 수 있다는 자부심 또한 강할 때다.

▣ 865

진전과 정체현상이 반복되므로 한 가지의 일관된 목표를 설정할 수 없는 모호한 상황에 처하게 된다. 금전의 지출은 소득에 비례하며 안정과 변동이 교차되면서 예측을 불허하는 상황 속에서 확고한 뜻을 세우고자 하는 의욕이 좋다. 현상유지에 만족할 수 없는 독자적인 일에 대한 욕구가 솟구치지만 활동하는 영역에 따라서 성패의 정도가 가름된다. 학업이나 취업에 대한 구체적인 계획이 정립되며 나름대로 부단히 노력을 경주하게 되는 해이다. 노력한 만큼의 대가가 반드시 주어지는 때이므로 끝까지 밀고 나가는 지구력이 필요하다 하겠다.

▣ 876

완화된 상태보다는 좀 더 적극적인 상태로 활용할 수 있는 기회를 포착한다. 건강이나 의욕의 약화로 역부족이라고 생각하기보다는 능력의 한계 내에서 안정을 추구함이 보다 빠를 것이다. 경솔하게 확장하거나 넓히는 것은 다소 무리가 따르며 복잡한 행동은 삼가는 것이 좋다. 단시일 안에 이루기보다는 차분하게 내다보는 측면적인 방법도 유리하게 진행될 수 있다. 이런 상태에서는 안정을 추구하면서 문서적으로 대두되는 상황을 지연시킴으로써 좋은 결과가 이루어지며 특히 최종적인 결정단계에서 자신의 능력이나 재력을 겸비할 수 있는 계기가 된다.

▣ 887

추구하는 재물이 형통하는 데는 정신적인 자세가 필요하므로 능력과 의욕을 과감하게 표출시켜 목적을 쟁취하라. 그리고 신중하게 풀어나감이 유익할 것이다. 변동, 변화에서 귀인을 찾으려 하나 도리어 피곤과 허탈한 상태에서 능력마저 저하되는 시기에 놓이게 된다. 따라서 외국이나 외부에서 능력을 발휘함도 필요하며 생활을 분주하게 하여 외부에서 뜻을 찾도록 하라. 서두를 필요는 없으며 순리적인 측면으로 임할 때 빠른 발전을 도모할 수 있다. 항상 금전적인 측면으로 치우쳐서 순리에 역행할 때 소득도 없이 몸만 피곤하다.

▣ 898

계획을 실천으로 옮길 수 있는 계기가 조성되며 직업이나 학업을 통해 보다 확고한 자신의 기반을 구축해야 하는 시기이다. 능력과 주위환경과의 합일성은 다소 결여된다 하여도 스스로가 적극적으로 쟁취력을 행사할 때 변화무쌍한 환경은 자신의 편이 되어 줄 수 있다. 직업상의 변동과 문서와 연관된 일에서 이득권을 찾으려 하는 때이므로 일관된 목표의식을 갖되 주위를 포용하지 못하는 상태에서는 크게 이득의 실효성을 거두지 못하고 현상 유지만 도모할 뿐이다.

▣ 911

새로운 일의 연결이나 만남을 통해서 희망과 의욕도 갖게 되지만, 현실적인 상태에서는 능력이나 재력에 회의감과 거부감을 느껴 모든 점을 수용하는 데는 문제가 뒤따른다. 이런 과정에서는 자신의 판단보다는 주위의 자문이나 조언이 큰 활력을 불러일으킬 수 있으니, 성급하거나 경솔한 행동을 자제하고 의논을 거쳐 상대방의 의견을 수용하며 단계적으로 풀어나감에 문제의 돌파구는 모색될 수 있다. 따라서 안정을 유지하며 목표를 추구하는 과정에서 순리적으로 시간의 흐름에 따르는 것이 가장 중요한 때이다. 금전적인 문제의 해결과 소득은 후반에 이루어지며 다른 문제에서도 결실과 함께 안정을 가질 수 있다.

▣ 922

명예나 문서적으로 좋은 변화가 예상되니 변화에 당황함이 없이 안정된 상태에서 일을 처리한다면 목적을 무난히 성사시킬 수 있는 계기가 된다. 주위 환경의 개선이나 직장에서의 명예는 자신을 더욱 돋보이게 하고 이로 말미암아 일에 의욕을 주는 큰 힘이 된다. 점진적인 발전과 희망으로 이어지는 과정에서 금전적으로도 안정을 유지하게 됨은 물론 이성간에도 새로운 희망이 싹트는 시기가 되고 자신의 이익이 돌출될 수 있다. 항상 주위를 포용함으로써 자신의 이익이 결과 됨을 상기하여 행동할 수 있도록 하기 바란다.

▣ 933

전반적으로 건강에 주의를 요하며 정신적으로 매우 안정이 안 되는 상태라 능력이 제대로 발휘되기까지는 시간적인 여유가 필요하므로 안정이 급선무이다. 시간이 흐를수록 문서에는 좋은 변화가 예측되나, 자만하면 구설에 휘말려 곤경에 처할 수 있으니 주의하기 바란다. 따라서 남의 일에는 가급적 나서지 말고 보증에도 신중을 기하여야 한다. 능력이 최대한 발휘되는 시기이니 그동안 고민하던 일도 풀리기 시작하고 노력도 인정을 받게 된다.

■ 944

명예나 문서적으로 안정을 추구하며 매사에 순리를 택하면 빠른 발전으로 돌입될 수 있는 기회가 뒤따른다. 우선 금전적으로 뜻을 성취할 수가 있으며 능력을 발휘할 수 있는 여건 하에서 점진적이며 진취적인 발전으로 이어질 수 있다. 아울러 일의 변화나 변동은 새로운 고통을 의미하며 이익보다는 손실을 초래하므로 현상유지가 지금으로서는 현명한 처방이다. 이러한 상태에서는 확인과 검토, 분석이 중요하다. 또한 상대가 의식하는 측면을 너무 생각 하지 말고 자신의 주관이 가장 필요한 무기가 되는 때이다.

■ 955

현실에 대한 거부감이나 의욕이 강한 충동으로 돌변할 수 있으니, 저돌적인 자세로 상대의 견해를 무시하고 여론을 경시하기 쉬운 때이다. 그러므로 과감한 면을 유지하되 주위를 포용하여 자신의 뜻을 관철시켜 나아감으로써 진일보적인 상태로 돌입됨을 명심하기 바란다. 귀인의 도움이나 명예로 능히 뜻을 관철시킬 수 있으며 환경에 굴복하거나 남의 이목에 구애받는 일은 없을 것이다. 다만 경솔한 행동이나 주위의 여건을 흡수하지 않는 상태라면 현실적으로 거부반응도 클 것이며 갈등도 크게 대두될 것이다. 따라서 안정을 갖고 주위의 여건에 보조를 맞추어 나가면 문제는 빨리 해결될 것이다.

■ 966

명예나 문서에서 강한 의욕을 갖게 되며 자신의 의도대로 관철시킬 수 있는 분위기가 조성되나, 그 과정에서 타인의 의견을 무시하는 경향이 있기 쉬우므로 때로는 구설이나 모함에 휘말릴 수 있다. 보증 담보 또는 주위의 문서적인 책임관계에서 정신적인 갈등과 구설이 따를 수 있으며 건강으로 인한 갈등도 대두되는 경우가 많다. 따라서 현 위치를 고수함은 물론 능력 밖의 일은 간섭하지 말고 일에 충실함을 보이면 별 어려움은 없겠다. 이 시기에는 가정에 우환이 따르기 쉬우며 노인이 있는 경우는 노인병의 악화에 특히 신경을 써야 한다. 따라서 여러모로 안정을 유지할 수 있도록 최대한 노력해 주기 바란다. 신중한 판단과 일관된 노력이 따른다면 특히 명예와 문서적인 분야에서 충분히 자신의 뜻을 관철시킬 수 있다.

◼ 977

건강이나 정신적인 갈등이 고조되니 안정을 잃기 쉬운 때이다. 의욕이나 욕구나 충족되지 못함에 현실을 거부하는 경향이 짙어, 일을 진행함에도 능률이 저하됨으로써 허황된 생각으로 인하여 외부로부터 지탄의 대상이 될 수 있다. 사업가는 고전의 시기에 도달되고 공직자는 현 위치에서 탈피하기 쉬우며, 환자의 경우는 건강 상태가 악화되어 의욕 또한 저조하므로 차분한 현실적인 대처가 필요하며 시간적인 싸움이 필요하다. 그러나 점차 호전되어 가며 주위의 도움과 함께 금전적으로 안정권으로 돌입되어 간다. 실질적인 이익이 병행하고 변화나 변동은 좋은 쪽으로 뒤따르게 되니 침착하고 적극적으로 대처하기 바란다.

◼ 988

금전적인 실리 추구가 강하여 의욕도 전반적으로 금전에 치닫게 되는 경향이 있다. 또한 실질적인 이익으로 결부될 수 있으며 매우 분주한 일로 시간에 쫓기게 된다. 다만 현실적으로 대두되는 일들을 이익으로만 연결시키다 보면 도리어 오류를 범할 우려가 있으며 갈등도 고조되는 경우가 있다. 주위의 동조는 협조적인 상태로 유도할 수 있으며 따라서 사업가는 능력을 최대한 활용할 수 있는 계기가 된다. 공직자나 직장인도 자신의 계획을 사업으로 전환하려는 꿈을 갖게 되는 때이다. 다만 순리를 택하여 너무 성급하게 치닫지 말고 주위와 융합하면서 배운다는 인식으로 뜻을 성취하기 바란다.

■ 999

 현실을 수용할 수 있는 능력이나 재력, 또는 정신적인 측면이 가장 중요하게 대두되는 시기이므로 안정을 갖고 대처할 수 있는 심리적인 자세가 요망된다. 꿈과 이상이 현실적으로 부합되기에는 다소의 시간이 소요되니 가급적 완벽하게 짚어 보고 넘어가기를 바란다. 또한 현실적으로 낭만적인 경향이 있어 원거리 여행이나 외국으로의 출장 등에서 행동을 좀 더 발전적으로 하려는 점이 특색 있게 대두된다. 또한 가장 활동적인 시기가 될 수 있으며 그에 따른 실리도 기대되므로 모든 점을 좀 더 문서나 명예로 집중하여 능력을 발휘하면 빠른 발전으로 나타나며, 주위의 여건도 자신의 뜻에 크게 호응하여 새로운 환경으로 전환될 수 있는 계기가 된다.

6. 일 년(一年)의 운세(運勢)

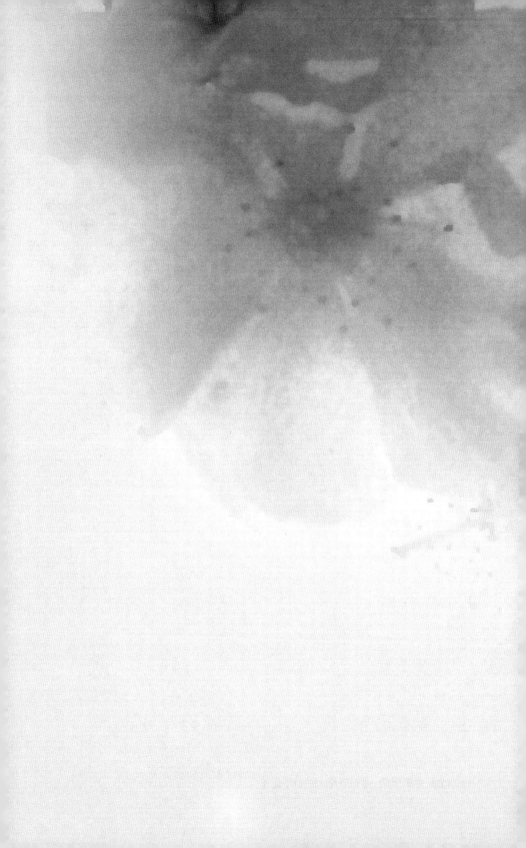

본 단원은 매 해마다 구해지는 수리를 풀어갈 때, 자신의 풀이와 비교해가며 그 흐름을 찾으라는 의미에서 열 두 칸의 수를 조합해 수리로 보는 일 년의 운세를 평가한 것이다.

물론, 이것과 같은 수의 배열이 나왔다고 해도 매 해의 천간과 자신의 일주에 따라 다르기에 형충파해원진을 꼭 따져 보아야 한다.

운정비결(云亭秘訣)을 공부하는 가장 좋은 방법은 우선 자신의 운세를 올해부터 과거로 거슬러 올라가며 수리를 구하고 그에 따른 분석을 해보는 것이다.

그리고 그때마다 공부하기 어렵고 수리의 이치가 해결되지 않을 때, 본 단원의 내용을 예시로 두고 공부한다면 스스로에게 많은 도움이 될 것이다.

1	1	2
3	3	6
9	9	9
4	4	8

일 년의 총운

충분히 자신의 능력을 발휘할 수 있는 여건 하에서 안정을 갖게 되는 시기이다. 분주하게 활동하던 생활을 통하여 자신의 위치가 구축되며 생활력을 가질 수 있는 바탕이 조성될 수 있다. 자신이 할 것이 무엇인지 알 수 있게 되며 그 결실이 맺어지도록 눈을 돌려야 할 때다. 다만 지금 매사를 어느 정도 확고한 집념을 갖고 자신의 목적을 추구할 때 성취감을 느끼게 된다. 더 이상 환경의 변화나 자극적인 요소를 추구하기 보다는 현 분위기를 유지하며 또 금전유출의 폭을 줄이도록 노력해야겠다. 과감한 행동력보다는 오히려 안정적인 분위기 속에서 원만히 처리하는 일이 실적이 높겠다.

◼ 112

전반적으로 자신의 능력을 최대한 활용할 수 있는 시기로 변화적인 것도 좋은 측면으로 부각되기도 한다. 자신의 의욕을 적극 발휘하여 나아간다면 좋은 결과도 기대된다. 다만 변화에서 오는 건강의 침체가 우려되니 주의를 기울여야겠다. 여행이나 외국으로 나갈 기회가 따르며 활동적인 측면에서 매사에 의욕을 갖고 과감성 있게 추진해 나간다면 소망하는 일들을 이룰 수 있겠으며, 직장인의 경우는 승진과 명예가 따라주니 자신의 목적을 위한 진취적인 자세로 현 상태에서 탈피해 과감한 변화를 추구함도 자신의 발전에 도움을 줄 수 있겠다. 안정된 상태에서 재물이 생기는 계기도 주어지니 하고자 하는 일에 대한 성취욕도 느낄 수 있는 좋은 결실이 맺어지겠다.

■ 336

새로운 사람과의 만남, 새로운 환경의 도래 등으로 생활의 활력을 되찾고 의욕이 충만 되는 시기이다. 이에 따라 이제까지의 생활패턴에 새로움을 가져 보고 싶게 되고 변화를 추구하게 되어 마음이 들뜨며 분주하게 되는 때인 것이다. 성인 남녀는 이성간의 새로운 만남과 선택으로, 학생 및 수험생은 학과 및 학교 등의 선택으로, 직장인이나 사업인은 새로운 사업 계획이나 직장의 이동 등으로 갈등을 겪게 되며 번민도 많이 하게 되는 때이다. 그래서 그 어느 때보다도 확고한 신념과 정확한 판단력이 요구되는 때이다. 변화적인 분야에서 새로운 돌파구가 예상되나 현실과 다소의 차이를 빚게 된다. 매사에 침묵하여 시기를 기다릴 때 비난을 사지 않으며 기존의 좋은 관계를 지속하고 성급할 때가 아니다.

■ 999

문서적인 분야에서 환경의 변화 등으로 인해서 자신이 하고자 하는 바가 더욱 뚜렷이 부각되는 상황이다. 우호적인 주위의 여건으로 자신의 능력이나 노력의 성과를 거두게 되는 때이다. 자신의 능력도 주위로부터 충분히 인정받으며 넓어지는 활동 반경을 갖게 되는 전단계에 해당하는 시기이다. 타인으로 인한 결실을 맺을 수 있기까지는 아직 시기상조인 때이며 충분하게 시간을 가지고 추진한다면 앞으로 곧 결과가 있을 것이다. 마음만 분주하고 실제적인 노력을 기울이지 못한다면 결국은 현실적인 면에서는 소득이 없고 건강에 이상을 초래할 수 있다. 또한 구설이 따르거나 일시적으로 명예의 손상이 발생하기 쉬운 시기이므로 행동에 신중을 기함이 바람직하다.

■ 448

새로움에 대한, 혹은 변화에 대한 강한 욕구 때문에 그것을 추구하기 위하여 활동의 영역을 변화시키거나 확장시켜 보는 상황이다. 어디를 가도 새로운 만남과 일의 연결이 올 수 있는 상황이 되며 자신에게도 자극이 될 수 있는 여건이 조성된다. 능력을 적극 활용하여 외부에 자신의 토대를 쌓을 수 있는 상황이 마련되니 적극 활용할 때이다. 현재의 활동은 아직 안정적이지 못하나 곧 안정을 가질 수 있는 여건이 조성되니 조급해 하지 말고 미래를 바라볼 수 있도록 해야겠다. 너무 여기저기서 연관을 짓거나 일을 도모하는 것은 후에 수습하기 어려운 결과를 초래하니 꼭 해야 되겠다고 생각하는 곳에 역점을 둘 때이다.

1	2	3
4	5	9
4	5	9
9	3	3

일 년의 총운

지금까지 지속되어 오던 관계에서 문제 해결의 실마리가 이어지는 변화가 예측되니 이성간에는 발전적이지 못한 관계를 청산하고 직장인은 현직에 변동이 온다. 주위의 변동에서 오는 갈등도 해소될 수 있으나 다만 약간의 부작용이 우려되니 슬기롭게 대처하기 바란다. 이 시점에서는 능력과 기량을 최대한 활용하여 뜻을 관철함이 바람직하다. 과감한 변화로 하고자 하는 일에 추진력을 갖고 나아감이 바람직하며 적극적으로 나서기보다는 안정을 유지하는 편이 이롭다. 심리적인 갈등이 대두되는 상황도 전개되니 자신의 위치를 지속하면서 안정을 추구함이 가장 이상적이라 하겠다.

◼ 123

이성간에 새로운 관계 개선이 시작되며 사업가는 자신의 능력을 펴나갈 수 있는 동반자의 역할을 구할 수도 있다. 한편 현실적인 분야에서 적극적인 상태로 전환되는 만큼 소득도 따르지만, 현실에 싫증을 느껴 스스로 변화를 만드나 확실한 가치기준이 성립되지 않은 상태여서 안정을 갖지 못하고 스스로도 당황하게 되며 주위와 멀어지게 되는 결과를 낳는다. 이런 상태에서는 의욕과 능력이 침식되며 매사에 무기력하고 직장에서 퇴직까지 하게 된다. 정신적 갈등이 고조됨에 따라 거부감을 느끼며 노약자는 건강의 침체가 우려되고, 자신의 확고한 가치기준과 판단력에 달려 있겠지만 이러한 상태에서는 다음을 위해서 안정을 가지고 지속적으로 현 상태를 유지하도록 함이 좋다.

▣ 459

안정을 갖는 상태에서 자신의 실리를 추구할 수 있도록 노력할 때이다. 외부적인 측면에서 목적을 쟁취할 수 있도록 하라. 이전의 상태에서 벗어나고 싶은 강한 충동을 느끼며 실제로 현실과의 마찰도 예상되나, 때로는 묵묵히 현실에 고수하며 문서상 일의 추진으로 현 상태에서 발전적 면모를 가질 수 있는 기회가 있다. 주의할 것은 분별력의 결여로 어떠한 상태가 파국으로 종결될 우려가 있는 때이니 주위의 상황을 항상 염두에 두며 생활해 나가야겠다. 두 가지를 동시에 잘 할 수는 없다는 점을 명심하고 과욕이 없게 생활을 이끌어 나가야 한다.

▣ 459

생활에 변동을 갖게 되나 마음은 안정을 갖고자 하는 면이 강하므로, 심적 갈등을 겪는 가운데 자신의 위치를 확고히 함에 책임감을 강하게 느낄 수 있도록 노력하라. 이러한 현실은 자신의 과감한 정신력이 좌우 할 수 있다. 과격한 상태에서의 변화, 변동은 실리를 찾지 못하고 곧 결렬되는 반복 과정 속에서 크게 흔들릴 수 있으나, 참고 인내한다면 자신의 의지를 다시금 다질 수 있는 시기가 된다. 한편 종잡을 수 없는 상황에 휩쓸리다 보면 안정을 갖지 못해 그 여파가 심신의 피로 및 건강의 악화를 초래할 수 있으니, 흔들리지 않는 주관을 갖도록 위치를 한 번 더 점검해 보는 기회로 여기는 것이 바람직하며 문서상으로 연결되는 일 처리에 신중을 기하고 현실 극복의 의지를 키워가며 다음 기회를 모색해야 한다.

▣ 933

 문서적인 측면에서 새로운 돌파구를 찾을 수 있으며 외부적인 데서 분주한 만큼 노력의 대가와 자신의 목적을 관철시킬 수 있다. 본인 및 가족, 친지에게 뜻하지 않은 어려운 상황이 발생할 수 있는 시기이니 이에 대처할 수 있는 마음의 자세를 갖도록 해야겠다. 문서상의 불이익을 초래하게 되는 우를 범하기 쉬운 때이고, 주위가 이를 포용하지 못하면 큰 어려움에 빠질 수 있는 시기임을 명심해야 한다. 정신적 갈등과 육체적인 갈등이 대두됨에 현실을 탈피하고 싶게 된다. 따라서 거부감을 느끼고 무기력해져서 의욕과 욕구가 없으니 침체된 상태에 놓이게 되므로 확고한 주관을 갖고 노력을 기하면 점차 호전될 수 있다.

1	3	4
5	7	3
8	1	9
5	2	7

일 년의 운세

심리적으로 불안정하여 형이상학적인 생각으로 치우치며 새로운 돌파구를 찾는 등 정신적 갈등과 혼란을 갖게 되는 시기다. 능력을 발휘하지 못하는 상태이니 안정을 유지하면서 건강에 유의하라. 심리적 갈등이 심화됨에 따라 종교에 의존하고픈 생각과 회의를 느끼기도 한다. 자신의 욕구가 금전에 앞서기보다는 추구하는 바를 뚜렷한 목적 아래 과감하게 실현하여 현재의 위치를 극복하는 것도 좋은 방법이라 하겠다. 명예나 금전에서 다소 여유와 능력을 찾을 수 있지만 각별히 건강에 유념하여 다음 일의 추진을 위해서 안정을 유지하고 재충전의 기회로 활용하기 바란다.

■ 134

귀인의 도움도 따르나 최대한 안정된 상태에서 능력을 발휘함이 바람직할 때이다. 적극성을 띠고 상대를 원만히 포용할 수 있는 정신적인 자세가 중요하다 하겠다. 주위를 무시하는 경향과 혹은 회피하는 가운데 정신적인 연령에 걸맞지 않은 상태로 이어지기 쉽다. 따라서 형이상학적인 생각으로 마음이 혼란스러움은 물론 부정적인 판단으로 분별력이 흐려지기 때문에 갈등과 오해가 따르기도 한다. 두 뇌의 회전이 빠를수록 그 진통이나 복합성이 대두되어 의욕을 잃기 쉬우며 따라서 현실에 대한 갈등의 요소가 깊이 침투된다. 항상 원 만한 가운데 뜻을 이루는 안정을 유지할 수 있도록 노력하기 바란 다.

▣ 573

현실적인 변화나 변동은 착수 단계에서부터 어려움을 겪으며 바라 던 결과가 나오지 않는 상태이다. 또한 순조롭던 생활도 급변하며 마음도 주관을 잃기 쉬운 상태이니, 주위의 감언이설에 동요되어 현 재 위치를 이탈하거나 감정적인 언행은 삼가기 바란다. 마음에도 없 는 일들에 관련을 맺기 쉬워 손실만 초래하는 결과를 낳는다. 어떤 상황의 확장이나 추진보다는 현 상태의 유지가 다음에 오는 기회를 적극 활용하기 위한 토대가 될 수 있음을 상기하기 바란다. 아울러 불의의 상해에도 주의를 요한다. 정신적인 안정이 필요하며 침체된 건강에서 탈피하여 좀 더 긴 안목을 넓혀 자신의 미래 세계를 볼 수 있는 초석이 될 수 있도록 현실에만 의존하지 말라.

▣ 819

현실이 차츰 제자리를 찾기 시작하며 생활이 안정 궤도로 진입하는 시기이다. 따라서 금전적인 측면에서 점진적 발전도 예측되며 주위 의 도움으로 사업에 활력을 찾게 된다. 새로운 성취의욕도 가질 수 있으며 과거의 어려움에서 벗어나 현실에서 자신의 뜻을 도모할 수 있다. 이성간의 만남도 크게 활력을 가질 수 있으며 관계가 급진전 할 수 있는 상태에 돌입한다. 어려움에서 벗어나도록 노력하며 새로 운 성취의 의욕을 가질 수 있도록 노력해야겠다. 한 걸음 정도만 앞 을 바라보는 것이 유익하며 과욕은 금물이다. 경제적 안정이 도모되 기 시작하겠으며 생활의 다른 여건도 호전되기 시작할 때이다. 자신 의 능력을 충분히 회복할 수 있는 기회로 삼아 주위 여건을 적극 활 용하기 바란다.

◼ 527

생활이 제자리를 찾아가는 가운데 하는 일들에 빠른 진전을 가져보고 싶은 욕구가 강렬해지는 시기이다. 뚜렷한 목적을 성취시킬 수 있는 마음의 자세와 정신적 자세가 합류하면 뜻을 찾을 수 있다. 현실에 변화를 가져 보려고 하나 그 변화를 통해서 아직은 생활에 안정적 발전을 가질 수 있는 토대는 되지 못한다. 따라서 성급한 변동은 더욱 어려운 상황으로 자신을 몰아넣게 되므로 현재의 상태를 지속하면서 마음을 정리해 보는 것이 좋다. 심리적 불안이 초래되기 쉬우므로 현실에서 잠깐 벗어나서 마음을 가다듬어 볼 수 있는 시간을 가져봄이 바람직하다. 한편 건강에 유념하고 성급함 없이 묵묵히 대처하라.

1	4	5
6	9	6
3	6	9
1	1	2

일년의 운세

심리적으로 불안정하여 형이상학적인 생각으로 치우치며 새로운 돌파구를 찾는 등 정신적 갈등과 혼란을 갖게 되는 시기다. 능력을 발휘하지 못하는 상태이니 안정을 유지하면서 건강에 유의하라. 심리적 갈등이 심화됨에 따라 종교에 의존하고픈 생각과 회의를 느끼기도 한다. 자신의 욕구가 금전에 앞서기보다는 추구하는 바를 뚜렷한 목적 아래 과감하게 실현하여 현재의 위치를 극복하는 것도 좋은 방법이라 하겠다. 명예나 금전에서 다소 여유와 능력을 찾을 수 있지만 각별히 건강에 유념하여 다음 일의 추진을 위해서 안정을 유지하고 재충전의 기회로 활용하기 바란다.

■ 145

생활이 안정되기 시작하고 하고자 하는 일에 확신이 서고 과감성을 찾게 되는 때이다. 그동안의 침체상태에서 조금씩 벗어나 활력을 가지며 자신의 명예와 연관된 일에 적극성을 갖게 된다. 주위의 상황을 잘 검토해서 일을 한 가지로 집약하는 일관성을 갖지 못하면 좋지 못한 결과를 초래하게 된다. 지금의 일이 다음으로 어떻게 이어질 수 있으며 또 그로인한 영향력이 어떠한가를 미리 예측할 수 있는 분별력이 요구되는 시기이다. 경솔하지 말고 현실을 직시하여 묵묵히 지켜나갈 수 있도록 하라.

◼ 696

명예 및 지위상승에 관한 욕구가 강해지며 그것을 이루기 위한 시도가 순조롭게 연결될 수 있는 주위의 상황은 자신을 더욱 분발하게 한다. 성취를 통한 안정을 갖고 싶은 욕구가 적극적인 행동으로 나서게 만들며 조금씩 이루어지는 기쁨이 있다. 장래에 대한 안정적인 상태의 확보를 꾀할 수 있으며 여러 모로 위치가 확고해지는 진전이 있다. 마음과 의지여하에 따라 성사가 달려 있으나, 확고한 판단과 준비도 없이 무엇을 이루려고 할 때 성취할 수 있는 일들도 망치고 마는 결과를 낳을 수 있다.

◼ 369

안정을 원하는 자신의 생각과는 달리 주위 여건이 피곤하게 만드는 시기이다. 그러나 자신의 분발만 따른다면 주위로부터 크게 인정을 받아 위치가 확고하게 될 수 있는 때이다. 특히 문서적인 분야에서 성취감을 갖도록 하며 안정을 꾀할 수 있는 방향으로 추진하되 주위는 보편타당성 있는 입장을 취해야 원만한 관계가 지속되겠다. 따라서 행동 여하에 따라 주위로부터의 평가가 크게 좌우되는 시기이므로 신중한 행동을 요하며, 특히 앞으로 이어질 인간관계에 신경을 써야 한다. 확실한 검토 없는 변동의 추구는 여러 모로 악영향을 끼치게 되므로 주의를 요한다.

◼ 112

자신이 접하는 주위상황이 뭔가 새롭다는 이미지를 부여한다. 남의 뜻하지 않는 말 한 마디에 자신은 새로운 구상과 더불어 한 가지 선택의 문제에 봉착하게 되며, 이성간의 만남이 새롭게 대두되어 그에 따르는 심적 변화와 갈등이 따르겠으나 이전의 생활을 과감히 단절

하겠다는 생각은 하지 못한다. 주위로부터 색다른 섭외가 들어오면서 현 상태보다 발전적인 변신을 시도하지만 과감히 추진하지 못하여 심적 갈등만 심화된다. 과묵하고 사려 깊게 판단을 내리는 것도 원만한 상태를 유지하는 방법이다. 판단의 순간에 머뭇거리게 되면 오히려 구설로 변해 버릴 수가 있다. 이 시기는 빠르고 신중한 판단이 요구되는 때이므로, 과거든 현재든 양쪽 모두의 소유욕을 삼가며 주위와 마찰이 생길 우려가 있을 때에는 가급적 빨리 현 위치를 피하는 것이 좋다.

1	5	6
7	2	9
7	2	9
6	9	6

일년의 운세

현실적인 변화, 변동이 자신의 명예를 동반한다. 주위의 도움과 동조로 목적이 뚜렷하게 정립됨과 동시에 쟁취하는 행운도 도래한다. 뜻을 이루는 데 큰 어려움이 없다. 변화를 모색하고 변동을 갖게 되고, 목적의식을 갖고 새로운 아이템을 구상하며, 주위를 포괄적으로 보고 분석하여 신중한 변화를 갖는다면 기대 이상의 결과도 얻게 된다. 자신감 또한 충만하여 지금까지의 뜻이 관철될 수 있으며 주위로부터 인정을 받게 되고 명예, 행운, 승진도 기대된다. 학생의 경우는 공부나 시험에도 어려움이 없겠고 심리적으로 안정된 상태라 무난히 뜻을 이룰 수 있는 도약적인 발전이 기대된다.

■ 156

자신이 하고자 하던 바를 위해서 현 상태를 과감히 정리하고 상황을 급진전시켜 보고자 하는 생각이 강력하게 대두되는 시기이다. 그동안의 생활태도에 반성을 가져 보게 되고 좀 더 능률적인 방향을 모색하여 의지가 새로워지는 때이다. 명예 및 문서와 연관된 쪽에서 크게 변혁을 가져 볼 수 있는 상황도 대두되며 그런 방향으로 시도해 보고 싶은 욕심도 생기게 되는 것이다. 시기는 능히 의도하는 바가 성사될 수 있는 때이므로 과감하게 한 방향으로 그 결과를 모을 수 있는 굳은 일관성이 절실히 요구된다. 따라서 문서적인 측면에 세심한 검토 분석이 필요하다.

■ 729

생활의 변화를 추구하는 가운데 삶에 자극을 가져 자신에게 발전적인 측면으로 연결시킬 수 있는 시기이다. 자신의 생각도 이와 같아져 상황의 흐름을 충분히 파악한 후 대처한다면 무난히 뜻을 성취할 수 있는 상태이다. 현재 위치가 어디에 있으며 또한 무엇을 추구해야 하는지를 판단할 수 있는 분별력이 필요하며 이에 따라 일의 성취도가 크게 좌우되는 시기이다. 때로는 한 걸음 물러서서 나아갈 때와 물러설 때를 판단하는 자세가 요망되며, 바람직스러운 변화적 상황의 도래는 나의 분별력에 따라 그 귀추가 결정되므로 신중한 판단에 따라 행동할 시기이다.

■ 729

변화를 추구하는 나의 마음은 이제 무엇을 취해야 하며 무엇을 버려야 할지를 결정할 시기에 처해 있다. 나의 선택에 따라 상황의 안정도가 크게 좌우되는 시점이며 나의 입장도 분명히 해야 할 때다. 이름 및 명예에 관한 일들에 특히 신경을 써야 상황을 발전적인 방향으로 이끌 수 있는 시점이다. 또한 변모되는 상황에서 긴 안목을 갖고 추구할 때 성취감을 느낀다. 한 순간의 판단이 앞으로의 전개에 큰 영향력을 가지므로 어떤 것을 선택할 것인가를 현실적으로 판단해서 행동할 일이다. 이제까지의 변동적 흐름이 결실로 맺어져야 할 시기이므로 적극 분발해서 끝까지 인내하는 자세가 요망된다.

■ 696

지금까지 자신이 추구하던 뜻이 관철될 수 있으며 이로 인해 주위로부터 자신의 능력도 인정받게 되는 좋은 시기이다. 명예나 문서적인 분야에서 추구하고 쟁취하려는 이상을 이루는 데 별다른 어려움이 없겠고 주위의 동료나 상사의 도움도 따르는 편이다. 적극적으로 행동에 옮긴다면 조금씩 뜻을 관철시킬 수 있겠다. 시험에도 행운이 따라주는 좋은 때이니 자신감을 갖고 추진한다면 좋은 결과가 기대된다. 한편 너무 지나친 자신감으로 안하무인이라는 구설에 몰리는 경우도 있으니 주의해야 하겠다. 이성을 겸비하여 항상 겸손과 부드러운 자세로 주위를 대한다면 원만한 유대관계의 유지에 도움이 될 수 있다.

1	6	7
8	4	3
2	7	9
2	8	1

일년의 운세

너무 명예에 치우치다 보면 오히려 자신의 이미지가 실추될 우려가 있고 또한 능력을 과신하여 무모하게 행동하면 구설도 따르게 되니 건강적으로도 어려움을 겪게 된다. 안정된 상태에서 재물 면에서는 다소 여유를 갖게 되지만 심리적 갈등을 갖는 동시에 변화를 모색하게 된다. 여기의 변화는 자신에게 득이 되기보다는 생각지 않은 어려운 상황에 봉착하게 되니 가급적 안정을 추구하고 묵묵히 지켜나가는 편이 현명하다. 차츰 금전적인 이득권이 주어지는 시기이니 능력을 최대한 활용하기 바란다. 이성과의 만남도 있겠고 이 시기의 변화는 목적을 쟁취하는 중요한 계기가 될 수 있다.

■ 167

자기가 부여한 목적에서 뜻을 이루는 계기가 생김에 따라 명예가 뒤따른다. 명예로 인해 활력도 생기며 자신감도 갖게 되지만 항상 능력을 벗어난 상황까지 가지 않도록 스스로의 관리가 필요한 시기이다. 취업을 원하는 사람은 뜻을 이룰 수 있는 시기이니 적극 활용하라. 행정적인 서식이나, 계약, 입찰 등으로 이익을 보거나 명성을 얻는다. 과욕으로 무리하게 활동하다 보면 건강을 해치는 경우가 오니 주의해야 한다. 학생 등의 경우 이 시기에는 공부에 열의를 갖지 못하며 사소한 일로 신경이 곤두서는 경향이 있으니 때로는 음악 감상이나 독서 등의 취미생활을 하여 긴장을 풀어 보도록 한다.

■ 843

뜻하지 않던 재물이 주위로부터 자연스럽게 들어와 활력을 갖게 하는 상황이다. 한편 능력과 의욕을 적극 발휘하며 목적 추구에 진일보적인 자세로 나감에 힘쓸 때이다. 여러 직책과 관계된 것들에서 소득이 있겠으나 계획성이 결여되어 득과 실이 비례하는 경향이 있다. 안정을 유지하면서 무난히 주위와 융화하고 의지를 분명히 해야 겠다. 일시적 자만심이나 허영은 다음 상황에서 자신을 궁지에 몰아넣게 되는 결과를 초래하니 현재의 위치를 확고히 해두는 것이 좋겠다.

■ 279

변화는 금물이니 심리적인 안정을 지켜 소신껏 대처하는 지혜가 필요하다. 건강적인 침체가 오며 의욕이 상실될 우려가 있으니 유념하여 현 상태를 유지하도록 한다. 진취력이 저하되고 조급한 처리가 실수만 빚게 된다. 뜻을 이루기에는 장애가 따르며 주위로부터 구설이 있으니 행동 하나하나에 각별히 신경을 써서 근신함이 좋겠다. 갈등이 심하니 현 상태에서 탈피하고자 하는 작용이 강하다. 무엇이든 강요하기보다는 자제하면서 서서히 자신을 재확인한 후에 행동으로 옮기기 바란다. 확고한 신념으로 뜻을 관철시킬 수 있는 집념이 필요하다. 경직되고 일관된 자세로 임하기보다는 한 발자국 뒤로 물러서는 여유 있는 생활태도가 필요한 때이다.

■ 281

지금까지의 침체된 상태에서 벗어나 새로운 변동을 모색하고, 변화로 인해 재물적인 측면에서 안정도 얻는다. 금전적 여유와 더불어 명예에 있어서 주위의 도움도 있겠다. 이 시점의 변화는 재물과도 연결이 되니 목적을 쟁취할 수 있는 계기가 주어진다. 자신의 능력을 최대한 활용할 수 있는 뚜렷한 목적의식이 정립되었을 경우에 재물과 명예가 따르는 것이다. 미혼인 경우엔 이성의 만남이 기대되며 아울러 생활의 활력을 갖게 되면서 새로운 구상이 싹트는 시기이다. 주위의 도움도 있는 시기이니 겸허한 자세로 받아들이기 바란다.

1	7	8
9	6	6
6	3	9
7	7	5

일년의 운세

너무 명예에 치우치다 보면 오히려 자신의 이미지가 실추될 우려가 있고 또한 능력을 과신하여 무모하게 행동하면 구설도 따르게 되니 건강적으로도 어려움을 겪게 된다. 안정된 상태에서 재물 면에서는 다소 여유를 갖게 되지만 심리적 갈등을 갖는 동시에 변화를 모색하게 된다. 여기의 변화는 자신에게 득이 되기보다는 생각지 않은 어려운 상황에 봉착하게 되니 가급적 안정을 추구하고 묵묵히 지켜나가는 편이 현명하다. 차츰 금전적인 이득권이 주어지는 시기이니 능력을 최대한 활용하기 바란다. 이성과의 만남도 있겠고 이 시기의 변화는 목적을 쟁취하는 중요한 계기가 될 수 있다.

■ 178

생활의 권태감을 느끼면서 의욕이 저하되는 과도기적 침체상태에 빠지는 때이다. 장래에 대한 확실한 비전도 없이 현 위치에서 도피하게 되는 일이 발생한다. 미래에 대한 막연한 기대감으로 현 상태의 일이 손에 잡히지 않고 불로소득을 꿈꾸게도 되는 것이다. 직장인은 직장을 그만두게 된 후 퇴직금으로 엉뚱한 일을 시작하려 하고 부부나 연인간에도 권태에 빠지기 쉽다. 이런 상황에서는 과도기적 상태에서 오는 심리적 불안정으로 인해 건강상태까지 나빠질 우려가 있으니 주의를 요한다. 확실한 비전 없이는 변동을 갖지 말고 현 상태를 유지함이 바람직하다. 따라서 새로운 사업이나 금전적인 측면에서 유통은 원만하며 능력과 의욕을 병합하여 추구함이 뜻을 도모할 수 있는 계기가 된다.

▣ 966

명예 및 위치의 확립으로 안정의 기반을 추구하는 가운데 제자리에 들어설 수 있는 여건이 조성되는 시기이다. 생활의 측면에서는 큰 도움이 된다고는 볼 수 없지만 안정이 바탕이 될 수 있는 상황이 주위에 존재한다고 볼 수 있다. 특히 문서 및 서류상의 일들과 많은 연관이 있으며 이를 위해 준비하였다면 이 기회에 성취할 수 있는 가능성이 큰 때이므로 취업을 원하는 사람이나 자격 취득을 위하여 준비하는 사람이 도전해 볼만한 가치가 있다. 명예 성취에 관계되는 시기이므로 분발하여 자신의 위치를 좀 더 다질 수 있도록 먼저 노력하기 바란다. 아울러 대인관계에서는 보증 담보는 피하는 것이 유리하다.

▣ 639

심리적으로 안정된 상태가 못 되니 불안하고 의욕이 저하되는 시기이다. 남의 일에 나서거나 개입하는 일은 가급적 삼가는 편이 손해를 막는 길이다. 특히 문서를 통한 보증이나 담보 또는 명예를 빌려주는 일은 그로 인해 자신에게 큰 손실이 있으니 주의해야 한다. 건강 면에도 침체된 상태이며 구설이 따르기 쉬우니 심리적인 부담과 갈등이 가중된다. 시간이 흐름에 따라 차츰 안정을 갖게 되고 갈등도 해소되는 상황이 기대된다. 항상 언행에 조심하고 모든 일에 있어 재확인하며 추진해 나간다면 안정을 유지하는 데 큰 어려움이 없다.

◼ 775

건강과 생활에 무리가 따르며 주위의 여건도 외적인 요인으로 작용하게 되는 상황이다. 본인의 능력이 부족함을 절실하게 느끼게 되며 이로 인하여 포기적 상태가 될 수 있다. 전반적인 의욕의 침체로 생활에 활력을 잃게 되며 건강상태도 같이 침체되는 이 시기를 극복할 수 있는 원동력으로 작용할 수 있게 된다. 끈질긴 집념의 자세를 계속 유지할 수 있도록 노력할 일이며 중도에 포기하지 않도록 자신을 더욱 격려해야 할 시점이다.

1	8	9
1	8	9
1	8	9
3	6	9

일년의 운세

어느 때 보다도 금전에 대한 인식이 강해지며 재물에 집착하게 된다. 능력을 한껏 활용할 수 있으며 목적을 성취함에 있어서도 재물과 문서가 따라주며, 변화, 변동이 아닌 주변의 도움으로 재물과 문서를 갖게 되고 이로 인해 모든 것이 형성되며 지속된다. 순리대로 순행하여 나아감이 안정을 지속하는 길이다. 투기에도 좋은 결과가 기대된다 하겠다. 다만 부족함이 없는 상태라 자칫 방종하기 쉬우니 신중히 처리해야 한다. 명예에도 좋은 시기이고 학생의 경우는 소망을 이루지만 건강이나 정신적 갈등으로 엉뚱한 일에 노력을 낭비하는 경향이 있으니 염두에 두고 본인의 임무에 충실하기 바란다.

◼ 189

바야흐로 주위 환경 및 나의 생활이 그전의 불안 상태를 벗어나게 되며 새로운 전기를 맞이하게 되는 때이다. 앞으로 발전적으로 이어질 여러 대상들과의 만남이 시작되며 그에 따른 결과가 하나 둘씩 나타나게 되는 것이다. 금전적인 강한 욕구가 충동되므로 이 시기에는 무엇이든 시작하는 것이 좋으며 미해결된 문제들을 해결할 수 있는 계기가 조성된다. 금방 싫증을 낸다든지 안도감에 빠져 미래를 그르치는 일이 없도록 스스로 주의해서 앞으로의 일들이 좋은 결과가 되도록 최선의 노력을 경주할 시점이다.

◼ 189

귀인의 도움으로 미해결된 문제들이 확실히 풀려나가기 시작하며 계속되는 호운으로 능력이 한껏 발휘되며 주위로부터도 인정을 받기 시작한다. 명예와 승진의 기회로 전반적으로 생활에 안정을 찾으며 미래에 대한 포부도 강해지게 된다. 애정, 금전, 승진 및 명예가 따르는 좋은 시기이니 하고 싶던 일들을 여러 방면으로 시도할 때인 것이다. 무슨 일이든지 결실을 맺을 수 있는 기회가 되므로 이 시기에 꼭 하고자 하던 바를 한 가지 정해 성취하도록 하면 장래를 위해서 더없이 좋은 일이 되겠다. 다만 시간의 흐름에 따라 더 잘 되겠지 하는 안일한 생각은 금물이라 하겠다.

◼ 189

일의 성과에 따라 현재를 돌보아야 하는 시기이다. 그동안 자신이 했던 일들의 진전 상태를 냉정하게 판단하여 현실성을 갖도록 마무리하는 작업이 필요한 때이다. 아직까지는 모든 여건이 순조로운 상태이나 뜻하지 않은 어려운 일이 발생하려고 하는 조짐이 보인다. 이제까지 인연을 맺고 있던 인간관계에 새로운 변화가 예상된다. 자신의 판단을 더욱 확고히 하면서 주위와의 융화도 충분히 생각해야 하겠다. 기존의 관계나 현재의 상태에 변화가 올 수 있는 가능성에 따라 이에 대한 대비가 요망되며 현실에 대한 적극성을 배가하기 바란다.

◼ 369

정신적이거나 육체적인 건강의 불안에 따르는 심리적 위축감을 느끼게 되며 명예에 치우치는 경향은 또 다른 갈등을 유발한다. 문서나 명예는 구설에 직결될 수 있으며 침체된 상태에서 정신적으로 갈등을 느끼며 의욕을 상실할 우려가 크다. 자신의 주장을 강하게 밀고 나가려다 드디어 상대로 하여금 구설이나 오해를 불러일으킬 소지가 크니 자기 능력을 과시할 필요는 없을 것이다. 한편 주위와의 융합이나 합리적인 문제 해결의 방법이 필요하며 주위에 대한 인식이 너무 단편적으로 치우쳐 오류를 범하지 않도록 해야겠다. 과로나 잡기를 삼가 건강을 지키고, 주관적이거나 감정적인 면보다 객관적인 면을 보유하여 나가면 좋은 면으로 뜻이 형통할 것이다. 성급하지 말고 감정을 억제하여 이성으로 대처함이 필요하다.

1	9	1
2	1	3
5	4	9
8	5	4

일년의 운세

상대의 의견에 가볍게 동조하지 말고 주관적 행동이 필요한 시점이다. 심리적인 갈등으로 인해 행동반경이 한층 좁아지고 주위에 권태감을 느끼며 단정적 기준을 둘 수 없다. 자칫하면 친구관계나 이성간에 배신과 배반의 상황이 난립되며 직장이나 동료 간에 불화가 연속되는 상태에서 현직을 탈피하는 경향이 크다. 또한 생각지 않게 옛날에 교제를 하던 친구나 이성을 만나게 되거나 주변 상황에 혁신적 계기가 조성되며 갈등이 지속될 수 있다. 따라서 즉흥적이고 본능적인 행동에 주의하며 이성을 갖고 차분한 정신적 안정이 필요하다. 그러나 과감한 실천을 통하여 문제의 해결과 아울러 안정을 되찾게 되며 문서를 통한 금전의 유통이 원활하다.

■ 191

이성간에 새로운 만남이 있으며 문서적으로 발전적 계기가 조성될 수 있으나 확장이나 무리한 활동의 전개보다는 원만히 대처하는 것이 최선의 길이다. 선택에 따르는 변화의 추구는 주위의 선배나 동료와의 대화를 통하여 관철시킬 수 있으나 너무 강인한 주장은 또 다른 불씨를 조성할 수 있으니 가급적 안정된 상태에서 하나씩 문제를 풀어 나감이 바람직할 것이다. 그리고 새로운 변화에서 직장이나 귀인의 도움은 좋으나 경솔한 처세에서 또 다른 갈등이나 심리적인 변화를 조성하여서는 안 된다. 한편 젊은 층에 따르는 이성문제는 현재의 상태가 침체와 결별의 과정으로 돌변할 수 있으며 따라서 복잡한 정신적인 문제를 유발할 수 있다.

■ 213

전반적으로 문서상의 문제로 주위의 여건에 동조할 수 없게 되며 현실적으로 받아들여지지 못하는 때이다. 한편 침착함을 잃고 능률이나 의욕마저 저하되는 시기가 될 수 있으니 자세히 점검, 확인하는데 신중을 기하는 것이 좋다. 특히 이성간에는 헤어짐이나 마찰의 우려가 있으니 스스로가 일보 양보하는 마음으로 감싸주기 바란다. 주위로 인하여 갑자기 돌변하는 경향이 있으니 가급적 중요한 거래 및 새로운 일의 시도는 삼가야 한다. 정신적 안정이 필요한 때이니 매사에 심사숙고할 때이며 아울러 혼란스러운 정신을 가다듬어 다른 오류를 범하지 않도록 철저한 자기관리가 필요한 시점이다.

■ 549

보다 과감한 자세로 현재까지의 상태를 재정비하는 과정에 돌입할 수 있으며 차분히 능률적인 방식을 취하고 뜻을 확고히 함으로써 성취감을 갖게 되며, 긴장되었던 마음이 다소 완화되면서 큰 무리 없이 안정감이 깃들게 되어 생활의 정상 궤도에 오르기 시작하여 좀 더 앞을 내다보게 되고 현 상태에 어느 정도 만족할 수 있는 시기이다. 어느 정도 과감성을 가지고 자신이 추구하는 바를 위해서 크게 분발하게 되는 시점이니 과욕하지 말고 꾸준히 일에 정진한다면 노력한 만큼의 성취감도 맛볼 수 있겠다. 그리고 행동 여하에 따라 크게 성패가 가름되는 때이므로 결과에 대한 의혹감과 불신을 떨쳐버리고 과감하게 실천에 옮김으로써 문서적 계약이나, 사업, 학업, 시험 등에서 준비한 만큼의 성과를 거둘 수 있도록 노력하라.

◨ 854

적극적이고 과감하게 일을 추진하면 노력의 대가를 어느 정도 보상
받을 수 있다. 다만 지금까지의 침체된 상태에서 어느 정도 벗어나
안정을 추구하지만 너무 욕심을 부리면 얻는 것보다 잃는 게 많아지
는 경우도 생긴다. 자신의 욕구가 재물에 집약되어 한층 분발하고
시간이 지날수록 능력이 발휘되어 물질적 안정과 함께 정신적 만족
을 갖게 된다. 억제된 욕구를 분출해도 주위에서 받아 줄 수 있는
여건이 조성된다. 자신 또한 안정감을 갖고 일을 처리할 수 있는 때
이다. 따라서 노력한 만큼의 성과로 마음의 여유를 가질 수 있도록
늘 겸허하게 대처하라.

2	1	3
5	4	9
5	4	9
3	9	3

일년의 운세

지금까지 지속되어 오던 모든 상황에 변화를 갖게 되는 경향이 있다. 이성간에도 새로운 만남이 오며 사업가에 있어서도 연관성이 있는 변화가 온다. 변화의 과정에서 의욕과 용기를 과감하게 활용해야할 깃이나. 귀인의 도움으로 새로운 뜻을 이루게 되며 이사, 직장의 변화 등으로 지금까지 지속되어 오던 주변과 헤어지게 되는 경우가 많겠다. 안정된 상태에서 조금씩 뜻을 펼쳐간다면 성취시킬 수 있으며, 뜻을 따라주고 도와줄 수 있는 동조자도 있겠고 명예도 따르게되는 상태이니 마음의 안정을 갖고 추진하면 사업이나 변화, 변동에 목적을 이루게 된다. 그러나 심리적 갈등과 함께 계약, 문서, 서류상의 문제가 대두되나 시간이 흐름에 따라 여유도 갖게 되고 안정을찾을 수 있겠다. 다만 확실하지 않은 문서적인 측면과 보증 담보는삼가야 하겠으며 건강관리에 신경을 써야 한다.

■ 213

귀인의 도움으로 생활반경이 넓어지는 과정에서 능률이나 의욕이강해지고 장래를 더욱 발전적으로 만들기 위한 포부가 커지는 때이다. 새로운 사람이나 재물의 접촉이 미래에 대해 한층 기대감을 불러일으키게 하며 자기에게는 자극으로 작용하는 것이다. 그에 따라 지금까지의 생활환경으로부터 어느 정도 벗어남으로써 더 큰 변신을 추구하지만 아직은 역부족의 상태이므로 불안정한 상황을 초래해 심리적 갈등을 겪게 될 우려가 크다. 대체로 새로운 상태에서 욕구가 강해짐에 따라 기존의 관계 및 상태로부터 이탈하게 되고 또한 주위로부터도 멀어지는 결과를 초래하게 되므로 자신의 배려와 노력이 요망된다. 예상치 않았던 상황이 닥쳐와서 심리적 갈등을 겪기 쉬우니 안정을 취함이 바람직하다.

◼ 549

노력보다는 안정을 추구하여 결과를 도모하는 것이 기대 이상의 효과를 나타낼 수 있으며, 일시적으로 의기소침해져 있는 상태에서 벗어나 점진적인 발전으로 나아가고, 또한 이러한 상태를 극복하기 위해서 나름대로의 새로운 시도를 통해서 안정을 도모하려고 하는 시기이다. 현 위치에서 무엇을 해야 가장 좋은지 확실한 결정은 내리지 못한 상태이지만 분명히 어떤 시도를 하기 위한 최선책을 강구해 보는 시점이다. 행동이 결과로 나타나기에는 제반 여건이 부실한 상태이므로, 공부하는 자세로 생활에 대처해 나감이 좋으며 특히 물질적, 정신적 안정을 도모하기 위한 노력이 필요한 때이다.

◼ 549

다소간의 성취도 있지만 아직은 불안한 상태 속에서 일시적인 안정을 갖는 상황이다. 소홀해진 인간관계의 증진을 꾀하며 또한 관계의 발전을 위해서 노력하는 상태이다. 노력에 대한 실적은 크게 오르지 않으나 어느 정도 능률적인 삶의 방식을 취하게 되는 시기이다. 급변했던 주위환경의 변화 속에서 고독감을 느끼게 되며 다시 현실과는 다른 입장에서 사물을 보게 된다. 분발하려는 노력 속에서 약간의 결실을 가질 수 있으나 미래를 대비한 투자의 시기로 봄이 바람직하다. 전반적으로 안정을 도모함이 좋으며 문서적인 변화나 변동은 좌절의 시기를 맛볼 수 있는 상황에 대비할 수 있는 마음가짐이 필요한 시기이다. 성급히 말고 단계적인 측면에서 시간을 갖고 검토, 분석하도록 노력하라.

◼ 393

생각대로 새로운 일의 진전이 오지 않아 갈등을 느끼는 시기이며 뜻하지 않던 주위 상황의 어려움으로 건강에도 무리가 따른다. 갈등에서 능력이나 의욕의 상실로 인해 갈 길이 장애에 부딪히며 현실로부터 탈피하고 싶은 생각과 엉뚱한 곳에 에너지를 발산하게 되는 경향이 있다. 좌우충돌하는 현실적 어려움 속에서 비현실적인 어떤 대상에 자신을 몰입시켜 현실을 잊어버리려고 하나 오히려 상황만 더욱 악화시킬 뿐이다. 현재의 위치에서 자기가 할 바가 무엇인지 판단한 후 그 하나를 위해서 최선을 다할 때 이 시기를 극복하는 길도 좋으며, 심리적이거나 정신적인 측면은 여유 있는 마음가짐으로 독서, 음악 감상 등을 통하여 정서적 안정을 추구할 수 있도록 노력하라.

2	2	4
6	6	3
9	9	9
8	8	7

일년의 운세

현 상태에서 과감히 탈피함으로써 새로운 도약을 갖게 된다. 활동적
으로 움직이는 곳에 이익이 따른다. 명예가 따라주며 자신의 의지대
로 밀고 나간다면 목적을 이루게 된다. 과감하게 도전하여 뜻을 쟁
취함에 있어서도 좋은 시기라 하겠다. 현 상태를 벗어나 외국으로
나가거나 타지방으로 나가 능력을 발휘한다면 성취감도 얻게 된다.
목적을 추구해 나감에 있어 능력을 최대한 활용할 수 있으며 금전적
으로도 안정을 갖게 되니 투자에도 좋은 결과가 기대된다. 건강에
유의하면서 자신의 뜻을 추구하는 실리적인 면도 게을리 하지 말아
야 하겠다.

■ 224

안정을 갖지 못하던 상태에서 변화를 통해 환경을 바꿔봄으로써 침
체된 국면을 탈피하여 발전적인 전망이 나올 수 있다. 새로운 활력
을 가지고 일을 추진하면 예상보다 급진전될 수 있으며 빠른 안정으
로 된다. 변화나 변동은 능력을 좀 더 적극적인 측면으로 몰입할 수
있는 마음가짐에 의해 결정될 수 있으며 과감한 도전이나 의욕에서

성취감도 느낀다. 변화, 변동에 따라 안정을 갖고 충분히 자신의 능력을 발휘할 수 있는 전지가 될 수 있으므로 충분한 사전 준비가 필요한 시기라 하겠다. 다만 변화의 방향을 한 곳으로 정하지 못할 때는 원하던 방향과는 정반대의 결과를 초래할 수 있으므로 신중을 기하고 현 위치를 고수함이 바람직하다.

▣ 663

한 가지에 만족할 수 없는 상태이며 의욕적인 일의 추진과 변화의 연결로 인해 주위 여건이 나를 인정할 수 있는 상황이다. 다만 일괄적이지 못한 입장에서 명분을 내세우려 하는 경향이 있을 수 있다. 주위로부터 구설이 따르기 쉬우며 순조롭던 일의 전개가 변화를 겪게 되어 다른 길로 접어들기 쉬운 상황이다. 활동의 영역을 넓혀보려는 마음은 간절하지만 정신적인 안정의 결여와 문서적으로 오는 갈등으로 몸과 마음이 따라가지 못해 갈등을 겪게 되는 상태이다. 확실한 준비와 판단 없는 변화의 시도는 안정을 잃게 만드는 요인으로 작용한다. 차분한 상태에서 상황의 흐름을 파악하며 그 흐름에 충분히 대처할 수 있는 능력을 키움이 절실히 요망된다.

▣ 999

현실에 안주하지 못하고 다른 곳에 생각이 머물러 있어 현재의 위치에서 잠시 벗어나 보는 길을 택하게 되는 상황이다. 따라서 외국으로 나가거나 여행을 함으로써 점진적 발전이 예상되며 외부에서 승산의 기회도 표출될 수 있다. 변화의 추구 속에서 발전을 가져보려는 생각이 장애에 부딪쳐 있는 상태이며 확신이 부족하므로 잠시 망설이는 시기이다. 이러한 불안정한 상태에서는 외부적인 분야에서 능력을 활용하는 기회를 다음이 생활에 적용시켜 볼 수 있도록 노력하여야 한다. 갈등이나 의욕과 욕망에서 허탈한 경지에 돌입될 수 있으나 묵묵히 현실을 지켜나감이 빠른 발전의 도약이 될 수 있음을 명심하도록 하라.

▣ 887

금전의 유통으로 소득이 뒤따르며 생활에 의욕과 활력을 되찾으며 안정을 추구하게 되는 시기이다. 완벽을 추구하기 쉽고 행동력이 결여되기 쉬운 본인의 성격은 기회가 와도 잡지 못하는 경우가 많으니 과감한 투자의 정신을 가지고 밀어붙여 볼 수 있도록 하라. 불안정했던 건강 및 심리상태를 다소 회복할 수 있으며 자신과 환경에 대한 자각이 싹터 주위도 돌아볼 수 있는 시점이다. 바쁘게 뛰다보면 자신의 위치도 확고해지며 판단이나 의욕이 강하게 집약되는 시기이다. 주위에 신경 쓸 겨를이 없겠으나 이 시기에 많은 배려와 투자는 곧 자신에게 큰 힘이 되어줄 것이니 나만을 생각하는 자세는 바람직하지 못하다 할 것이다. 일시적으로 일이 손에 잡히지 않으며 허황된 생각에서 판단에 실수가 따를 수 있으므로 경솔하게 뛰어들지 말고 안정을 유지하여 다음을 기약하는 자세로 여유를 갖고 대처할 때 성취감을 느낀다.

2	3	5
7	8	6
4	5	9
4	7	2

일년의 운세

스스로 자신을 개척하는 것이 한층 생을 폭 넓게 보는 것이다. 건강에 신경이 쓰일 때이며 한층 의지를 강하게 느낄 때이다. 오랫동안 신뢰를 유지하며 폭넓게 인간관계를 조성할 수 있는 방안을 모색하라. 금전이나 명예가 따라줄 수 있으며 문서적인 면에도 안정을 유지한다. 한편 경쟁자가 많으나 독단적 판단에 따른 행동보다는 윗사람의 조언이 가장 좋은 해결 방안이라는 것을 알고 수렴할 줄 아는 융통성이 필요하다. 독선적인 행동이나 자만적인 경향을 갖고 상대를 대할 때에는 매사를 풀어가는 속도가 지연될 우려가 크다. 일정한 목표를 확실을 갖고 정확히 밀고 나아가는 것과 상황에 대한 원만한 처세가 중요하다. 집착적인 경향에서 무리한 행동은 건강의 악화나 심신의 피로를 가중시키기만 한다.

◼ 235

변화와 더불어 심리적인 갈등이 대두되면 안정을 갖지 못하니 불안하고 갈등이 심화된다. 마음의 갈등이 앞서니 변화를 추구하지 말고 그대로 묵묵히 지켜나감이 현명하다. 때로는 의욕이나 욕구나 좌절

되며 심리적 갈등과 함께 건강상태도 좋지 않으니 의욕이 상실되고 능력을 제대로 발휘하지 못하게 되니 차라리 중용을 지켜 원만한 상태를 유지함이 좋다. 사업에 있어서도 변동이나 확장은 피하는 것이 좋다. 자신의 판단아래 행동으로 옮기지만 좀처럼 만족을 느끼지 못하니 안정을 유지하고 현 상태를 지켜감이 최선책이라 하겠다.

■ 786

추진하고 있는 일을 끝까지 밀어붙이는 과격한 변화를 통해 명예와 재물이 뒤따르며 적극적인 사고방식을 갖고 행동으로 옮겨라. 목적한 바를 쟁취할 수 있게 되므로 강한 의욕에서 솟아나는 힘을 기회로 삼아라. 재물이나 명예를 추구함에 있어 가급적이면 안정을 유지하는 쪽으로 목적을 추구해야 한다. 노력에 대한 대가로 재물과 명예가 따라주며 원만하게 주위를 유지해 가면서 뚜렷한 목적 아래 욕구를 충족시켜야 한다. 명예나 문서는 좀 더 신중한 자세에서 상승세로 돌입되니 지금까지의 생활보다는 좀 더 분별력 있는 행동이 요망된다. 물론 세심한 점에서 정신적인 갈등도 따르나 그러한 점을 보완하며 행동으로 옮길 수 있는 계기가 조성되면 뜻을 이룬다.

■ 459

주위와의 유대관계가 원만히 이루어지는 가운데 점진적으로 도약되며 안정된 분위기로 전환되는 시기이나 현 상태의 유지보다는 좀 더 과감하고 적극적인 행동력이 요구된다. 주위와 또 한 번의 충돌이 있을 수 있으나 소신대로 밀고 나가면 가정이나 직장에서 결실을 맺을 수 있다. 전반적으로 진보의 일보는 안이한 자세보다는 진취적인 행동력에 달려 있다. 문서에 관련된 일들은 의도대로 유도되어지면서 능력도 인정받을 수 있는 시기이다. 그러나 항상 원만한 처세 방법으로 자기 능력의 한계를 인정하고 권한 밖의 일에는 관여하지 않도록 한다. 노력한 만큼 보상이 부여되고 벌여 놓은 일에 좋은 결과가 엿보이는 시기이다.

정신적인 안정을 추구하지만 다소 생활 여건이 다소 순조롭지 못해서 오히려 심적 갈등만 더해가는 상황이다. 미래의 설계는 마음속에 꽉차있지만 현실에 착수하기에는 아직 이른 시기이다. 변화되어 가는 주위 상황 속에서 나를 찾아야겠다는 자각이 일며 주위의 현실상황을 비교, 검토하게 되는 때이다. 큰 발전적 상황을 가져올 수 있는 여건이 아니지만 조용한 가운데 조금씩 변화를 추구하는 시기이다. 착실한 생활태도와 진지한 삶의 자세는 곧이어 오게 되는 호운을 가질 수 있으므로 즉흥적이거나 돌발적인 어떤 시도는 절대 금물임을 명심하여야겠다. 정말 해야 할 일이 무엇인지를 판단하고 결정할 때 주위와 융화하고 자문을 구하는 입장에서 다음을 준비하기 바란다.

2	4	6
8	1	9
8	1	9
9	6	6

일년의 운세

발전적이며 안정에 한층 치중하는 때이다. 희망적인 상황이 이어 전개되므로 목적의식이 강할 때 추구하는 목표와 아울러 정신적인 안정도 부여해야 한다. 한편 자존심이나 독자적인 판단이 강하여 독불장군 행으로 흐르는 경향이 많다. 물론 생활이나 금전적 안정이 충족되는 상태에서는 자만하게 되는 것이 인지상정이라 하겠으나 겸양하는 자세로 상대와의 진실한 대화가 최상의 길이다. 금전, 명예가 따르며 이성간에도 좋은 일만 따른다. 목적을 달성하기에 시간적으로 충분하니 폭넓게 활용하여 문서나 명예에 한층 박차를 가함이 좋을 것이다. 미혼으로서 지연된 상태의 이성관계라면 최고의 기회이다. 더 이상 미루지 말고 쌍방의 부모로부터 합의를 끌어내기 바란다.

■ 246

생활이 제자리를 찾기 시작하여 심리적 안정을 갖는 가운데 앞일을 착실히 준비하는 과정에 있는 때이다. 전에 불안정했던 상태가 조금씩 호전되면서 현 위치도 확고해지기 시작하고 주위로부터 인정받기 시작한다. 점차 왕성해지는 의욕 속에서 성취력을 가질 수 있는 전기가 되는 때이다. 앞날을 대비한 투자가 필요한 때이며 무엇을 성취할 것인가를 확고히 해야 하는 때이다. 지금 하고자 하는 바는 충분히 검토, 분석이 필요하며 성급함을 자제하는 것도 필요하다. 안정을 바탕으로 긴 안목과 조언, 자문이 목표를 설정하는데 지침돌이 될 수 있는 때이다.

▣ 819

생활에 안정을 갖는 가운데 계획한 일들이 차츰 풀려가기 시작하는 때이다. 또한 하고자 하던 일들의 계획과 여건이 조성되기 시작하며 경제적인 안정도 따라 자신의 뜻을 펼쳐나갈 수 있는 길이 열리게 된다. 직장이나 사업, 학문, 이성간에도 일의 진전이 순조롭게 이루어지고 주위로부터도 인정을 받기 시작한다. 의욕이 충만해지기 시작하며 일의 능률도 오르고 빠른 진전이 예상된다. 다만 한 가지씩 확고하게 이루도록 노력할 것이며 당분간 이어지는 호운을 적극 활용하기 바란다.

▣ 819

하나하나 하고픈 일들을 성취할 수 있게 되며 일에 능률이 오르고 결과가 곧 눈에 띄게 되는 시기이다. 자신의 능력도 충분히 인정을 받는 가운데 생활을 영위하게 되며 주위로부터도 호의적인 제안이 들어온다. 다방면에 관심이 많아지게 되고 쓰는 만큼 다시 생기니 자신감을 갖는 가운데 대인관계도 내가 원하는 방향에서 지속할 수 있다. 가히 전성기라고 할 수 있는 시기이다. 문서 및 계약상의 일들에 있어서도 원하는 방향대로 이루어지기 시작하고 더욱 비약적인 발전의 토대가 될 수 있으며, 이제는 자신의 성취를 이루는 가운데 주위도 함께 포용하여 더불어 이루어 가는 것이 가장 바람직하며, 경솔한 욕심은 구설에 오를 수 있으니 대비할 수 있도록 하라.

▣ 966

 의욕과 욕구가 강인한 한편, 문서나 명예에 따르는 변화는 좋은 측면으로 대두된다. 능력을 발휘할 수 있는 기회도 주어졌으며 미비한 상태에서 정체되었던 것들이라면 이 시기를 적극 활용하여 타결을 볼 수 있다. 사업가는 이 시기에 더욱 박차를 가하여 자신의 의도대로 밀고 나가면 성취감을 느낄 수 있으며 공직자는 명예를 추구하는 과정에서 좋은 이변을 낳게 된다. 그러나 너무 명예나 문서에 강한 욕구를 표출하면 오히려 구설이나 모함이 따를 수 있다. 문서적인 분야에서 타인의 일에 깊이 관여할 필요는 없을 것이다. 안정된 상태에서 순리적으로 풀어 나가면 좋은 변화나 변동으로 연결되니 가급적 자신감과 함께 원만하고 일관된 시각에서 문제를 풀어 나가면 기쁨이 따를 것이다.

2	5	7
9	3	3
3	6	9
5	5	1

일년의 운세

전반적으로 생활에 큰 변화와 혁신적인 변모가 예상되는 한 해가 된다. 변화 속에서 갈등을 겪는 가운데 주위로부터 이율배반적인 상황이 초래되기도 한다. 또한 심리적으로 안정적이지 못한 상태에서의 이성교제는 자칫 본능적인 행동이 앞서 실수가 따른다. 항상 자신의 주장보다는 주위의 의견을 수렴하여 지혜롭게 임하는 자세가 필요하다. 신경이 많이 쓰이는 때이며 때로는 의욕이 저하되는 면을 타인에게 발산하는 경향이 있어 스스로 자제하는 극기의 정신이 뒤따라야 한다. 노인의 경우 자칫하면 건강의 악화로 인하여 위기를 느끼는 때이며 젊은 층은 의욕이 상실되기 쉬운 때이니 침체된 행동과 원만한 처세에서 자신을 개척함이 가장 요구된다.

■ 257

 과욕이나 과신으로 인해서 순조롭던 생활이 어려움에 부딪치게 되는 상황이다. 뜻하지 않던 주위의 변동이나 변화를 맞이하게 되니 현실에 갈등이 따른다. 심리적 불안정과 현실에 대한 부조화로 상황은 더욱 더 이상한 상태에 빠지기 쉬운 것이다. 다른 어떤 것을 즉

시 시도해야 하지 않겠느냐는 초조하고 조급한 심리 상태에서 현 상태를 탈피하려고 하나 현실을 직시하고 묵묵히 지켜 나갈 때이다. 욕구만일 뿐 확실한 대안이 없어 불안정한 상태이다. 따라서 불안전한 시도를 하기보다는 현 위치에서 현재의 상태를 유지하는 것이 바람직하다.

■ 933

정신적인 안정이 결여되기 쉬우니 자신만의 입장에서 생각할 때가 아니며 혼자의 판단보다 주위의 포용이나 상대의 의견을 수렴함이 빠른 발전으로 나아가게 한다. 지금의 상태로서는 도전적인 입장보다는 원활한 관계를 유지하며 안정적인 측면에서 대처하는 것이 이상적일 것이다. 한편 건강적인 측면도 고려하여 몸과 마음의 갈등에 휘말리지 않도록 유념하여 안정 위주로 추구함이 최선의 방법이다. 항상 심리적인 안정을 도모하는 한편 이상과 현실을 고려하여 모순된 점이 없도록 단계적으로 쌓아나갈 때 해결의 실마리는 풀릴 수 있을 것이다. 따라서 자신의 결함에 대처하며 주위의 여건을 적극 활용하여 해결의 실마리를 펴 나갈 수 있도록 해야 할 때이다.

■ 369

충분한 비교 검토 없이 시도했던 일의 결과가 명예의 손상 및 주변 관계에 대한 악영향으로 나타나게 되는 시기이다. 독단적인 사고방식의 길을 가려고 하나 뜻밖의 문제에 부딪쳐 어려움을 겪게 되는 것이다. 능력을 잘 파악하여 분수에 맞는 여건의 조성에 힘씀이 바람직하다. 아집과 독선이 자칫 큰 화를 불어 일으킬 수 있는 때이다. 주위의 여건과 갈등에서 부딪치는 어려운 문제 속에서 곤란을 겪지만 나의 갈 길을 분명히 알 수 있는 전기가 될 수 있음도 명심해야 한다. 모든 문제들을 한 번에 해결하려 들지 말고 하나씩 중요하다고 판단되는 일부터 해결해야 한다.

▣ 551

　계속되는 뜻밖의 상황의 연속으로 전과는 다르게 행동해야만 하는 여건에 당황하는 상태이다. 주위로부터 평소의 자신과 생활태도가 달라졌다는 소리를 들을 수 있으며 행동이 생각지 않은 방향으로 흐르게 되는 경향이 있다. 순조로운 일들이 돌발적인 사태의 발생으로 어려움을 겪게 되며 건강도 순조롭지 못한 경우가 많아 심리적 불안에 빠지는 시기이다. 현실을 급변시키기 위한 극단적인 방안을 도모하기 쉬우므로 신중한 판단과 분별력이 필요하다. 주위의 도움을 받아들일 수 있는 자세를 가지고 상대에 귀를 기울임이 요망되며, 이성이나 타인으로 인한 손해를 자초할 우려가 있으니 현실성 있게 대처하는 방안 모색이 필요하다.

2	6	8
1	5	6
7	2	9
1	4	5

일년의 운세

문서에 따르는 변화적인 측면에서 명예도 따르나 과욕을 내포할 경
우 도리어 구설이 뒤따르는 경향이 있다. 심사숙고하여 자신의 주관
적 사고방식을 타인에게 우기지 않는 책임 있는 행동이 뒤따르면 주
위로부터 호평을 받게 되니 순리를 택하기 바란다. 발전적 과정에서
는 명예와 문서적인 측면을 신중하게 택하여 결여된 부분이 없는가
를 확인하고 행동에 옮겨야 한다. 지금까지 추진하던 문제가 때로는
의외로 빨리 풀려나갈 경우도 있으니 문제의 해결을 성급하게 생각
하지 말고 차분히 검토해야 할 시점이다. 이성간에 좋은 변화를 모
색할 수 있으며 밝은 전망에 주위로부터 호감을 받을 수 있다.

■ 268

자신의 의도대로 변화, 변동의 조짐이 보이며 실제적인 행동으로
옮기게 된다. 뜻을 관철하기에는 다소 힘겨운 상태라고 생각할지 모
르나 이런 경우 환경적 조건에 동조하며 소신껏 추진하면 뜻을 이룬
다. 특히 명예, 문서에서 발전된 상황을 불러일으키니 사업가는 계획
의 추진이 무난하며 공직자는 명예가 뒤따르고 승진의 뜻을 이룬다.

때로는 좀 더 과감하게 밀어붙이는 결단이 필요하니 일관된 상태로 밀고 나가는 것이 용기의 원천이 될 수 있다. 또한 적극적으로 변화나 변동에 주관을 갖고 밀어붙이게 되는 경향이 있다. 지금까지 침체된 상태를 탈피하는 용단과 좀 더 폭넓은 인간관계에서 뜻을 이룰 수 있도록 하라. 일시적으로 예상치 못한 금전의 유출이 발생하기 쉬우며 미리 대비하는 것이 효과적이다. 아울러 문서적인 측면이나 보증 담보는 가급적 자제를 요한다.

▣ 156

귀인의 도움도 따르며 자신이 추구하는 상태에서 발전적인 변혁의 계기가 조성된다. 현실적으로 과감하게 자신의 의도대로 밀고 나감에 성취감을 느끼게 되며 따라서 강한 의욕이나 욕구로써 상대로 하여금 뜻을 따라오게 하라. 너무 두들겨 보는 성격에서 탈피하여 리더십을 발휘함으로써 명예나 문서적으로 능력을 적극 활용하여야 한다. 주위의 협력과 아울러 이성과의 만남이 자기의 이상이나 뜻을 펴나가게 하는 활력소가 될 수 있다. 문서적인 면이 지연된 상태라면 실속 있게 큰 이익으로 부각될 수 있으며 명예나 권위적인 분야에서도 쟁취 감을 느낄 수 있을 것이다. 다만 확신과 과감성이 결여되어 행동으로 옮기지 못하는 경우에는 좋은 계기가 따르더라도 실현을 못 보는 경우가 발생한다. 성취의 가능성은 의욕에 비례한다고 할 수 있겠다. 성급하지 말고 주위와 자신을 돌아보며 여유를 갖고 대처함이 바람직하다.

▣ 729

어느 정도 위치와 기반을 가진 상태에서 더욱 발전을 도모하려는 상황이다. 심리적인 마음의 안정은 갖지 못했지만 주변 여건은 능력을 적극 발휘하기에 무난한 상태로서 노력 여하에 따라서 더욱 안정적인 기반이 조성된다. 급진적인 상황의 변화도 자신의 철저한 준비와 적극적인 자세에 따라 가능한 시점이다. 일시적인 어려움에 동요되지 말고 입지를 확고히 해두는 자세가 요망된다. 주위와의 연결을 통한 도움도 능히 구할 수 있는 시기이다. 이름 및 명예에 손상이 가지 않도록 미리 대비하여 분별력 있고 신중한 자세를 가져 보도록 함이 문서적으로 손실을 자초하지 않게 된다.

■ 145

점진적인 안정으로 진입될 수 있으며 이성의 만남이나 귀인의 도움도 따를 수 있다. 현재의 상태는 안정적인 측면에서 주위를 포용하는 과정으로 그 흐름을 타야 할 때이다. 따라서 추구하는 변화나 변동은 가급적 여유를 갖고 대처함이 바람직하다. 성급한 측면은 또 다른 문제를 파생시킬 수 있으며 지금까지의 상태에서는 금전적인 실리를 추구할 수 없을 것이다. 침착하게 자신을 관리하여 실수하지 않도록 할 것이며 타인과도 적극 의논하여 좋은 기회를 가져올 수 있도록 하기 바란다. 때로는 타인의 능력을 발휘할 수 있게 하는 편이 오히려 더 큰 이익으로 다가올 수 있으며 귀인의 도움으로 명예적인 기회도 얻을 수 있는 상태이다. 아전인수 격의 방법이나 자기의 주관적인 입장만 고수하지 말고 원만히 도모하는 가운데 집념을 끌어 나가면 소기의 목적을 달성할 수 있다.

2	7	9
2	7	9
2	7	9
6	3	9

일년의 운세

대수롭지 않은 일에서도 심리적인 갈등과 스트레스로 의욕이 감퇴되는 경향이 있으며 진취력이 저하되고 조급한 처리를 하게 되니 실수가 따르기 쉬운 시기이다. 자신의 뜻을 이루기에는 보이지 않는 장애가 많고 고심하게 되며 주위로부터 구설관계가 뒤따르기도 하니 특히 근신하여야 한다. 침체된 인간관계를 활성화시키기에는 많은 애로가 따르니 성급하게 나서지 말고 깊이 있게 진일보하는 방향에서 돌파구를 찾도록 함이 필요하다. 현실적응이 순조롭지 못하나 변화, 변동에 따르는 다소의 활력은 가질 수 있다. 한편 능력에 한계를 느끼더라도 좌절하지 않는 인내력이 요구된다. 또한 건강이 불규칙적이며 저조하기 쉬운 때이니 명심하여 무모한 일은 도모하지 말며 주위의 도움을 요청하는 것도 바람직하다.

■ 279

능력보다 주위의 여건에 동조하면서 자생하는 것이 필요한 방법론이라 할 수 있으며, 현실적으로 받아들여지는 상태가 되어 있지 않음으로 의욕이 저조하며 능률을 갖지 못하는 비현실적인 측면으로 돌입될 수 있다. 따라서 의욕이나 욕구를 불러일으킬 수 있는 긍정적인 자세가 필요하며, 건강도 정신에서 영향을 받는 상태이기 때문에 심리적인 면과 정신적인 면에서 문제가 대두되며 자신의 뜻을 관철하는 데는 시간이 걸릴 우려가 크다. 순리를 택함이 필요하며 능력을 어떻게 활용하여 문서적인 분야에서 돌출될 수 있느냐 하는 것이 중요하다. 우선 정신적인 자세가 능력과 재력으로 병합될 수 있는 시기이다. 또한 스스로 배타적인 상황으로 돌입되면 고독감에 사로잡히기 쉬우니 명심하여 주위와 원만히 나아가기 바란다.

◼ 279

생각대로 되지 않는 현실상황 속에서 심적인 중압감을 느끼게 되며 건강까지 침체되는 시기이다. 이러한 현실로부터 탈출하려는 성급한 시도는 자칫하면 더 큰 화를 불러일으키게 되는 결과를 초래한다. 생각과는 다른 상황에 얽매이게 되며 일의 능률이 오르지 않고 만남에서도 좋은 결과를 가져오기 어렵다. 계획했던 일들이 순조롭지 않으며 예정보다 긴 기간이 필요하게 되므로 규모를 줄여야 하는 어려움이 있다. 이러한 상태에서는 가장 중요하다고 여겨지는 어느 한 가지 일에 힘을 모아야지 그렇지 않으면 모든 것에 침체 국면을 맞이하게 된다. 문서나 서류에 연관된 분야에서 미래를 위한 배움을 얻을 수 있는 일이 있다. 냉철한 판단력과 함께 쉽게 동요하지 않는 신중함이 요망된다.

◼ 279

반복되는 상황의 흐름 속에서 자신의 확고한 주관마저 잃을 우려가 있는 상황이다. 주위를 위해서도 힘써줄 처지가 못 되므로 섣부른 시도는 신뢰도만 떨어뜨리게 되는 결과를 초래한다. 애쓰고 나서도 신용마저 잃게 될 수가 있으므로 나서기보다는 주위의 도움을 요청함이 이 시기를 벗어날 수 있는 면으로 작용한다. 신념이나 능력에 회의감을 느낄 수 있으므로 하려고 하던 바를 맹목적으로 추구하기

보다는 한 걸음 물러서서 자신의 판단력을 길러야겠다. 이 시기는 심신의 수양을 가져보는 기회로 삼을 것을 권장한다.

▣ 639

변화적인 주위 여건 속에서 자신의 입지를 다시금 확인하게 되며, 독자적인 일에 대한 욕구가 강해지고 안정을 갖지 못하던 생활에 새로운 욕구가 솟구친다. 생활과 연관되는 여러 가지 주위 여건 속에서 불화가 발생하기 쉬워 세상을 원망하기도 하며, 특히 명예와 직결되는 부분에서 어려운 일들이 발생하기 쉽고 자신에게 미치는 영향력이 지대하다 하겠다. 분별력 있는 행동이 크게 요망되며 정신적, 육체적 건강관리에도 힘써야겠다. 서류나 문서상의 섭외를 통해서 이 시기를 극복할 수 있는 기회가 올 수 있으나 아직은 시기상조에 해당되며, 안정을 바탕으로 검토, 분석하여 뚜렷한 명분이 없이는 나서지 말아야 한다.

2	8	1
3	9	3
6	3	9
2	2	4

일년의 운세

자신의 뜻대로 움직여지지 않으니 초조하고 답답한 심정에 쌓이기 쉽다. 사소한 문제가 대두되고 타인의 방해가 있기 쉬우며 다 이루어진 일도 시일이 경과되는 때이다. 그러나 바른 이해력과 상대를 깊이 파고드는 철저한 통찰력을 발휘한다면 현실은 오히려 좋은 결과를 가져올 수 있다. 조급하게 굴지 말고 신경질적인 행동을 피하여 온화하게 받아들일 수 있는 자제력을 가지면 뜻이 관철될 수 있다. 상대의 호전적인 면에 신경을 집중하기 보다는 깊이 상황의 흐름을 관찰하고 철두철미한 자기방어가 우선 앞서야 된다. 실물수도 따르며 들어온 재물이 다시 빠져나가는 때이나, 현실대처에 넓은 포용력을 발휘하여 융통성을 살려 간다면 변화, 변동적 상황으로부터 새로운 의욕과 활력을 가질 수 있다.

■ 281

변화, 변동에 대한 욕구가 강해지며 다소간이 경제적인 여유도 생겨 생활에 의욕을 되찾게 되는 시점이다. 새롭게 연결되는 만남이나 일들이 발생하며 이로 인해 생활에 한층 활력을 갖는다. 노력과 아울러 주위의 여건을 올바로 활용한다면 그동안의 침체적 상황을 벗어날 수 있는 큰 계기가 될 수 있다. 우선 금전적인 안정권에 돌입되고 의욕과 욕구가 강하게 작용하며 하는 일에 성취감을 느낄 수 있다. 그러나 기본적으로 확고한 안정을 갖지 않은 상태이므로 차후 예기치 않은 상황의 발생에 크게 당황하게 될 소지가 있다. 현 시점에서 능력에 맞지 않는 시도는 앞으로 큰 화를 불러일으키는 요인이 될 수 있으며, 과다한 투자나 지출에 주의해야만 하며 여러 면에서 미래를 대비하고 저축하는 자세가 요망된다.

◼ 393

뜻하지 않던 재물 등의 손실로 어려움이 생기는 때이다. 어느 정도 새로운 안정을 가지고 생활을 시작하려고 했으나 자신 및 주위의 생각지 않던 우환의 발생으로 실의에 빠지기 쉽다. 그전보다는 현실을 타개할 수 있다는 의욕으로 인해서 충분히 어려움을 극복할 수 있는 여건이 다시 조성되기 시작한다. 과감한 변신을 통해서 이제까지의 사고방식과는 다르게 현실을 받아들여 다른 각도에서 문제해결을 도모할 수 있게 된다. 하나의 과도기로 이 시기를 받아들여 자신과 수위의 화합을 통하여 안정을 가질 수 있도록 적극 노력하기 바라며, 정신적 갈등은 예기치 않은 금전적 손실을 초래하여 삶에 의욕마저 잃게 됨을 명심하도록 하라.

◼ 639

명예적 안정과 함께 다소 금전의 회복이 있으니 우호적인 주위 분위기 속에서 의욕과 활력을 되찾을 수 있다. 지연된 상태를 종결짓는다는 정신적 자세가 필요하니 확고하게 다져 나감이 필요하다. 건강의 침체 및 불의의 사건의 발생, 계약상의 과실 등으로 생활의 리듬이 깨어지며 재산상의 손해도 발생하기 쉬운 상황이다. 확고한 소신이나 분별력 없는 행동이 큰 화를 불러일으키기 쉬운 시기로 명예의 손상까지도 발생하기 쉽다. 자신과 관계되는 일들은 특별히 신중하게 행동함이 요망되며 결과를 사전에 충분히 비교, 검토해 보는 자세로 임해야 할 시기이다. 다가올 변동적인 상황에 대비해 스스로 현 상태를 점검하여 위치를 파악하며 나아가야 할 시점이다.

■ 224

현 위치에서 탈피하거나 새로운 변화를 모색하는 것도 바람직할 것이다. 그것은 또 다른 변화에서 활력을 강하게 불러일으킬 수도 있으며 지금까지의 침체에서 벗어나서 발전적인 도약의 계기가 될 수 있다. 직장인은 변동, 사업가는 재정비의 용단을 실행에 옮김으로써 기대되는 만큼 좋은 결과를 맞이하게 된다. 위로부터 정신적, 육체적 변화, 변동의 동기를 부여받지만 다음의 상황이 곧 발전으로 변모할 수 있으니 과감한 혁신이 필요함을 느끼고 흐름을 파악하고 실현하도록 하라. 안정을 상실할 우려가 큰 시기이므로 더 이상 변화적인 상태로 주위 상황에 민감하게 동요되지 말고, 스스로 주체의식으로 미래를 설계하여 안정감을 확보하기 바라며 금전적인 관계에서는 성급하게 나서지 말도록 하라.

2	9	2
4	2	6
1	8	9
7	1	8

일년의 운세

문서나 명예적인 측면에서 자신의 뜻이 관철되며 지금까지 지연된 상태가 원활히 이루어진다. 이러한 상태에서는 주위의 동조를 백번 활용하여 발전하는 계기와 활력으로 삼아보는 것이 바람직하다. 능력을 인정받고 명예와 재물을 겸비하는 추세로 나아가며 공직자는 명예, 사업가는 계약이나 문서에서 기쁨을 맞이하는 경우가 크고, 이성간에는 뜻이 일치하는 계기가 조성되나 철두철미한 자기관리가 중요하다. 또한 진로를 수정하는 데 획기적으로 좋은 계기가 되는 경우가 많으며 금전적 목표가 무난히 이루어진다. 대인관계에서는 서로에게 이익을 준다는 전제 조건 하에서 주관대로 뜻을 펼쳐나가기 바란다. 좀 더 적극적인 자세가 중요하게 느껴지는 시점이다.

■ 292

대기만성에서 오는 기쁨을 맛볼 수 있으며 주위의 조언을 백번 활용하여 자기 것으로 만드는 게 중요하다. 문서와 담보에 관여된 일로 결정하기 곤란한 상태에는 나서지 말고 경솔한 판단으로 수락하는 일이 없도록 하라. 안정권으로 돌입되는 상태에서는 휴식을 취하는 것이 다음을 위한 설계나 추진 과정에 많은 도움이 될 것이다. 성격이 철두철미하기 때문에 실수가 거의 없으며 일에 임해서도 생사를 걸고 행동하니 점진적인 발전을 모색하게 된다. 특히 문서적으로 따르는 변동은 자신의 능력을 활용하는 정도에 따라 결정적인 계기가 조성될 수 있으나 때로는 분석, 검토하여 자신의 실질적인 이익이 따르는 분야를 먼저 파악하고 조급하지 않고 시간을 지연시키는 것이 현명한 판단이 될 수 있다.

▣ 426

생활에 급진전을 가져보자는 야심을 가져볼 만한 시기이다. 문서 및 서류상의 변화를 통하여 생활의 안정을 가질 수 있는 상태로 만드는 데 충분한 시점이며 따라서 능률도 점차 강하게 작용한다. 과감한 변화를 시도하므로 자신에게 곧 이익이 되어 다가올 가능성이 크다. 금방 현실로 나타나지 않는다 하여도 미래를 위한 투자가치는 충분한 것이다. 계획 및 준비의 단계로부터 실제 일의 추진단계로 돌입함으로써 위치를 확고히 구축할 수 있다. 변화의 추구는 모두 명예 및 자신의 위치에 영향을 끼치므로 확고하다고 판단될 때 성취하기 바란다. 다만 주위의 자문이나 조언이 큰 손실을 막을 수 있는 계기가 된다.

▣ 189

스스로가 주위 환경을 긍정적으로 받아들이는데 무리가 없으므로 성취감을 느끼면서 금전의 소득도 크다. 독단적인 독주가 아닌 주위에서의 도움도 있게 되며 생활의 활력이 더할 나위 없이 넘치는 시기이다. 섭외되었던 일이 진취적으로 추진되며 시험이나 문서적인 계약 등에서 좋은 결과를 얻을 수 있는 때이므로 자신의 실력을 한껏 과시할 수 있다. 거래에서 가급적 파는 쪽을 택하는 것이 큰 소득을 얻을 수 있다. 직장인의 경우에는 윗사람의 도움으로 승진의 기회가 엿보이나 시험 및 능력을 인정받는데 역부족인 느낌도 있으니 이럴 때일수록 자만에 빠지지 않도록 스스로의 한계선을 그어 놓는 것이 바람직하다.

◾ 718

생활에 다소간의 여유를 가지며 정신적 피로감이나 갈등이 예상된다. 따라서 안정을 바탕으로 우선 의욕이나 욕구를 충족시키기보다 현실을 직시하는 여유 있는 마음가짐이 필요하다. 이성간의 새로운 만남 등으로 의욕적인 생활이 전개되며 경제적인 안정 또한 가지게 된다. 다만 현재에 안주하려고만 할 때는 곧 상황이 퇴보하게 되니 계속 적극적인 자세를 견지하도록 해야겠다. 주위와의 융화 및 협조를 구하기에 순조로운 시기여서 타인 및 주위와 함께 더 큰 발전을 시도함이 좋다. 쓸데없는 자기과시나 불필요한 금전적 지출을 삼가며 자신의 입장을 한 가지로 분명히 할 때이다.

3	1	4
7	5	3
1	8	9
2	5	7

일년의 운세

능력의 한계를 느끼기 쉬우며 자칫하면 체념 또한 빠르게 이어지는 시기이다. 어떻게 모든 것을 포용하느냐 하는 자세가 중요하다. 활동 범위가 보다 넓게 이어져가나 보증, 담보 등으로 타인의 문제에 개입 할 수 있는 측면에서 신중함이 요구되며 다른 인간관계의 유지에도 한층 신경을 쓸 때다. 성급하게 나서지 말고 현 위치를 고수하여 태도를 확고히 할 때 모든 것이 풀려나갈 수 있는 계기가 조성된다. 금전적인 문제에선 바로 뜻이 관철되나 수입에 따르는 지출 또한 크고 변동에 따르는 인간관계나 이성문제는 독자적 의도보다 서로 절충할 수 있는 원만한 유대가 필요하다. 아울러 좀 더 적극적이고 긍정적인 자세로 매사에 임할 때이다.

■ 314

결정에 앞서 남의 말에 현혹되기 쉬운 때이다. 약속 이행도 불안한 상태이며 확고한 결론이 서지 않아 망설이게 된다. 기대한 만큼 성과를 거두기엔 무리가 따르고 예정에 없던 문제들로 인해서 뜻을 찾지 못하게 되며, 순리를 떠나 너무 지나친 의욕으로 득보다는 실이 많을 수도 있고 능력의 한계를 느낄 만큼 실의에 빠질 수 있다. 타고난 성격이나 적성은 선천적인 요소이나 노력하여 고치려 하면 가능할 수도 있으니 경솔함은 금물이며, 만인의 덕을 쌓는 데 노력하여 무슨 일이든 끈질기게 밀고 나감이 타당할 것이다. 마음의 안정을 갖고 다하지 못한 일은 다음으로 미루는 것이 현명한 처사이다. 아직은 자신의 뜻을 펴기에 시기상조인 듯하며, 이성간에 갈등이 고조됨을 명심하고 대처함이 바람직하게 느껴진다.

■ 753

이 시기에 접어들면서 일의 연결이 변동적 상황을 겪기 시작하며 마음도 제자리를 잃어버리게 되는 상황이다. 귀인의 도움도 별 소용이 되지 못하며 이성간의 만남에서도 좋은 결과가 나오지 못하므로 잠시 떨어져 있는 것도 좋을 듯하다. 일의 확장이나 만남은 좋은 결과를 가져오지 못하며 하고 싶은 대로 밀고 나가지 못한다. 현실 탈피의 강한 충동이 작용하게 되며 충분한 생각 없이 어떤 일을 시도하여 더 큰 어려움을 자초할 수 있다. 자중을 요하며 약간은 과감성 있는 자세도 필요하나 잠시 때를 기다려 보도록 한다. 건강상의 문제도 발생할 수 있으므로 정신적, 육체적 무리는 자제해야 하며 스스로 충돌을 피할 수 있도록 한다. 매사에 의욕이 저하하고 무기력하게 느껴지며 포기하려는 심적 충동이 강할 때이다.

■ 189

문제 해결의 실마리가 나타나 다소 활력을 되찾기 시작한다. 정신적 측면에서도 새롭게 유출되는 자신에 대한 인식이 심리적 침체 권에서 탈피하게 하며 적극적인 상황으로 돌입할 수 있다. 새로운 만남이나 여건이 대두되지만 여기에 흔들리지 말고 먼저 자신이 준비해 온 모든 것들의 목적을 완성시키는데 능력을 발휘하여 성취감을 맛볼 수 있는 기회로 활용하기 바란다. 한편 금전적인 욕구가 충족되며 지연된 상태가 완전 종결되는 이상적인 상황에서 점차 안정권으로 돌입될 수 있다. 명예나 문서적인 분야에서의 쟁취는 다소 지연될 수 있으며 따라서 의욕도 저조하기 쉬우니 단계적으로 쌓아 올리는 데 뜻을 두도록 하기 바란다.

◨ 257

 판단과 행동으로 인해 조그만 문제도 크게 확대시킬 수 있으며 자신의 능력이나 의욕도 귀인의 도움에 따라 발전적으로 전환될 수 있다. 주위의 조언과 위안도 자신의 현 상태에 활용하여 행동으로 옮기는 데 큰 도움이 되며, 마음과 행동이 일치될 때 효과적인 실효를 거둘 수 있다. 주변 환경이 하루 사이에 돌변하게 되며 강한 의욕이 무너져 내리는 고통이 따르는 경향이 잇다. 피상적인 관심이 현실과 이에 대처하는 자신 사이에 커다란 차이가 있음을 자각하고 불안감은 건강과 직결되므로 만성적인 질환이 재발하기도 하겠지만 노력함이 바람직하다. 어차피 주위의 시선과 환경은 자신에게 우호적인 상태가 되지 못하므로 과격한 행동은 금물이다.

3	2	5
8	7	6
5	4	9
7	4	2

일년의 운세

침체된 국면에서 벗어나 새로운 도약의 계기가 무르익는다. 다만 일의 추진 과정에서 직선적인 성격과 과감성 있고 도전적인 일처리는 돋보이나 이러한 점이 때로는 갈등과 좌절감을 수반할 수도 있다. 따라서 좀 더 생각할 수 있는 시간적 여유와 차분한 계획으로 매사를 깊이 관찰하고 실행한다면 정신적인 성취와 함께 발전적으로 자신의 능력이 표출될 수 있는 시기라고 본다. 후반기에는 성급함이 주위의 조언이나 자문을 힘입어 보다 큰 활력으로 승화될 수 있으나 매사를 가급적 안정적인 측면으로 쌓아나가면 좋은 변화가 예상되며 발전도 크게 기대된다.

■ 325

무모한 변화, 변동적 상황이 자신의 단순한 판단에서 야기될 수 있으니 매사를 순간순간 가볍게 처리하는 경향이나 욕구를 자제함으로써 안정적인 발전을 가질 수 있을 것이다. 건강이나 정신적인 측면에서 위축되지 말고 차분한 계획과 구상을 단계적으로 실행할 수 있는 능력을 보유하여 나아갈 때이다. 현 상태에서 변화는 또 다른 예측할 수 없는 문제를 파생시킬 수 있으니 가급적 현재의 위치에서 안정을 추구하며 매사를 처리하는 것이 유리한 방법이 될 수 있다. 이사나 부동산 또는 직장 등 모든 점이 성급하게 처리할 문제가 아닌 것으로 간주된다. 원천적으로 단계를 쌓아 매듭을 풀어 가면 진일보적인 상태로 비상하여 용기를 주는 시기가 될 수 있을 것이다.

◨ 876

 금전적 추구와 수입에 따라 다소 생활의 여유를 갖게 되며 보다 적극적인 상태로 일을 추진해 나가게 된다. 한동안의 침체 상태는 다음에 올 상황을 똑바로 인식할 수 있는 기회가 될 수 있으므로 포기하지 말고 끈질긴 집념을 가져보도록 해야겠다. 한 번에 어떤 것을 이루어 보겠다는 마음은 절대 금물이다. 충분한 경험을 쌓는 시기로 보면 바람직하겠다. 조급한 마음의 발동으로 현 상태에 변화를 가지려고 하나 여건이 무르익지 못해 실질적으로 다가오지 못한다. 금전의 소득도 있으나 그것보다 자신의 지위나 명예의 변동 상황으로 결과가 나타나게 된다. 특히 문서나 명예에 변화를 추구하지 말고 현실적인 점을 감안하여 자세를 촉구할 때이다.

◨ 549

 변화를 통해 환경의 안정을 피해보고 싶고 자신의 의지나 능력의 한계를 확인해 보고 싶은 상태이다. 어느 정도 생활에 확신을 얻어가는 상태에 있다. 과감한 변화를 통해서 좀 더 나은 상태로 이끌어갈 수 있으나 주위의 여건은 크게 안정적이지 못하다. 안정적인 상태를 고수해야 하며 자신의 가치관이나 인생관을 다시 한 번 되돌아보며 행동에 소신을 가져야겠다. 또한 문서나 서류 계약상의 일처리에서는 특히 신중함을 요하는 때이다.

◨ 742

 어떤 변화 이후에 침체된 현실 상태의 극복을 도모하는 상황이다. 무난히 현실을 수용하면 안정을 가질 수 있으며 좀 더 나은 방향으로의 변화를 시도할 수 있는 여건도 조성되는 시기이다. 전반적으로 모든 것을 수용하기에는 미비한 상태이니 현실의 유지로 안정을 갖는 것이 바람직하다. 계속적인 변화의 추구로 안정을 깨뜨리는 상황으로 자신을 몰아넣게 되면 걷잡을 수 없는 상태가 되어 버린다. 자신의 능력을 충분히 펼 수 있는 시기가 오게 되므로 다음의 활동을 대비하여 능력을 다져보는 기회로 삼는 것이 바람직하겠고 재정적인 면으로도 지출을 삼가는 것이 좋다.

3	3	6
9	9	9
9	9	9
3	3	6

일년의 운세

심리적 갈등이 대두되며 현실을 박차고 탈피하고자 하는 충동이 강하여 여러 가지로 변화를 추구하게 된다. 이상과 현실의 괴리감에서 현 위치로부터 도피하고 싶은 심리적 갈등이 대두되는 때이다. 그러나 점차적으로 문서나 관에서 명예, 승진의 기회나 부여되겠으니 주위의 포용력을 백번 활용하여 적극적인 자세로 돌입할 때 좋은 결과를 맺을 수 있는 시기이다. 너무 아집적인 자기 판단보다 주위의 의견에 순응함이 빠른 길임을 인식하기 바란다. 목적에 너무 치중하다 보면 스트레스로 인한 건강의 악화가 우려된다. 가정에 노인이 계실 경우 노인분의 건강이 악화되는 경우가 있으며 그로 인한 우환이 겹칠 수도 있다.

■ 336

정신적인 갈등에서 현실적으로는 다소 무리한 목표를 설정하게 되며 매사에 돌입하는 과정도 엉뚱한 방향으로 빠지기 쉬운 때이다. 인생의 근본에 대한 철학이나 사상 또는 종교에 의존하고 싶으며 주위의 이해나 설득도 마다하고 다른 세계를 동경하거나 침체된 국면으로 돌입할 수 있다. 능력이나 행동력의 한계로 인한 정신적 침체의 상태로 빠질 수도 있으며, 주위로부터 보편적인 이해를 구하지 못하는 학문이나 사상을 동경하여 아무에게라도 의존하고 싶은 생각에 빠지는 경향이 많다. 이러한 것들은 성격에서 오는 면도 있으나 생각과 결합될 수 없는 현실 여건에 따르는 갈등일 것이다. 가급적 안정을 추구하고 특히 명예, 문서에 관련된 것들과 함께 매사에 깊이 생각하여 주위의 변화를 모색해야 한다. 한편 각종 여행이나 원거리 출장 등으로 혼미하고 갈등적인 상태가 발전적으로 개선될 여지가 보이며 현실적인 해결의 실마리를 찾을 수 있을 것이다.

■ 999

적극적이고 혁신적인 활동의 전개를 꿈꾸며 자신의 확고한 위치 확립을 위하여 노력하는 시기이다. 주변 상황의 전개로 꿈꾸어 오던 일을 착수하기도 하지만 현실에 안주할 수 없다는 자각으로 현 상태나 위치를 벗어나 외부적 활동을 도모한다. 자신을 가로막는 장애적 상황이 와도 그것에 구애받지 않고 길을 걸어가야겠다는 확고한 결심이 일어난다. 자신의 능력을 발휘하여 이루고자 하는 바를 성취하기 바란다. 확고한 자세가 필요하며 성취감보다는 묵묵히 현실에 대처하는 것이 바람직하다. 문서적인 보증 담보는 물론 타인의 의견에 동조하지 말고 묵묵히 자신의 위치를 지켜나감이 바람직스럽다.

■ 999

지금까지 느끼고 생각하던 모든 점을 혼자서 감당하고 개척할 수 있는 정신적인 자세가 필요한 때이다. 활동적이며 현실적인 입장에서 보다 적극적으로 돌입하여 주위를 포용함으로써 빠른 발전으로 비상할 수 있다. 현재의 상태에서 보다 저돌적인 자세를 취함으로써 능력을 최대한 활용할 수 있으며 이익으로 연결시킬 수 있을 것이다. 현재의 상태에서 주위의 인정은 얻지 못하더라도 자신의 실리를 추구하는 좋은 기회가 될 수 있다. 뚜렷한 목적의식을 갖고 자신이 하고자 하는 바에 적극 매달리기 바란다.

■ 336

자신의 능력이나 노력 이상의 성과를 거두는 시기이다. 보이지 않는 주위의 힘이 뜻을 이루는 데 지대한 영향을 끼친다. 취업을 원하거나 큰 시험에 뜻을 둔 사람일 경우에는 최고의 호운이라 할 수 있다. 형이상학적인 사고를 지니게도 되나 포부가 원대해질 수 있는 시기이므로 노력여하에 따라서 뜻하지 않은 명예를 갖게 되며 심적, 육체적 분주함이 따를 것이다. 모사재인이요 성사재천이라는 말처럼 일은 사람이 꾸미나 성사시키는 것은 하늘이라 하였다. 노력과 입지가 확고하면 하늘의 도움이 따를 수 있는 시기이다. 노력과 성취의 주체는 바로 자신이므로 모든 관건이 자신에게 있음을 명심해야 한다. 또한 마음만 있고 행동이 없으면 건강에 이상을 초래할 수 있으니 적극적이고 끈질긴 자세가 절실히 요구된다.

3	4	7
1	2	3
4	5	9
8	2	1

일년의 운세

안정된 상태를 유지하는 부부관계나 형제 사이에도 마찰을 피할 수 없어 다소 번민의 시간이 흐를 것이다. 그러나 좀 더 생각하고 인내할 수 있는 여유를 가질 수만 있다면 큰 곤란은 야기되지 않을 것이니, 이 시기의 안정을 추구하는 스스로의 억제력은 주위를 비롯하여 자신을 차분하게 다스릴 수 있는 원동력이 된다. 문제가 서서히 풀려나가고 변화의 욕구를 한 발 앞선 자기 개선의 길을 모색하게도 되며 금전적인 안정을 유지한다. 시간이 흐름에 따라 복잡한 인간관계나 문제가 해결될 수 있으니 조급한 마음으로 새로운 대상이나 돌파구를 찾기보다는 여유를 갖고 현실에 대처함이 빨리 안정을 정착시킬 수 있다.

■ 347

심리적으로 매우 불안한 상태이다. 서두르지 말고 침착하게 매사를 추진함이 절대적으로 요구되는 시기이다. 사업가는 확장이나 변화를 시도하지 않는 것이 바람직하며 과욕을 부리지 말고 매사에 내실을 기할 수 있도록 해야 할 것이다. 의기소침한 가운데 의욕이 상실되어 능률이 오르지 않으므로 자칫하면 모든 것을 포기하고 싶은 시기이다. 애정 문제는 주변의 환경에 동요되지 말고 안정을 추구하여 현재의 위치를 고수하고 다음을 기약하는 것이 바람직하다. 늘 사려 깊은 마음과 결단성 있는 행동으로 시간의 흐름에 따라 해결 방안을 모색하며 여유를 갖고 매사에 대처함이 요망되는 시점이다. 정신적 갈등이 고조되면 건강에 다소의 무리나 침체성이 엿보이니 안정을 추구할 때이다.

■ 123

변화를 추구하나 계획과 실천력이 부족하여 현재의 상태에서는 심리적인 갈등과 무기력한 상태에 놓기기 쉽다. 이때에는 매사를 철두철미하게 분석하고 검토하여 행동으로 옮기는 것이 가장 이상적이다. 건강에 유의하고 심리적인 갈등으로 인해 현 위치를 탈피하려는 충동을 자제해야 한다. 대인관계나 부부간 또는 친구 사이에 충돌이 예상되므로 가급적 의견의 대립을 가져오는 일에는 끼어들지 말고 항상 냉철한 이성을 갖고 자신의 안정을 도모해야 한다. 건강과 정신적 갈등이 대두되며 의욕과 욕구가 침체되는 때이다. 따라서 무기력해지고 현실에 대처하는 능력도 한층 상실된다. 시간을 갖고 수행함이 바람직하다.

■ 459

안정권에서 탈피하여 좀 더 과감한 측면으로 돌입할 때이다. 매사에 긍정적이며 적극적인 생활태도로 개선이 필요한 시점인 것이다. 현실적인 안일함에서 탈피하고 적극적인 자세를 취함으로써 뜻을 쟁취할 수 있는 계기가 조성될 수 있다. 목적을 위한 과감성, 의욕에 따르는 쟁취감에서 한결 큰 희망을 느낄 수 있으며 매사에 좀 더 의욕을 갖고 분투노력하면 목적은 무난히 성취할 수 있을 것이다. 주어진 여건에서도 좀 더 자신의 이익을 실현시킬 수 있는 큰 가능성을 내포하고 있지만 어떻게 밀고 나가느냐에 따라서 결과에 변화가 있다. 현 상태에서 자신에게 활력을 불러일으킬 수 있는 정신적인 자세가 한 층 필요하니 매사에 자신을 격려할 수 있도록 부단한 노력을 경주해야 할 것이다.

■ 821

금전의 변동을 가져 어느 정도 경제적 안정이 도모되며 주위 여건
이 자신에게 우호적이므로 다소간의 환경 변화로 새로운 기분과 인
간관계가 맺어질 수 있는 시기이다. 자기가 하고자 하는 일을 추진
해 보도록 하며 다가올 수 있는 어려움에도 미리 대비해 두어야 한
다. 적극적으로 변해가는 생활 자세는 바람직하나 독선적인 면으로
흐르게 되면 회복하기 힘든 지경에 이를 것으로 판단된다. 참고 견
디어 내는 끈기를 배울 수 있는 시기로 삼아 공부하는 자세로 매사
에 임한다면 더할 나위 없다고 본다. 이성간에 발전적인 면이 보이
며 또한 대인관계에서는 자신의 주장보다 상대를 융합하는 자세에서
더 큰 성과가 예상된다.

3	5	8
2	4	6
8	1	9
4	1	5

일년의 운세

적극적인 자세로써 보다 발전적인 변화를 맞게 되는 시기이다. 아울러 활동적인 분야에서 새로운 계기가 조성되며 혁신적으로 좋은 계기를 이룰 수 있다. 차분한 가운데 매사 진일보 상태로 유도하여 나가면 빠른 성과가 따를 때이다. 귀인의 도움으로 명예, 문서적인 면에 몰입하여 자신의 뜻을 이룰 것이다. 금전이나 재물도 안정을 찾으며 심리적으로도 안정을 가질 수 있다. 특히 이성간에는 좋은 변화가 따르며 대인관계에서도 상대와의 원만한 관계를 지속시킬 수 있다면 크게 행운이 따른다.

■ 358

매사를 적극적으로 추진하여 노력하면 분명히 행운이 따르니 이 기회를 놓치지 말고 과감한 개척 정신을 발휘할 때이다. 직장인은 승진 운이 따르며 사업가인 경우에 확장하여 운영하여도 추구하는 목적이 무리 없이 이루어진다. 매사에 적극성을 띄게 되며 건강 또한 왕성해 조금은 당황하기도 하지만, 위축되지 말고 좀 더 진취적으로 밀고 간다면 바람직하겠으며, 금전적인 소득도 있으나 자신의 위치를 보다 확고히 해나가기 바란다.

■ 246

여유 있는 분위기 속에서 추구하고자 하는 일에 착수하게 되는 시기이다. 이전의 상태보다 좀 더 활력이 감돌며 계획과 준비의 단계에서 실제 일의 추진 단계로 돌입함으로써 확고하게 자기의 활동영역을 구출할 수 있다. 다만 행동은 과감하게 하되 주변에서 납득할 만한 보편타당성 있는 사고를 지녀야 한다. 주위와 원만한 관계로 발전될 수 있으며 생활의 패턴을 바꾸고자 하는 의욕이 서로에게 안정된 분위기를 연출할 수 있고 미혼의 성인이라면 결혼까지 생각하게 된다. 변화는 모두 자신의 명예와 직결될 수 있으므로 큰 무리가 없는 분위기라 해도 나타해져서는 안 된다. 모든 문제가 부딪치면 해결의 실마리가 나오고 목표가 불변하면 성취의 가능성이 가장 높은 시기이다.

■ 819

귀인의 도움을 받아 명예와 승진의 행운이 따르는 시기이며 금전적인 안정권으로 접어들어 추구하는 결실을 도모할 수 있다. 능력과 의욕을 적극 발휘하여 성취감을 갖도록 하라. 적극적인 자세로 일에 임하면 귀인의 도움이 따르며 새로운 이성간의 만남도 예상된다. 다만 금전적인 면이나 문서적인 분야에 너무 치중하지 말고 매사를 유연하게 대처하는 자세가 요망되는 시기이다. 독선적인 판단은 오류를 범할 수 있음을 명심하도록 하라. 구체적으로 가시적인 성과를 기대할 수 있는 때이며 특히 문서적으로 미결된 문제를 종결짓는 데 유리하다.

■ 415

적극적이고 때론 과감했던 생활태도가 안정을 찾을 수 있는 주위 여건의 조성으로 말미암아 한편 여유를 가질 수 있다. 충분한 역량을 발휘할 수 있는 여건을 가지고 있으므로 능력 발휘의 기회이다.

귀인이나 이성의 만남과 도움도 따르니 충분히 미래를 설계할 수 있는 시기이다. 다만 진실한 만남이 될 수 있도록 자신을 내세우기보다는 자신을 이해시키는 노력이 필요하다. 성급하게 관계를 발전시키려 들지 말고 때가 되기를 기다려 보는 것이 바람직한 일이다. 자신의 의도대로 관철되기에는 다소 지연되는 경향이 있으니 포기하지 말고 인내를 발휘해야 할 때이다.

3	6	9
3	6	9
3	6	9
9	9	9

일년의 운세

하고자 하는 일에 대한 적극적인 의욕이 따르며 자신의 뜻을 관철시킬 기회도 마련된다. 다만 문서에 신경을 써야하고 너무 과신하지 말며 순발력을 발휘해야 한다. 현 위치에서 떠나 외국이나 타지방으로 출장을 가게 되거나 활동적으로 뜻을 관철시킬 수 있는 때다. 특히 본인이 자중하여 경솔한 행동을 자제함으로써 원만한 위치를 조성하는 것임을 명심해야 한다.

▣ 369

추구하는 바가 강해지며 특히 명예에 관한 일들과 연관되는 때이다. 명예와 승진에 좋은 기회가 엿보이며 의도적으로 자신의 능력을 나타내 보이려는 요구가 강할 때이다. 이 시기에 자칫하면 빠지기 쉬운 아집과 독선은 주위로부터 따돌림 받는 결과를 초래하므로 어느 때보다도 융화 속에서 자신의 발전을 도모함이 필요하다. 주관과 나아갈 길이 확고해지면 더 한층 활동적으로 행동하되 직접 관련이 없는 일에 나서는 경우가 없도록 해야겠다. 그렇지 못한 경우 뜻밖에 명예 및 신용에 손상을 입는 결과를 초래한다.

▣ 369

생활의 단조로움에서 벗어나 뭔가 자기 세계를 추구하려는 노력이 있게 되는 시기이다. 하지만 자신의 의도와 노력에 비해서 결과에 이르기까지 주위 여건에 상당한 장애가 있음을 느끼게 된다. 상대의 시기로 충돌 및 시비가 있을 수 있으니 가능한 한 한계를 넘지 않아야 한다. 문서와 명예상의 문제를 법정 시비로까지 끌고 갈 우려가 있으므로 적정선에서 양보하는 미덕이 있어야 한다. 가정 내에서 갑작스런 건강문제가 대두될 수 있으며 뜻하지 않은 금전문제도 생긴다. 또한 업무상 엉뚱한 곳에서 과오를 범하기 쉬우니 항상 세심한 점검과 확인이 필요한 때이다.

▣ 369

문서 및 서류와 관련을 가지면서 자신의 명예와 관계된 일들이 계속 이어지는 때이다. 따라서 명확한 공사의 구분이 없을 때에는 명예에 관련된 분야에서 손실이 가져오는 결과가 초래된다. 결정과 판단 여하에 따라서 지금의 상황이나 하고 있던 일들이 빠른 진전 및 퇴보를 할 수 있는 극단적인 일면이 있는 시기이다. 이 점을 명심하고 행동에 무리가 없도록 하며 현재의 상황을 점검하여 다음을 대비토록 해야겠다. 건강의 안정 및 심리 상태의 조절을 위해서 각별히 신경을 써야 한다. 어떤 변화의 조짐이 있을 때는 자신의 위치에서 무난히 소화할 수 있겠는가를 먼저 검토한 후 수용하도록 해야겠다.

▣ 999

적극적이고 혁신적인 활동의 전개나 일의 추진을 따르게 되거나, 현실에 안주할 수 없다는 자각으로 현 상태나 위치를 벗어나 해외여행 등 먼 거리의 외부적 활동을 실행에 옮길 수 있는 여건으로 전환된다. 가로막고 있는 장애적 상황이 와도 그것에 구애받지 않고 자신의 길을 걸어가야겠다는 확고한 결심이 일어나니 능력을 발휘하여 이루고자 하는 바를 성취할 수 있을 것이다. 모든 것은 자신의 마음속에 있으니 먼저 자신과의 싸움에서 이길 수 잇도록 끈질긴 인내력으로 스스로의 앞날을 개혁해나가기 바라며 성급하지 말고 유연성 있게 매사에 대처하기 바란다.

3	7	1
4	8	3
7	2	9
5	8	4

일년의 운세

건강이 다소 침체일로에 있으며 능력에 회의감을 갖게 된다. 의욕이 너무 앞서거나 물질적인 면을 강하게 추구하기 보다는 현재의 상태에서 안정을 갖도록 하라. 따라서 순리대로 서서히 풀어 나가면서 뜻을 도모하도록, 독자적인 행동보다는 유대관계를 중시하는 것이 보다 빠른 발전적 상황을 유도한다. 다소의 변화는 좋으나 무리한 변동이나 변화는 가급적 하지 말며 현 위치를 고수함이 현명한 판단이다. 분주한 만큼 노력의 대가가 나올 수 있는 상태이나 득을 너무 앞세우지 말고 확고한 목적의식을 잃지 않기를 바란다.

■ 371

주위로 인해서 마음의 갈등을 초래하며 건강문제에 신경을 쓸 일이 생긴다. 재물도 따르고 변동과 변화가 있겠으나 많은 시간을 두고 연구하여 결정함이 좋다. 인간적인 유대관계에 힘을 기울여 흐트러짐이 없도록 하여 매사에 심사숙고하여 대처해야 한다. 놀라운 일이 있으나 좋은 소식으로 전환될 수 있으니 지나친 기대로 마음을 졸이지 말고 편안한 자세로 기다리는 것이 현명한 처사이다. 기관지, 위계통이 좋지 않을 수 있으니 조심하고 가정의 평온함을 먼저 염두에 두는 것이 내일을 위한 발전을 도모할 수 있을 것이다. 새로운 섭외나 만남을 통하여 생활에 신선함과 활력을 가질 수 있으나 성급하지 말고 단계적으로 매사를 풀어나감이 바람직하다. 한편 이성간에 갈등이나 의견대립이 예상되니 미리미리 대처하는 방안을 모색하도록 하라.

■ 483

상황의 흐름에 큰 진폭이 없어 순조롭게 안정을 도모할 수 있으며 어느 정도의 기반 위에서 뜻을 다져 갈 수 있으나, 소망하는 것이 대부분 금전적인 면으로 집약되어 있으므로 신중을 기하기 바란다. 수입과 지출이 상승하기도 하며 강한 금전적인 욕구에 투자나 투기는 삼가며 조심성 있게 행동하고 보증, 담보는 절대 삼가는 것이 유리할 것이다. 믿었던 사람이나 가까운 사람에게 배신을 당하거나 모함으로 인한 구설이 따를 수 있으니 가급적 타인의 일에는 깊이 관여하지 말아야 할 때이다. 또한 건강에 신경을 쓰며 피로가 겹치지 않도록 유념하고 심리적으로도 안정을 도모해야 한다.

■ 729

현실이 여의치 않아 매사에 능력이 저하되며 구설수가 따르니 능력 이상의 일은 무모하게 도모하지 말아야 하겠다. 특히 문서 등에 신경을 써야 하며 가족의 건강이 염려되는 시기이다. 모든 여건이 여의치 않으나 한 고비 넘기면 서서히 풀릴 것이니, 현재의 생활이 짜증스럽다 하여 너무 큰 변화를 추구하지 말고 그대로 지속하면 분명 결과를 맺을 수 있다. 남의 달콤한 말에 넘어가지 말고 차분히 자신의 뒤를 정리하여 재충전하는 기회로 삼아 훗날을 도모해야 할 것이다. 성격상 실리를 구하지 못하는 일면이 있으므로 이 점을 보완할 수 있는 노력이 필요하다.

■ 584

침체와 변동의 상황을 극복하기 위해서 다방면으로 노력을 기울이게 되는 상태이다. 이제는 더 이상 나빠지는 상황에 침착성을 잃어서는 안 되겠다는 자각으로 끈질김이 부족한 자신의 성격을 극복하기 위하여 노력하게 되는 시기이다. 재물에 대한 인식과 이의 확보를 위해서 더욱 분발하게 되며 어떤 한 가지 만큼은 이루어야 하겠다는 집념으로 전과 다른 노력을 하게 된다. 그간의 침체를 벗어나기 시작하는 전기가 되며 자신의 의욕도 다시 강해지기 시작하는 시기이다. 기회가 오기 시작하므로 최선을 다해 기회를 활용하여 목적을 달성시키도록 하며 안정을 바탕으로 긴 안목으로 내다볼 수 있기를 바란다.

3	8	2
5	1	6
2	7	9
1	7	8

일년의 운세

정신적으로 금전에 치우치는 경향과 심리적인 욕구가 보다 적극적인 행동으로 표출되며 노력의 대가도 크게 기대할 수 있는 시점으로 강한 의욕이 뒤따른다. 자신의 변화를 도모하는 과정에서 재물의 유통이 많은 상태에 놓이며 보다 집요한 노력을 경주하게 된다. 이성간의 관계에서 뜻이 관철되며 변화 속에서 재물이나 건강에 안정감이 있으나 번잡함도 많다. 명예나 재물은 외적인 분야에서 충만 되며 자신의 뜻이 관철되기도 한다. 귀인의 도움으로 재물적인 이익관계가 크게 결부될 수도 있으며 아집이 강할 때다. 따라서 자신을 관리하는 한편 매사에 집착하는 강한 욕구와 금전적인 실효성에 따라 생각하는 차이는 있으나 매사가 물질적인 면으로 부각되며 금전적으로 치중되는 시기에 도달된다.

■ 382

자신의 재력이나 명예를 위한 목적의식 또한 강한 욕구로 분출될 수 있으나 실질적인 이익으로 부각되기에는 여러 가지 어려움이 따른다. 금전적인 관계에서 인간 자체가 변모하는 면을 갖게 되며 현위치를 탈피하여 현실을 망각하는 경우가 있으니 순리를 택함이 이상적일 것이다. 매사를 완벽하게 보완하여 자신의 위치나 능력을 겸허한 상태에서 펴나감이 이상적일 때이다. 보다 안정권에서 변화를 추구할 수 있으며 능력도 향상되는 이상적인 여건 조성이 이루어진다. 한편 직선적이고 경솔한 행동을 자제함으로써 자신의 능력과 역량을 최대한 발휘할 수 있다.

■ 516

추구하는 바를 위해서 과감하게 자신을 표출하려고 하는 때이다. 생활기반을 다지기 위한 노력이 배가되며 귀인의 도움도 따를 수 있는 상황이어서 일을 펼쳐 나가기에 적절한 시기이다. 명예도 오르기 시작하여 하려고 하는 일들이 더욱 상승세를 타게 되니 적극 노력할 일이다. 다만 행동이 너무 과격해지면 이성간에도 독선적인 경향으로 흐를 수 있겠고 비난을 살 우려가 있으므로 주위와의 융화를 마음속에 간직해야 할 일이며 건강관리에도 힘써서 충분히 자신의 능력을 발휘할 수 있도록 해야겠다. 주위의 조력과 비난이 엇갈리는 상황 속에서 뜻을 관철시킬 수 있는 상황이므로 보다 세밀하게 판단하여 확고한 결과를 얻어야 할 때이다.

■ 279

새로운 갈등이 대두되며 정신적, 건강적으로 안정을 찾지 못하는 상태에 놓이게 된다. 의욕이나 욕구나 강한 반면 자신의 능력이 모자라 갈등에 사로잡히는 경향이 많다. 안정을 추구하며 매사에 성급한 측면을 여유 있는 마음가짐으로 달래가며 단계적으로 쌓아올릴 수 있는 노력이 필요한 때이다. 또한 주위의 여건에 동조함은 물론 같이 병합하여 풀어나가는 방법도 합리적인 때이다. 호전되는 상황 속에서 다시 활기를 찾게 된다. 문서적인 거래나 시험에 큰 성과를 거둘 수 있으나 이전의 상황을 얼마나 잘 견디어 왔느냐에 따라서 성패가 좌우된다.

주위의 적극적인 호응을 받아가며 그동안 구상된 계획과 준비가 구체적인 실현 단계로 돌입함으로써 재물과 연결되며 이성간에도 서로의 결합을 모색하여 발전으로 치달을 수 있다. 중간에서 한 차례 정체 현상이 있겠다. 좀 더 멀리 뛰기 위한 움츠림이라 생각하면 발전의 과정에서 허점을 발견하는 계기가 될 수 있다. 이성간의 만남은 다소 침체일로에 있게 되니 서로가 존중하고 토닥거려 줄 수 있는 마음이 필요하다. 현 상태에서 자신의 위치를 재검토하고 상황 변화에 따라 금전의 유용을 최소한으로 줄이도록 사전 계획에 무리가 없도록 해야 한다.

3	9	3
6	3	9
6	3	9
6	6	3

일년의 운세

막연한 기대로 주위로부터 섭외된 거래에 무작정 응하다 보면 오히려 크나큰 손실만 초래한다. 자신의 처지와 역량을 되살리지 않은 상태에서 무모한 일은 가급적 삼가기 바란다. 가족의 건강에 유의해야 하며 생각지도 않았던 일로 구설에 휘말릴 우려가 있으니 확고한 상태가 아니면 개입하지 않는 것이 바람직하겠다. 좀 더 정확한 확인 검토로 차분히 현 상태를 다져 나가는 자세가 필요한 때이며 주위의 존경을 받을 수 있는 계기가 된다.

■ 393

자신의 지위나 위치로 인한 심리적인 불안으로 고통을 겪는다. 심리적인 갈등이 심화되어 현실을 타개하고자 무모하게 움직이다가는 큰 화를 자초할지도 모른다. 이러한 경우에는 무엇보다 심리적인 안정이 가장 중요하다. 경솔은 금물이니 신중하게 상황을 판단하여 대처하도록 해야 한다. 확고한 신념으로 자신의 뜻을 관철시킬 수 있는 집념이 필요하다. 노인이나 환자가 있는 가정은 유념하여 보살펴드리고 환자는 병원에 입원하여 치료함이 위험을 막는 일이다. 또한 불미스러운 곳은 가급적 금해야 하며, 보증이나 담보 및 계약 등은 차후로 미루고 특히 자신의 욕구를 자제할 수 있도록 최대한 노력하기 바란다.

◼ 639

주위환경으로 인해 크게 어려움을 느껴 번민하게 되는 상황이다. 정신적으로 심한 갈등을 느끼며 현실에서는 이루기 힘든 생각을 갖게도 되고 육체적 어려움도 따라 현실과의 조화가 어려우니 어디든 멀리 떠나보고 싶은 생각이 간절한 때이다. 직선적인 감정의 표출은 주위와 융화하기 어려워 상황을 더욱 힘들게 만든다. 자신의 명예를 유지하기 힘든 상황이 따르며 계약이나 약관상의 문제로 난관에 부딪히기도 한다. 현실의 상황으로부터 과감히 탈출하려고 하기보다는 정신적인 안정 및 차분함을 가져보도록 노력함이 오히려 바람직하다. 번잡한 문제가 일단 해결이 되면 다음을 생각할 수 있는 여유가 생긴다.

◼ 639

계속되는 갈등의 지속으로 현실을 타개하기에는 어려움이 쌓여 있는 상태이다. 자신의 과감한 의지로 현실의 어려움을 극복하려고 하나 이미 엎질러진 물과 같이 어쩔 수 없는 상황이 전개된다. 문서상 문제의 처리는 자신의 명예와 직결되므로 특히 신중을 요한다. 주위 여건에 정면으로 부딪치기 보다는 생각하는 자세로 현실을 수용하여 조화를 꾀해 나가야겠다. 지금의 어려운 상황을 미래에 대비한 성숙의 과정으로 여기는 여유 있는 자세를 가져야 할 때다. 자신의 의도와 주위 여건이 합치될 수 있는 시점이므로 미결된 상태의 일을 적극적으로 해결하기 바란다.

◼ 663

주위 환경이 다소 호전되는 기미가 보이며 능력을 최대한 발휘할 수 있는 여건이 조성되고 자신의 능력이 미치지 못하는 일에 대해선 욕심을 부리지 않아야 하며, 하고 있는 일이나 학업에 난관이 있다 해도 참고 인내함으로써 남다른 성과를 기대할 수 있다. 지금까지

고민해오던 일들이 해결되고 매사에 활기가 넘치며 순리대로 진행되어 기쁨과 보람이 있겠다. 좋은 일이 겹치니 이럴 때 일수록 겸손을 익혀 스스로를 격하시키는 일이 없도록 한다. 정신적인 갈등으로 자신의 의욕이 상실될 수 있으며 매사에 무기력하게 느껴진다. 안주가 필요하며 묵묵히 자신을 지킬 수 있도록 노력하라.

4	1	5
9	6	6
6	3	9
1	1	2

일년의 운세

귀인의 도움으로 명예와 재물이 따르며 문서적인 면도 소신대로 이루어질 것이다. 특히 명예나 문서를 기대하여 적극적인 자세로 추진하면 목적을 달성하기는 무난하다. 우유부단한 성격으로부터 어느정도 탈피하여 진취적인 자세와 여유를 가질 수 있다. 이성간에도 지금까지의 지연상태가 급변하여 자신이 원하는 상태로 돌입하여 좋은 인연을 맺게 된다. 주위에서 귀인의 도움도 따라주며 사업상 이익을 얻게 된다. 문서적인 문제의 해결은 빠를수록 무리가 따르지 않을 것이다. 따라서 확고한 판단과 신념을 갖고 뜻을 이루는 데 최선을 다해주기 바란다.

■ 415

안정을 갖는 가운데 귀인의 도움이나 혁신적인 변화를 맞이하며 생활의 패턴도 점진적인 발전으로 도약될 수 있다. 이성간의 새로운 만남이나 사업상의 새로운 귀인의 도움이 따르며 물심양면으로 자신의 의욕을 복 돋아 주는 계기가 많다. 다만 자만이나 너무 강한 의욕은 주위로부터 시기와 질투를 초래할 우려가 있으니 절제의 덕도 필요하다 하겠다. 과감하게 야망과 이상을 갖고 명예를 추구하는 과정에서 능력을 최대한 발휘하여 좋은 결과를 맺을 수 있으니 성급하여 유종의 미를 이탈시키지 않도록 겸허한 처세가 필요하다.

◼ 966

관심 있었던 명예나 문서적인 일의 발생으로부터 강한 의욕을 갖게 되며 적극적으로 노력하므로 결과와 성취감을 맛볼 수 있는 때이다. 지금까지의 상태보다는 좀 더 자기의 뜻을 관철시킬 수 있는 능력을 보유할 수 있으므로 직장인은 승진의 기회나 명예적인 능력으로 활용할 수 있다. 사업가는 분발의 활력을 갖게 되고 학생도 학업에 능률이 오른다. 귀인의 도움이란 결국 자신의 능력을 겸비할 수 있는 과정에서 실질적인 효용을 갖게 되므로 역량의 발휘에 만전을 기할 때이다. 능력을 갖게 하는 가장 큰 원동력은 자신감 있게 능력을 활용할 수 있을 때 그 기능을 다할 수 있으니 자만하지 말고 겸허한 상태에서 점진적인 발전으로 유도할 수 있도록 하라.

◼ 639

명예를 추구하는 과정에서 갈등이 따르며 무기력한 상태에 빠지기 쉽다. 상당히 분주하게 활동은 하지만 별로 큰 소득은 기대하기 힘들고 정신적으로 어느 한 곳에 집중하기 힘든 때이다. 심리적으로 불안, 초조감이 감돌며 업무나 학업에 능률이 오르기에는 시간이 걸릴 수 있으나 과감하고 적극성을 띠는 과정에서 성취감을 갖도록 노력하라. 아울러 여행 또는 독서 등의 취미생활로 심리적인 안정을 취하는 노력이 필요한 시기이다. 노인일 경우는 건강에 한층 유의해야 하겠다. 성급한 면보다는 여유를 가지고 매사에 대처함이 빠른 걸음으로 전환할 수 있는 기회를 갖게 한다.

◼ 112

새로운 만남과 섭외로 인한 일의 구상이나 문서적인 측면에서 안정된 상태로 돌입될 수 있는 때이며 자신의 판단도 확고하며 주위의 자문이나 조언도 큰 힘이 될 수 있다. 독단적 판단보다 주위와 병행하여 대처할 수 있도록 해야겠다. 변화에서 활력을 갖게 될 수 있으며 능력도 크게 표출될 수 있어 매사가 점진적 발전으로 전환될 수 있다. 현실적인 이익이 대두되며 변동은 발전적인 변모를 가져오고 추구하는 방향으로 유도할 수 있다. 절대 성급함을 피하고 먼저 안정적인 측면에서 자신의 기반을 구축함으로써 매사가 뜻대로 형통될 수 있도록 노력하라.

4	2	6
1	8	9
1	8	9
6	9	6

일년의 운세

매사에 급진적인 발전을 꾀할 수 있다. 따라서 확고한 계획과 노력으로 한발 앞서 추진해 나가는 과감성이 한층 중요한 때이다. 점차로 균형 잡힌 인생관이나 처세 및 생활태도가 생겨난다. 경제적 여건이 호전되며 기대와 의욕 또한 왕성해지니 확고부동한 자신의 주관을 정립해야 할 때이다. 자신의 뜻이 관철되며 주위로부터 좋은 조언이나 발전적 계획에 편승하여 금전적 안정은 물론 진취적인 방향으로 급상승하는 때이다. 또한 귀인의 도움으로 인하여 자신의 의도대로 원만히 형통됨은 물론 사업가나 공직자는 발전 및 승진의 기회가 부여된다. 학생도 학업에 큰 열의를 갖게 됨은 물론 노력에 따른 성과가 있는 시기이다.

■ 426

변화를 추구함으로써 한결 안정을 찾겠으며 그동안 쌓은 덕으로 주변으로부터 명예와 존경까지 받겠다. 사업가는 사업 확장도 좋고 다른 개발도 대성하겠다. 가정에선 이사에 길하니 계획이 있다면 실천해도 무방하다. 연구직에 있는 사람은 보다 진보적인 상태에 이르게 되니 더욱 분발하면 추구하는 목표도 달성하고 명성도 얻겠다. 직장인은 자리를 이동하면 지금보다 더욱 안정된 위치를 구축할 수 있으므로 행동으로 옮겨도 좋을 것이다. 이러한 상태에서는 적극적인 변화를 모색함은 물론 과감성 있는 자세와 아울러 인정을 바탕으로 현실과 대응하는 힘을 지켜나갈 수 있도록 노력하라.

■ 189

금전, 명예 및 문서적인 측면에서 기대치 이상으로 충족될 수 있는 시기이다. 귀인이나 동반자가 나서게 되어 금전에 대한 문제가 다소 해결되면서 일이 순조롭게 풀려 나간다. 문서 계약의 체결에 있어서 호기이며 자신의 뜻이 주위와 부합되는 일치의 덕을 만끽할 수 있다. 남녀 간의 만남은 상당히 급진전할 수 있는 기회이기 때문에 혼기일 경우에 가장 좋은 때이다. 투자적인 측면은 큰 성과를 볼 수 있으므로 각종 투자에 관심을 갖는 것도 바람직하다. 자신의 수하에 사람이 모이고 금전의 유용이 예상되나, 지출에 비례하는 소득이 있으므로 모든 면에서 위치를 확고하게 다질 수 있는 시기이다. 혹 나태해질 수 있으므로 상하로 견제하는 신중함을 지녀야 되겠다.

■ 189

귀인의 도움이 따르고 바람직한 문서적인 변화도 추구되며 금전적인 측면에서도 안정을 갖게 된다. 보다 적극적인 면을 보유해야 하겠으며 또한 주위를 활용함으로써 자신의 실질적인 이익이 부각된다. 이성간에도 상태가 돌변하여 예상 외로 점진적인 발전으로 전환될 수 있다. 여러 가지로 뜻을 이룰 수 있는 기회가 주어지니 자만하지 말고 단계적인 발전을 도모해야 할 것이다. 기회는 결코 영원한 것이 아님을 명심하여 자신의 능력을 발휘함은 물론 적극적으로 관철할 수 있는 자세를 잃지 않기 바란다.

■ 696

자신의 독자적인 일을 갖고자 하는 욕구가 생기고 일의 활발한 추진이 있게 된다. 시험 및 취업에 가장 호운의 시기이므로 자신의 능력이 인정을 받아 활동할 수 있는 여건이 조성된다. 직장인은 승진의 기회가 엿보이며 보이지 않는 곳에서도 능력을 인정받을 수 있는 때이다. 투자 및 사업에 있어서는 동업을 하기보다는 독자적인 판단 하에 추진함이 좋으나 다만 현 상태에서 과다한 지출로 너무 크게 확대하지 않는 것이 좋을 것이다. 투자를 한다면 바람직한 일이나 빠른 시일 안에 소득을 바라는 것은 성급하고 위험한 판단임을 명심해야 한다. 현 시점에서는 장기적인 안목을 지니고 신중히 임하는 것이 좋다. 학생인 경우에 공부에 열의를 보이게 되며 시험에도 좋은 성과가 있으나 결과에만 치중하지 말고 자신의 목표를 한층 원대히 갖기 바란다.

4	3	7
2	1	3
5	4	9
2	8	1

일년의 운세

무리한 욕심이나 허황된 상태로 접근하다가는 큰 손해를 불러일으킬 때이다. 따라서 침묵하고 좀 더 생각하는 자세로 주위를 수렴함이 필요하다. 예상치 못했던 결과나 믿었던 주위의 배신도 따를 수 있으며 가정적으로도 자신의 위치가 흔들리는 경향이 많다. 활동적 상황이 정리되기 시작하며 좀 더 과감하면 좋은 결과를 얻을 수 있다. 변동에서도 큰 무리가 없으며 실리가 따르게 된다. 귀인의 도움으로 재물과 명예가 성취되고 안정된 상태에서 소망을 이룰 수 있으며 젊은 연인은 사랑의 결실이 있겠고 사업가는 순조로운 운영이 예측된다. 학생도 차분히 학업에 전념하여 능률이 오를 것이다.

■ 437

현재 상태가 불안하여 몸과 마음에 균형이 흐트러지니 매사에 갈등과 고민으로 시달리는 시기이다. 직장인은 현재의 위치에서 탈피하고자 하나 경솔한 행동은 금물이니 침착하게 여유를 갖고 자제하여야 한다. 계획하고 구상했던 일이 순조롭게 진행되지 못하니 가능하면 변동은 삼가기 바란다. 애정 관계 또한 사소한 시비로 갈등이 생길 수 있으니 이해와 포용이 어느 때보다도 필요하다. 이럴 때일수록 초조함을 버리고 아집이나 독선을 억제하며 건강에 유의해야 한다. 아울러 매사를 깊이 반성하고 생각하여 침착하게 다음을 기약함이 현명하다.

▣ 213

의욕이 침체되는 상황에서 자신의 변화를 찾으려다 오히려 구설이 되어 자신에게 이롭지 못한 영향을 끼치게 되므로 가급적 현 상태를 탈피하려는 과격한 행동은 삼가는 것이 좋다. 내색을 하지 않고 상황 그대로 인정하려는 태도를 보일 수도 있지만 계속되는 반목과 질시의 시선을 더 이상 묵과하지 못하고 오히려 상대에게 충격을 가할 수 있는 면도 있다. 사업이나 직장에서 뛰쳐나오고 싶은 심리적 중압감을 느끼고 이성간에도 이별의 아픔을 맛볼 수 있는 때이므로 가급적 남의 일에는 끼어들지 말고 일만 충실하게 해나가는 것이 바람직하다.

▣ 549

한 번의 좌절을 통해서 현실 및 미래에 대한 인식을 새로이 하게 되는 때이다. 전보다 강해져야겠다는 자각이 일며 현실 타개의 의지가 새로워지는 시기이다. 이 시기의 경험을 통한 산지식의 습득은 현실적이지 못하던 생활 태도에 큰 도움이 된다. 현실에 적응하기 위하여 실제적인 여건을 만들기 시작하는 상황이다. 차차 현재의 불안정함을 능히 극복할 수 있게 되므로 현재에 머무르려 하지 말고 미래를 위해 자신을 투자해야 할 시기임을 명심하고 더욱 분발하기 바란다. 타인과의 거래나 문서적인 측면에서 의욕보다 겸허한 우애를 병행하여 현실을 직시할 때 매사가 순조롭게 순행될 수 있다.

▣ 281

매사에 의욕이 왕성하고 뜻하는 바가 원활이 이루어지며 변화에서 활력을 갖게 된다. 이사를 가면 좋은 변수가 작용하여 뜻하지 않은 행운을 줄 것이다. 사업가는 현재 진행 중인 일에 변화를 추구해도 좋은 성과가 있겠다. 다만 금전적인 분야에서 좀 더 각별한 신경을 요한다. 이와 같은 호기일 때는 주변의 조언을 받아들여 현실성 있게 대처하면 좋은 결과를 얻게 된다. 만사가 불여튼튼이므로 자신의 계획을 차분히 구상하고 검토하여 실천함이 좋겠다. 새로운 협력자나 이성의 만남으로 좀 더 생활에 활력을 가질 수 있으나 현실적으로 갈등이 따르니 성급한 관계개선은 도리어 무기력한 시간적 낭비만 초래할 수 있다.

4	4	8
3	3	6
9	9	9
7	7	5

일년의 운세

적극성보다는 안정을 유지하는 성품이나 안정 속에서도 과감성 있는
자세로 임하는 것이 이상적인 때이다. 문서나 명예는 큰 발전의 기
회를 부여하므로 자신의 활동 기반을 확고히 구축할 수 있다. 다소
심리적 갈등이 대두되며 현실을 박차고 탈피하고자 하는 충동이 강
하여 변화적인 면을 모색하게 된다. 적극적이고 혁신적인 활동의 전
개를 꿈꾸며 확고한 위치확립을 위하여 노력하는 시기이다. 현실에
안주할 수 없다는 자각으로 현 상태나 위치를 벗어나 멀리 여행이나
출장 등을 갔다 올 수 있는 여건도 마련된다. 자신을 가로막는 장애
적 상황이 와도 그것에 구애받지 않고 자신의 길을 걸어가야겠다는
확고한 결심이 일어나므로 적극 자신의 능력을 발휘하여 이루고자
하는 바를 성취하기 바란다.

■ 448

환경의 변화나 자극적인 요소보다는 안정적인 분위기가 조성되면서
활력을 갖게 되며 금전적 소득이 배가되는 시기이다. 능력을 최대한
발휘 할 수 있는 여건이 조성되며 주위로부터 높은 신뢰감을 얻게
된다. 과격한 행동이나 과욕은 훗날 심리적 갈등과 능률 저하의 요

인이 될 수 있으므로 가급적 안정적인 중용의 도를 지킴이 시간적 여유를 갖는 길이라 하겠다. 성격상 과묵하고 여유가 있으므로 과감한 행동력보다는 오히려 안정적인 분위기 속에서 원만히 처리되는 일이 실적이 높다. 다소 여유를 가질 수 있는 때이므로 틈틈이 실력 배양을 위해 공부를 해두는 것이 바람직하다. 머지않아 실력 행사의 날이 오므로 차츰 준비의 시간을 갖는 것이 좋을 것이다. 금전적인 분야에서 구설이나 오해의 여지가 없도록 처세에 신경을 쓸 때이다.

■ 336

안정된 상태에서 추구하는 것이 보다 나은 실리를 갖게 되니 성급한 측면은 또 다른 갈등과 정신적인 피로감이 겹치게 되는 동시에 자신이 무능력하게 느껴지는 경향이 많다. 물론 욕구가 강하게 작용하지만 상태와 조화를 이룰 수 없는 상황에 봉착함으로써 충동적인 면을 갖기 쉽다. 심리적인 부분과 정신적인 측면에서 모든 것을 탈피하고 싶으며 따라서 건강까지 그 영향이 끼치므로 현실적인 안정을 추구함이 불가피하다. 명예, 문서적인 측면에서 자신의 능력을 활용할 수 있는 기회가 조성되므로 현실을 탈피하여 좀 더 발전적인 영향권으로 돌입될 수 있다. 지금까지의 상태를 보다 과감하게 점진적 발전으로 유도할 수 있도록 상황 흐름의 판단에 만전을 기하기 바라며 문서적 면에 신경을 쓸 수 있도록 하라.

■ 999

사업상 외국 여행을 하거나 타지방으로 출장을 가게 되는 기회이며 활동적인 분야에서 자신의 능력이 한껏 발휘되는 때이다. 분주한 만큼 소득도 따르며 원하는 바를 성취하겠다. 직장인에게는 변화와 함께 승진, 영전할 호기이며 사업가는 새로운 일에 착수하여 뜻을 이룰 수 있으므로 이 기회를 살려서 자신의 기반을 구축하고 사회에도 봉사하면 존경받는 인물이 될 것이다. 열심히 노력하며 묵묵히 지내온 지난날의 노고를 치하 받을 수 있다. 주변으로부터 명성도 얻고 존경도 받으면서 재물에 궁핍함도 없겠다. 일을 찾아서 분주히 활동하면 그 대가는 충분히 부여받을 수 있으나 주위의 병합이 필요하다.

■ 775

이 시기는 주관이 확고하지 못한 상태에서 성급하게 판단하여 화를 일으킬 수 있으니 매사를 세밀히 검토 분석하여 결정해야 한다. 정서적으로 안정을 갖지 못하니 남과의 충돌도 예상되며 노력한 만큼 결과가 빨리 나오지 못하니 의욕이 저하되는 때이다. 새로운 일의 구상은 피하고 겸허한 자세로 이 시기가 지나기를 기다려야 한다. 정신적으로 많이 약해져 있으므로 건강상태가 우려된다. 극기와 자기관리가 필요하니 재충전하는 기회로 삼아 현재의 상태를 겉으로 표출하기보다 내실에 신경을 쓸 때이며 경솔하게 타인의 일에 개입함은 금물이며 현실을 직시하도록 하라.

4	5	9
4	5	9
4	5	9
3	6	9

일년의 운세

좀 더 적극적인 자세로 매사에 임하는 것이 바람직하다. 물론 목적을 달성하기에 시간이 다소 걸린다 하더라도 자신의 주관대로 실행력 있게 움직이면 결과는 좋은 면을 보일 것이다. 목적을 달성하기 위해서 과감한 행동력이 요구되며 끈질긴 노력의 대가도 크게 기대할 수 있다. 때로는 실의에 빠졌던 일도 성취될 공산이 크며 의도하지 않은 기쁨도 따를 것이다. 명예나 문서적인 면도 아울러 추구됨과 동시에 안정 속에서 목적을 달성할 수 있는 기회도 주어지게 된다. 이런 상태에서는 자신의 의욕을 십분 발휘하여 활동적인 방향으로 치닫을 수 있는 힘이 필요하다.

■ 459

안정 속에서 과감성 내지는 포용력이 따르는 시기이며 동조자의 협조나 자문의 역할도 크게 기여하는 시기이다. 자칫하면 무사 안일주의에 빠지기 쉬운 심리적인 특성에서 벗어나 참신한 자신의 이미지를 정립하라. 적극적인 상태에서 선두적인 역할을 주도하여 동조의식을 불러 일으켜야 하겠다. 성격에서 오는 소극성에 대한 문제도 있으나 뚜렷한 목표의식을 갖고 추구할 때 능력이 최대한 발휘될 수 있는 시기임을 명심하라. 문서적인 측면에서 갈등이 고조되나 겸허한 정신적 자세로 돌입하여 확고하고 완벽하게 현실을 개척하여 나감이 필요하다.

■ 459

원만한 성격은 또 다른 무능으로 느껴지니 좀 더 과감한 행동력이 이익으로 연결될 수 있다는 정신적인 자세가 필요하다. 문서적인 기회나 주위의 여건 형성은 구성원의 입장에서보다는 주도적으로 주위를 제압하도록 하라. 자신의 뜻으로 관철시킬 수 있는 것이 중요하다. 매사에 보다 확고한 판단이나 독립적인 자세로 추진함으로써 안정권에서 탈피하여 목적을 쟁취할 수 있을 것이다. 능력 발휘나 재력의 형성에 있어서 주위의 동조를 얻을 수 있으며 무난한 성취감을 느낄 수 있을 것이다. 안정권에 치우치면서 의도대로 관철시키지 못했을 때는 또 다른 구설이나 지연적인 상태로 돌입될 수 있으니 매사를 손수 확인하여 자신의 능력을 최대한 이익으로 끌어 올릴 수 있도록 하는 것이 중요하며 정신적인 측면에서 자신을 북돋아 줄 수 있도록 스스로를 모질게 다스려야 하겠다.

■ 459

안정에서 이익을 생각하여 문서적인 분야에서 쟁취 감을 느낄 수 있으나 또 다른 고난이나 고통으로 연결될 수 있는 무모한 행동은 가급적 삼가야 한다. 현실적인 면을 점검해 가면서 실행에 옮길 때 위험 가능성을 충분히 배제할 수 있는 상황이다. 자신의 심리적 갈등이 쌓이면 발전적으로 지금의 상태를 지속할 수 없으니 이 점을 명심하여 점진적으로 앞으로 나아가기를 바란다. 타인의 일에 깊이 관여하거나 동조함은 가급적 피하고 실질적인 이익으로 부각시킬 수 있도록 하라. 매사에 안정성을 부여하면서 시간의 여백을 다른 분야로 돌려 활동하는 것이 이상적일 것이다. 점차 발전적인 상황으로 유도될 수 있다는 것을 명심하고 성급하게 종결짓는 오류를 범하지 않도록 하라.

생활의 단조로움에서 벗어나 무엇인가 자기 세계를 구축하려는 노력이 있게 되는 시기이다. 자신의 독자적인 일을 갖고자 하는 욕구가 생기며 일의 활발한 추진이 있게 된다. 각종 시험 및 취업 등에 가장 좋은 시기이므로 자신의 능력이 인정을 받아 본격적으로 활동할 수 있는 여건이 조성 된다. 직장인은 승진의 기회가 엿보이며 보이지 않는 곳에서도 능력을 인정받을 수 있는 때이며 학생인 경우 공부에 열의를 보이게 되며 시험에도 성공적인 결과를 얻게 되니 더욱 분발하여야 할 때이다. 하는 일에 점진적인 발전이 있는 시기이니만큼 최선의 노력을 경주하기 바란다.

4	6	1
5	7	3
8	1	9
8	5	4

일년의 운세

가정이나 외부로부터 심리적인 갈등을 느끼게 되는 시기이다. 주위의 동향을 관찰하여 구설이나 모함에 휘말리지 않는 것이 타당하다고 본다. 욕구불만이 쌓이고 가정에서도 안정을 구하지 못하는 경향이 있으므로 좀 더 깊은 이해와 배려하는 마음이 필요하다. 귀인의 협력으로 매사가 풀려나가며 금전적인 면에도 다소 안정을 유지한다. 명예나 문서는 자신의 의도대로 맞이하게 되며 남과의 교제에서도 승산의 기회를 잡을 수가 있다. 나름대로의 결단과 기회를 복합하여 현실을 안정적인 상태로 이끌 수가 있으니 성급하지 않는 겸허한 자세로 매사를 풀어나가길 바란다.

▣ 461

주변으로부터 귀인이 나타나 명예와 승진의 기회가 주어질 수 있는 시기이다. 그러나 사람을 잘못 만나면 곤경에 처하거나 구설수에 올라 문서 면에서 곤란을 당할 수도 있다. 사람의 선별에 신중을 기하기 바라며 보증, 담보, 증권, 카드 등의 문서는 가급적 피하고 자신의 확고한 주관으로 매사를 처리하면 안정을 도모할 수 있겠다. 이성간의 교재에서 가벼운 행동은 삼가고 시간을 충분히 두고 관찰해도 늦지 않는다는 점을 명심하라. 매사에 신중을 기하여 행동하는 것이 필요한 시기이다.

■ 573

명예 또는 직장에서 자신의 권익에 대한 욕구가 표출되는 가운데 전개되는 비우호적인 상황은 의지력으로는 통제되지 않으며 이미 자신의 목적이 현재에 존재하는가에 대해서도 회의감을 느끼게 된다. 스스로 견뎌내지 못할 경우 앞뒤 생각 없이 박차고 나올 수 있는 사태로까지 돌입될 수 있으니 가급적 생활의 폭을 제한하고 타인과 관여되는 일에는 손대지 않는 것이 좋다. 또한 심리적 불안정에서 건강의 침해가 우려된다. 신경이 예민해지고 상사나 수하 사람과의 의견충돌이 있으니 자신의 비운을 알고 인정함으로써 매사에 자기 억제력을 가질 수 있다. 이때만 지나면 곧 금전 및 문서로 행운의 시기가 오므로 과묵하게 자신의 처세가 모나지 않도록 세심한 주의를 요한다.

■ 819

귀인의 도움으로 명예와 승진의 운이 따르는 시기이다. 하는 일마다 순조로우니 삶에 희망과 행복감이 충만하다. 가정에서는 자녀를 보고 이성간의 교제에는 결실이 있어 결혼으로 이어지겠으며 사업가는 그 동안의 침체를 벗어난 활력을 보이므로 노력의 대가를 충분히 보상받아 기대치 이상의 소득이 있겠다. 직장인은 승진할 수 있고 공직자는 문서 처리에 더욱 신중을 기한다면 능력을 인정받아 명예를 얻겠다. 가정이 원만하여 만사가 순조로우니 화목과 평화가 꽃피겠다. 그러나 과욕으로 현재의 리듬에 무리가 가지 않도록 하고 지나친 주장으로 주위의 반목을 사지 않도록 주위하기 바라며 특히 원만히 거절할 수 있는 방법도 필요하다.

■ 854

금전적으로 소득이 따르므로 의욕적으로 매사에 임하게 되고 생활에 활력이 감돈다. 과감하게 일을 추진하게 되나 너무 강한 주관보다는 주변의 충고나 조언을 참고하여 행동하면 미연에 손해를 방지하겠다. 안정감이 결여되어 매사를 조급하게 서두르는 경향이 있는데 천천히 심사국고하는 것이 좋겠다. 자칫하면 혼자서 일을 하여 주위로부터 배척받기 쉬우니 여러 사람과 협동하여 일을 처리하는 생활 태도가 필요하다 하겠다. 차분한 마음을 갖게 되며 주위 환경도 조용히 가라앉아 안정감 속에서 매사를 도모할 수 있다. 다소 긴장을 풀 수 있는 시기라 해도 좋겠다. 따라서 현실에 순응하며 시간을 효율성 있게 활용하기 바란다.

4	7	2
6	9	6
3	6	9
4	4	8

일년의 운세

의기소침해 지기 쉬운 마음에서 자칫 의욕이나 욕구가 상실되며 자기 안정을 추구하기에도 다소 힘든 상태에 돌입한다. 자신의 목표나 이상이 꿈과 같이 여겨져 현실을 탈피하고 싶은 경향이 있으므로 너무 이상을 추구하기 보다는 현실적인 모색이 필요하다고 생각된다. 한편 심리적인 침체상태가 일시적이니 분발하여 좀 더 과감하게 목적을 달성하고자 충분한 노력을 경주함이 안정에 이르는 빠른 길이라 여겨진다. 아울러 재물도 따르니 자신의 입장에서 한층 분발하여 과감히 도전하는 것이 바람직하다.

■ 472

주위의 상황이나 자극이 민감하게 느껴져 매사에 마음의 갈등을 느끼는 시기이다. 이때는 현재의 위치를 탈피하고픈 욕구가 강해 공직자의 경우에는 뛰쳐나오고자 하는 경향이 농후하다. 행동이 앞서면 후회가 뒤따르게 되니 어느 때보다도 감정을 자제하고 다음을 기약하는 마음자세가 필요한 때이다. 정신적인 안정이 필요하니 현실을 직시하며 대처할 수 있는 능력을 보유하라. 불미스런 일이 발생하더라도 인내하고 기다리면 곧 치유되니 순간적으로 현실을 도피하는 경솔한 행동을 삼가고 확장이나 변동은 신중히 하여야 하겠다.

▣ 696

전반적으로 일의 막힘이 많고 상황의 돌변으로 인해 심리적인 갈등이 대두되는 때이므로 문서나 업무상의 차질이 초래되는 시기이다. 사업이나 직장에서의 업무상 무리함이 있을 경우 생각지도 않은 구설이 있게 된다. 문서적인 일이 대두되면 매사를 정확하게 확인한 연후에 서명을 해야 한다. 문서나 명예에 치명적인 사기를 당할 수 있는 때이므로 타인에게 의존적인 자세보다는 자신이 주도권을 쥐고 있는 것이 바람직하다. 학업이나 독자적인 일에 의욕을 가질 수 있는 상황이 전개되나 의욕을 잃고 무기력하게 느껴지기 쉬우니 매사에 확고한 판단과 적극적인 자세로 기회를 최대한 활용하기 바란다.

▣ 369

문서 및 서류와 관련을 지으면서 자신의 명예에 관계된 일들이 발생하기 시작하는 때이다. 명확한 공사 구분이 없으면 자신의 명예에 손실을 가져오는 결과가 초래된다. 자신의 판단 여하에 따라서 지금의 상황이나 하고 있던 일들이 빠른 진전 및 퇴보를 할 수 있는 극단적인 일면이 있는 시기이다. 이 점을 명심하고 자신의 행동에 무리가 없도록 현재의 상황을 점검하여 대비토록 해야겠다. 건강의 안정 및 심리 상태의 조절을 위해서도 각별히 신경을 써야 한다. 어떤 변화의 조짐이 있을 때는 내 위치에서 무난히 소화할 수 있겠는가를 먼저 검토한 후 수용토록 하기 바란다.

▣ 448

안정 속에서 모든 일에 임하니 매사가 순조롭고 의욕 또한 대단하니 계획했던 바를 관철하겠다. 가정에서도 원만하겠고 대인관계에도 무리가 없다. 그러나 타인에게 보증을 서는 일과 같은 일에는 신중함이 필요하다. 단호히 대처하면 야속하다는 원망을 살 수는 있으나 후회는 없을 것이다. 또한 명예가 상승하는 기회가 조성되니 안정된 방향에서 실질적인 이익으로 병합될 수 있도록 힘쓰라. 새로운 돌파구를 찾을 수도 있을 것이나 밀려왔던 금전적인 문제가 해결되기에는 시간이 걸린다. 생활에 활력을 되찾을 수 있도록 성급하지 말고 단계적으로 풀어나가도록 힘쓰라.

4	8	3
7	2	9
7	2	9
9	3	3

일년의 운세

굳건하고 확고한 자기 기반에서 뜻을 다져나갈 때이며 금전에 대한 인식이 강해져 생활에 활력과 금전 쪽으로 방향이 확고해진다. 변동에서 새로운 길을 모색하기보다는 현 위치에서 안정을 찾는 것이 유익하다. 하던 일을 전환하고 싶은 심리적인 경향이 있어서 안정된 상태를 영위하기에는 다소 권태나 갈등을 느낄 때이다. 투자나 투기는 한층 삼가 조심성 있게 행동하며 보증 담보는 절대 삼가는 것이 유리하게 될 것이다. 믿었던 사람이나 가까운 사람의 의외의 배신이나 모함으로 인한 구설이 따를 수 있으니 타인의 일에는 깊이 관여하지 말아야 할 때이다. 또한 건강에 신경을 쓰며 피로가 겹치지 않게 유념하는 것이 좋다.

■ 483

금전적인 욕구가 강하게 대두되는 시기이다. 금전에 관계되는 일이면 무엇이든 적극성을 띠고 성취하나 들어오는 만큼 지출도 있다. 금전으로 인해 주위의 반목과 질시의 감정이 속출 할 수 있으니 묵묵히 현실에 동조함이 필요하다. 확실한 신용을 갖추어야 한다고 본다. 허세를 부리는 것보다는 들어오는 만큼 비축해 두는 것이 현명하며 실질적인 재물의 형성을 위하여 외부의 손실이 없도록 지킴도 필요하다. 직장에서 혹은 사업상의 소득에 만족치 못하고 보다 큰 욕심을 내다보면 현 위치에서 이탈할 가능성이 보이며 한번쯤은 과오를 범할 수 있는 상황이 전개될 수 있다. 과묵하고 안정 위주의 성격이 흔들릴 조짐이 보이니 재물의 유혹에 강한 면모를 지녀야겠다.

▣ 729

변화하는 환경에 민감하고 적극적인 자세를 취함으로써 금전의 소득이 따르는 시기이다. 이전의 상태를 그대로 고수하려는 태도는 오히려 심리적인 중압감만 가중시키며 건강 또한 악화된다. 변화의 적극성을 가지고 활동하게 되면 자신의 능력 또한 인정받을 수 있는 일면이 있다. 변화변동적인 사항이 많으므로 주변 환경에 따라가려고 하는 것보다는 스스로 주위의 분위기를 이끌어가려 하는 의욕적인 자세로 돌입할 수 있도록 하라. 상황에 능동적으로 대처할 수 있도록 모든 면에서 긍정적이고 능동적인 수용자세가 무엇보다도 필요한 때이다. 이성과의 관계에서는 다소 소강상태에 놓일 수 있는 시기임을 명심할 필요가 있다.

▣ 729

능력이 저하되며 자칫하면 구설수가 따르니 그 어느 때보다도 몸가짐을 바르게 해야 하는 때이다. 특히 문서 면에서 신경을 써야 하고 과음을 삼가야겠다. 지나친 아집으로 일을 처리한다면 엄청난 손재수가 따를 수 있으니 스스로 자제하면 좋은 결과가 올 것이다. 노력에 비하여 소득이 없고 침체상태에 빠지게 되어 심리적인 고통이 큰 때일수록 시간을 갖고 기다리는 인내를 발휘할 때이다. 다음 기회를 엿보는 재충전의 시기가 될 수도 있기 때문이다.

▣ 933

건강에 문제가 생기겠으며 돌발적인 사고가 발생하기 쉬우니 이 시기에는 가급적 과로나 무리한 행동은 피하는 것이 좋다. 관재수와 병액이 있어서 매사가 될 듯 하면서도 이루어지지 않을 때가 많다. 현 상태를 유지하는 것이 상책이니 겉치레에 신경 쓰지 말고 실속 있게 이끌어 나가기 바란다. 정신적으로 매우 불안하기 쉬워 추구하는바 또한 불안하니 능력이 제대로 발휘되기 힘들겠다. 우선 마음을 안정시키는 것이 급선무라 하겠다. 예기치 않던 일이 곳곳에서 일어나고 마음이 더욱 불안해져 건강을 해칠 우려가 크니 이 점 유의하는 것이 좋겠다.

4	9	4
8	4	3
2	7	9
5	2	7

일년의 운세

 결단력을 갖고 자신의 의지대로 결행함이 필요한 때다. 명예가 따르고 금전적인 여건도 아울러 발전하니 좀 더 적극적인 상태로 밀고 나가는 행동력이 있어야 한다. 신용과 책임 있는 자세로 과감하게 선두에 서는 확고힌 자기 노력이 뜻을 형통할 수 있게 할 것이다. 그러나 밝은 전망이 전개되는 상황에서는 방종하거나 경거망동한 행동이 나을 수 있음에 유의하기 바란다. 마음속에 갈등이나 번민이 따르니 변화나 변동적 상황에서 자제하여 무난한 인간관계를 유지함이 필요하다. 상대로 하여 신경이 쓰이며 감정적인 면이 대두되니 냉철한 판단과 결단력이 필요하다. 가급적 현재의 상태에서 정면으로 부딪치지 말고 여유 있는 자세로 풀어나가는 것이 이상적이라 하겠다.

 ◾ 494

 매사에 성취욕과 더불어 문서와 명예의 욕구가 강하게 표출되는 때이며 능력도 최대한 발휘하게 됨에 따라 더욱 강한 의욕을 갖게 된다. 더불어 모든 것을 가급적 안정된 상태에서 풀어나갈 때 성취감을 느낄 수 있을 것이다. 자신의 행동이 주변에 강한 인식을 심어주며 안정을 가질 수 있는 계기가 된다. 다만 너무 강한 욕구는 상대로 하여금 모난 면을 갖게 하므로 원만한 인간관계가 필요함을 느낄 수 있을 것이다. 이런 상태에서는 적극적인 면을 보유함과 동시 주위 관계의 점검도 필요하다고 하겠다. 특히 시기를 택함도 중요하니 기회를 놓치지 않고 이 시기를 적극 활용하기 바란다.

▣ 843

금전적인 문제와 밀접한 관계를 갖게 되며 자신의 이익이나 명예를 겸비함에 따라 매사에 의욕을 갖는다. 자신감을 앞세워 발전적인 입장을 펴나감에 모든 점이 순조롭게 풀릴 수 있을 것이다. 매사에 조급할 필요가 없으며 순리를 택하여 보다 좋은 결실을 맺게 될 수 있다. 현 상태에서 주위 여건에 동조함은 물론 매사를 원만히 대처하여 문제의 해결은 무난할 수 있다. 다만 왕성한 의욕에 따라 건강도 유념하여 안정된 상태에서의 행동을 최우선으로 해야 할 필요가 있다. 건강문제는 항상 평소에 완벽한 관리로 신경을 써나가면 좋은 결과를 가질 수 있으니 명심하고 현실에 순조롭게 순응하며 경솔한 판단은 또 다른 갈등에 예속될 수 있으니 순리를 따라 순행하도록 하라.

▣ 279

여의치 않은 여건과 상황 하에서의 변화 추구에 몸도 마음도 피곤하게 되는 상태로 이것 저것 하고 시은 일만 많고 자신의 능력이나 주위의 제반 여건이 뒷받침해주지 못해 갈등을 겪게 되는 때이다. 현실 상황에 대한 불만과 불평을 심하게 표시하게 되는 경우가 종종 있겠다. 이러한 욕구 불만의 상태에서는 주위와도 불화를 일으키기가 쉬워 생각지도 않던 어려움에 휩싸이기 쉬운 것이다. 자신을 인정받기 힘든 경향이 있으므로 절제와 자제가 필요하다 하겠다. 외부의 유혹이나 현실의 탈피로 또 다른 갈등이 고조되며 눈앞의 일도 실현될 수 없는 입장에 놓이게 된다.

■ 527

급변하는 상황 속에서 일의 성사됨이 어렵고 일종의 심리적 무력감과 육체적 피로가 밀려드는 시기이다. 무리한 변동과 처세로 오히려 현 상태를 악화시키는 결과를 초래하기 쉬우므로 일에 적극성을 보이기보다는 차라리 무욕의 마음을 갖도록 노력하는 것이 좋다. 심리적 초조감에서 오는 건강 침체가 예상되니 잠시 현실을 떠나 멀리 여행을 함도 좋을 것이다. 문서적인 측면에서 갑작스런 결렬이 예상되며 남과의 충돌로 인해 주위 환경이 돌변하여 불이익을 초래할 수 있다. 위험성이 있는 일은 처음부터 냉정히 배제하는 정확한 성격이지만 자신의 관심이 미치지 못하는 것에서 불안감이 예상되므로 이런 때는 일의 확장 또는 직업의 변동, 과격한 행동 등을 삼가며 특히 건강에 유념하기 바란다.

5	1	6
2	7	9
2	7	9
9	6	6

일년의 운세

전반적으로 자신의 능력을 최대한 활용할 수 있는 시기로 변화적인 것도 좋은 측면으로 부각되기도 한다. 의욕을 적극 발휘하여 나아간 다면 좋은 결과도 기대된다. 다만 변화에서 오는 건강의 침체가 우려되니 주의를 기울여야겠다. 여행이나 외국을 나갈 기회가 따르며 활동적인 측면에서 매사에 의욕을 갖고 과감성 있게 추진해 나간다면 소망하는 일들도 이룰 수 있겠으며 직장인의 경우는 승진과 명예가 따라주니 목적을 위한 진취적인 자세로 과감한 변화를 추구함도 자신의 발전에 도움을 줄 수 있겠다. 안정된 상태에서 재물이 생기는 계기가 주어지니 하고자 하는 일에 대한 성취욕을 느낄 수 있는 좋은 결실이 맺어지겠다.

■ 516

새로운 사람과의 만남, 새로운 환경의 도래 등으로 생활이 활력을 되찾고 의욕이 충만 되는 시기이다. 이에 따라 이제까지의 생활 패턴에 새로움을 가져보고 싶게 되고 변화를 추구하게 되어 마음이 들뜨며 분주하게 되는 때인 것이다. 성인 남녀는 이성간의 새로운 만남과 선택, 학생 및 수험생은 학과 및 학교 등의 선택, 직장인이나 사업인은 새로운 사업 계획이나 직장의 이동 등으로 갈등을 겪게 되며 번민도 많이 하게 되는 때이다. 그 어느 때보다도 확고한 신념과 정확한 판단력이 요구되는 때이다. 변화적인 분야에서 새로운 돌파구가 예상되나 현실과 다소의 차이를 빚게 된다. 침묵하며 시기를 기다릴 때 비난을 사지 않으며 좋았던 관계를 지속함에 있어서 성급할 때가 아니다.

◼ 279

마음만 분주하고 실제적인 노력을 기울이지 못하면 결국은 현실적인 면에서 소득이 없고 건강에 이상을 초래할 수 있다. 구설이 따르거나 일시적으로 명예의 손상이 발생하기 쉬운 때이므로 행동에 신중을 기함이 바람직하다. 타인으로 인한 결실을 맺을 수 있기까지에는 아직 시기상조인 때이며 충분히 시간을 가지고 추진한다면 앞으로 곧 결과가 있을 것이다. 문서적인 분야에서 환경의 변화 등으로 인해서 하고자 하는 바가 더욱 뚜렷이 부각되는 상황이다. 우호적인 주위의 여건으로 능력이나 노력이 성과를 거두게 되는 때이다. 능력도 주위로부터 충분히 인정받으며 넓어지는 활동 반경을 갖게 되는 전 단계에 해당하는 시기이다.

◼ 279

새로움에 대한, 혹은 변화에 대한 강한 욕구 때문에 그것을 추구하기 위하여 활동의 영역을 변화시키거나 확장시켜 보는 상황이다. 어디를 가도 새로운 만남과 일일이 연결될 수 있는 상황이 되며 자신에게도 자극이 될 수 있는 여건이 조성된다. 능력을 적극 활용하며 외부로부터 자신의 토대를 쌓을 수 있는 상황이 마련되니 적극 활용할 때이다. 현재의 활동은 아직은 안정적이지 못하나 곧 안정을 가질 수 있는 여건이 조성되기 조급해 하지 말고 미래를 바라볼 수 있도록 해야겠다. 너무 여기저기에 연관을 짓거나 일을 도모하는 것은 수습하기 어려운 결과를 초래하니 꼭 해야 되겠다고 생각하는 곳에 역점을 둘 때이다.

■ 966

충분히 자신의 능력을 발휘할 수 있는 여건 하에서 안정을 갖게 되는 시기이다. 분주하게 활동하던 생활을 통하여 위치가 구축되며 생활력을 가질 수 있는 바탕이 조성될 수 있다. 자신이 할 것이 무엇인지 알 수 있게 되며 그것을 위하여 결실이 맺어지도록 눈을 돌려야 할 때이다. 다만 지금 매사에 어느 정도 확고한 신념을 갖고 목적을 추구할 때 성취감을 느끼게 된다. 더 이상의 환경의 변화나 자극적인 요소보다는 안정적 분위기를 유지함이 좋고 또 금전 유출의 폭을 줄이도록 노력해야겠다. 과감한 행동력보다는 안정적인 분위기 속에서 원만히 처리하는 일이 실적이 높겠다.

5	2	7
3	9	3
6	3	9
5	5	1

일년의 운세

지금까지 지속되어 오던 관계에서 문제해결의 실마리로 이어지는 변화가 예측되니 이성간에는 발전적이지 못한 관계를 청산하게 되고 직장인은 현직에서 변동이 온다. 주위의 변동에서 오는 갈등적인 문제도 해소될 수 있으나 다만 약간의 부작용이 우려되니 슬기롭게 대처하기 바란다. 이 시점에서는 자신의 능력과 기량을 최대한 활용하여 뜻을 관철함이 바람직하겠다. 과감한 변화로 하고자 하는 일에 나아감이 바람직하며 매사를 적극적으로 나서주기 보다는 안정권을 유지하는 편이 이롭다. 심리적인 갈등이 대두되는 상황도 전개되니 자신의 위치를 지속하면서 안정을 추구함이 가장 이상적이라 하겠다.

■ 527

이성간에 새로운 관계 개선이 시작되며 사업가는 자신의 능력을 펴나갈 수 있는 동반자의 역할을 구할 수도 있다. 한편 현실적인 분야에서 적극적인 상태로 전환되는 만큼 소득도 따른다. 현실에 싫증을 느껴 스스로 변화를 만드나 확실한 가치 기준이 성립되지 않은 상태여서 안정을 갖지 못하고 당황하게 되며 주위와도 멀어지게 되는 결과를 낳는다. 현실에 대한 적응력을 잃게 되며 정신적인 갈등이 고조되므로 매사에 거부감을 느낀다. 노약자는 건강의 침체가 우려되며 연인간의 헤어짐, 부부간의 불화 및 가족 친지와의 이별이 발생하기 쉽다. 자신의 확고한 가치 기준과 판단력에 달려 있겠지만 이러한 상태에서는 다음을 위해서 안정을 가지고 지속적으로 현 상태를 유지하는 것이 좋다.

■ 393

안정을 갖는 상태에서 자신의 실리를 추구할 수 있도록 노력할 때이다. 외부적인 측면에서 목적을 쟁취시킬 수 있도록 하라. 이전의 상태에서 벗어나고 싶은 충동을 느끼며 실제로 현실과의 마찰도 예상되나 때로는 묵묵히 현실을 고수하라. 문서상의 일의 추진으로 현 상태에서 발전적 면모를 가질 수 있는 기회가 있다. 주의할 것은 분별력의 결여로 어떠한 상태가 파국으로 종결될 우려가 있는 때이니 주위의 상황을 항상 염두에 두며 생활해 나가야겠다. 두 가지를 동시에 잘 할 수는 없다는 점을 명심하고 과욕이 없는 상태에서 생활을 이끌어 나가야 한다.

■ 639

생활에 변동을 갖게 되나 마음은 안정을 갖고자 하는 면이 강하므로 심적 갈등을 겪는 가운데서 자신의 위치를 확고히 할 때 책임감도 강하게 느낄 수 있도록 노력하라. 이러한 현실을 극복하는 것은 과감한 정신력이다. 과격한 상태에서 자신의 변화 변동은 실리를 찾지 못하며 곧 결렬되는 반목과정 속에서 크게 흔들릴 수 있으니 참고 인내한다면 자신의 의지를 다질 수 있는 시기가 된다. 한편 종잡을 수 없는 상황에 휩쓸리다 보면 안정을 갖지 못해 그 여파가 심신의 피로상태 및 건강의 악화를 초래할 수 있으니 흔들리지 않는 주관을 갖도록 하라. 자신의 위치를 한 번 더 점검해 보는 기회로 여기는 것이 바람직하며 문서상으로 연결되는 일처리는 신중을 기하고 현실 극복의 의지를 키워가며 다음의 기회를 모색해야 한다.

■ 551

문서적인 측면에서 새로운 돌파구를 찾을 수 있으며 외부적인 데서 분주한 만큼 노력의 대가와 목적을 관철시킬 수 있다. 정신적 갈등과 육체적인 갈등이 대두되고 현실을 탈피하고 싶다. 따라서 매사에 거부감을 느끼게 되고 의욕과 욕구가 없으니 침체된 상태에 놓이게 된다. 확고한 주관을 갖고 노력을 기하면 점차 호전될 수도 있다. 본인 및 가족 친지에게 뜻하지 않은 어려운 상황이 발생할 수 있는 시기이니 이에 대처할 수 있는 마음의 자세를 갖도록 해야겠다. 문서상의 불이익을 초래하게 되는 우를 범하기 쉬운 때이고 주위로 인하여 큰 어려움에 빠질 수 있는 시기임을 명심해야 한다.

5	3	8
4	2	6
1	8	9
1	4	5

일년의 운세

심리적으로 불안정하여 형이상학적인 생각으로 치우치며 새로운 돌파구를 찾는 등 정신적 갈등과 혼란을 갖게 되는 시기이다. 자신의 능력을 발휘하지 못하는 상태이니 안정을 유지하면서 건강에 유의하라. 따라서 심리적 갈등이 심화됨에 따라 종교에 의존하고픈 생각과 회의를 느끼기도 하므로 욕구가 금전에 앞서기 보다는 뚜렷한 목적 아래 과감성 있게 실현하면서 현재의 위기를 극복하는 것도 좋은 방법이라 하겠다. 뒤따르는 명예나 금전에서 다소의 여유와 능력을 되찾을 수 있지만 각별히 건강에 유념하면서 안정을 유지하며 재충전의 기회로 활용하기 바란다.

■ 538

귀인의 도움도 따르나 자신의 능력을 최대한 안정된 상태에서 발휘함이 바람직할 때이다. 매사에 적극성을 띠고 상대를 원만히 포용할 수 있는 정신적인 자세가 중요하다 하겠다. 주위를 무시하는 경향과 혹은 회피하는 가운데 자신의 정신적인 연령에 걸맞지 않은 상태로 이어지기 쉽다. 따라서 형이상학적인 생각으로 마음이 혼란스러움은 물론 매사에 부정적인 판단으로 분별력이 흐려지기 때문에 갈등과 오해가 따르기도 한다. 두뇌의 회전이 빠를수록 그 진통이나 복합성이 대두되어 매사에 의욕을 잃기 쉬우며 따라서 현실에 대한 갈등의 요소가 깊이 침투된다. 원만한 가운데 뜻을 이루는 안정권을 유지할 수 있도록 노력하기 바란다.

■ 426

현실적인 변화나 변동은 착수 단계에서부터 어려움을 겪으며 바라던 결과가 나오지 않는 상태이다. 또한 순조롭던 생활도 급변하며 자신의 마음도 주관을 잃기 쉬운 상태이니 주위의 감언이설에 동요되어 자신의 위치를 이탈하거나 감정적인 언행은 삼가길 바란다. 마음에도 없는 일들에 관련을 맺기 쉬워 손실만을 초래하는 결과를 낳는다. 어떤 상황의 확장이나 추진보다는 현 상태의 유지가 다음에 오는 기회를 적극 활용하기 위한 토대가 될 수 있음을 상기하기 바란다. 불의의 상해에도 주의를 요한다. 정신적인 안정이 필요하며 침체된 건강에서 탈피하여 좀 더 긴 안목으로 자신의 미래 세계를 볼 수 있는 초석이 될 수 있도록 현실에만 의존하지 말라.

■ 189

현실이 차츰 제자리를 찾기 시작하며 생활이 안정 궤도로 진입하는 시기이다. 따라서 금전적인 측면에서 점진적 발전도 예측되며 주위의 도움이나 사업에 활력을 찾게 된다. 새로운 성취 의욕도 가질 수 있으며 과거의 어려움에서 벗어나 현실에서 자신의 뜻을 도모할 수 있다. 이성간의 만남도 크게 활력을 가질 수 있으며 서로의 관계가 급진전할 수 있는 상태로 돌입된다. 경제적인 면으로부터 안정이 도모되기 시작하겠으며 생활의 다른 분야에서의 여건도 호전되기 시작할 때이다. 자신의 능력을 충분히 회복할 수 있는 기회로 삼아 주위 여건을 적극 활용하기 바란다.

■ 145

생활이 제자리를 찾아가는 가운데 자신이 하는 일들에 빠른 진전을 가져보고 싶은 욕구가 강렬해지는 시기이다. 뚜렷한 목적을 성취시킬 수 있는 마음의 자세와 정신적 자세가 합류하면 뜻을 찾을 수 있다. 현실에 변화를 가져보려고 하나 아직은 그 변화를 통해서 생활에 안정적 발전을 가질 수 있는 토대가 되지 못한다. 따라서 성급한 변동은 더욱 어려운 상황으로 자산을 몰아넣게 되므로 현재의 상태를 유지, 지속하면서 마음을 정리해 보는 것이 좋다. 심리적 불안이 초래되기 쉬우므로 현실에서 잠깐 벗어나 자신을 가다듬어 볼 수 있는 시간이 바람직하다. 건강에 유념하고 매사에 성급함이 없이 묵묵히 대처하라.

5	4	9
5	4	9
5	4	9
6	3	9

일년의 운세

안정된 측면에서 자신이 추구하는 바를 서서히 밀고 나간다면 쟁취할 수 있다. 명예, 승진 등 주위의 도움으로 예기치 않은 행운이 돌아오며 진취적인 자세로 추진한다면 뜻을 이루는데 어려움이 없겠다. 다소 건강적인 문제도 대두될 수 있겠고 구설에도 유념하여 언행에 신경을 써라. 안정권 내에서 일을 처리한다면 크게 문제가 야기되지는 않는다. 이성간에는 새로운 만남도 있겠고 지금까지의 상태에서 다소나마 발전적인 변화가 예상되며 자신을 일보 전진하게 하고 용기와 자신감을 부여하는 데도 한 몫을 한다.

■ 549

생활이 안정되기 시작하고 자신이 하고자 하는 일에 확신을 갖게 되며 차차 과감성을 찾게 되는 때이다. 그동안의 침체 상태에서 조금씩 벗어나 활력을 가지며 명예와 연관된 일에 적극성을 갖게 된다. 주위의 상황을 잘 검토해서 일을 한가지로 집약하는 일관성을 갖지 못하면 곧이어 좋지 못한 결과를 초래하게 된다. 현재의 일이 어떻게 다음으로 이러질 수 있으며 그 영향력이 어떠한가를 미리 예측할 수 있는 분별력이 요구되는 시기이다. 경솔하지 말고 현실을 직시하여 묵묵히 지켜나갈 수 있도록 하라.

■ 549

명예 및 지위 상승에 관한 욕구가 강해지며 그것을 이루기 위한 시도가 순조롭게 연결될 수 있는 주위의 상황이 자신을 더욱 분발하게 한다. 성취를 통한 안정을 갖고 싶은 욕구가 적극적인 행동으로 나서게 만들며 조금씩 이루어지는 기쁨이 있다. 자신의 장래에 대한 안정적인 상태의 확보를 꾀할 수 있으며 여러 모로 자신의 위치가 확고해지는 진전이 있다. 자신의 마음과 의지 여하에 성사가 달려 있으니 확고한 판단과 준비도 없이 무엇을 이루려고 할 때 성취 가능한 일들도 스스로 망치고 마는 결과를 낳을 수 있다.

■ 549

안정을 원하는 생각과는 달리 주위여건이 자신을 피곤하게 만드는 시기이다. 그러나 자신의 분발만 따른다면 주위로부터 크게 인정을 받아 위치가 확고하게 될 수 있는 때이다. 특히 문서적인 분야에서 성취감을 갖도록 하라. 안정을 꾀할 수 있는 방향으로 추진하되 주위는 보편타당성 있는 입장을 취해야 원만한 관계가 지속되겠다. 자신의 행동 여하에 따라 주위로부터의 평가가 크게 좌우되는 시기이므로 신중한 행동을 요하며 특히 앞으로 이어질 인간관계에 신경을 써야 한다. 확실한 검토 없는 변동의 추구는 여로 모로 악영향을 끼치게 되므로 주의를 요한다.

■ 639

접하는 주위의 상황이 뭔가 새롭다는 이미지를 부여한다. 남의 뜻하지 않은 말 한마디에 새로운 구상과 한 가지 선택의 문제에 봉착하게 되며, 이성간에 만남이 새롭게 대두되어 그에 따르는 심적 변화와 갈등이 따르겠으나 이전의 생활을 과감히 단절시키겠다는 생각은 하지 못한다. 주위로부터 색다른 섭외가 들어오면서 현 상태보다 좀 더 발전적인 변신을 시도하려 하지만 과감히 추진하지 못하면 심적 갈등만 심화된다. 과묵하고 사려 깊게 판단을 내리는 것도 원만한 상태를 유지하는 방법이다. 판단의 순간에 머뭇거리게 되면 오히려 구설로 변해버릴 수가 있다. 빠르고 신중한 판단이 요구되는 때이므로 과거든 현재든 양쪽 모두의 소유욕은 삼가며 주위와 마찰이 생길 우려가 있을 때에는 빨리 현 위치를 피하는 것이 좋다.

5	5	1
6	6	3
9	9	9
2	2	4

일년의 운세

혁신적인 변화 변동이 자신의 명예를 동반한다. 주위의 도움과 동조로 목적이 뚜렷하게 정립됨과 동시에 쟁취하는 행운도 가져온다. 뜻을 이루는 데 큰 어려움이 없다. 변화를 모색하고 변동을 갖게 되며 목적의식을 갖고 새로운 아이템을 구상하며 주위를 포괄적으로 보고 분석하여 신중한 변화를 갖는다면 기대 이상의 결과도 얻게 될 것이다. 자신감 또한 충만하여 지금까지의 뜻이 관철될 수 있으며 주위로부터 인정을 받게 되고 명예, 행운, 승진도 기대된다. 학생의 경우는 공부나 시험에도 어려움이 없겠고 심리적으로도 안정이 된 상태라 무난히 뜻을 이룰 수 있는 도약적인 발전이 기대된다.

■ 551

자신이 하고자 하던 바를 위해서 현 상태를 과감히 정리하고 상황을 급진전시켜보고자 하는 생각이 강렬하게 대두되는 시기이다. 그동안의 생활태도에 반성을 가져 보게 되고 좀 더 능률적인 방향을 모색, 자신의 의지가 다시 새로워지는 때이다. 명예 및 문서와 연관된 쪽에서 크게 변혁을 가져볼 수 있는 상황도 대두하며 그 방향으

로 의욕도 생기에 되는 것이다. 이 시기는 능히 의도하는 바가 성사
될 수 있는 때이므로 과감하게 한 방향으로 모을 수 있는 굳은 일관
성이 절실히 요구된다. 문서적인 측면에는 세심한 검토 분석이 필요
하다.

◼ 663

생활의 변화를 추구하는 가운데 삶에 자극을 가져 발전적인 측면으
로 연결시킬 수 있는 시기이다. 자신의 생각도 이와 같게 되므로 상
황의 흐름을 충분히 파악한 후 대처토록 한다면 무난히 자신의 뜻을
성취할 수 있는 상태이다. 현재 위치가 어디에 있으며 또한 무엇을
추구해야 하는 지를 판단할 수 있는 분별력이 필요하며 따라서 일의
성취도가 크게 좌우되는 시기이다. 한걸음 물러서서 나아갈 때와 물
러설 때를 판단하는 자세가 요망되며 바람직스러운 변화적 상황의
도래는 나의 분별력에 따라 결정되므로 신중한 판단에 따라 행동할
시기이다.

◼ 999

변화를 추구하는 나의 마음은 이제 무엇을 하고 무엇을 버려야 할
지를 결정할 시기에 처해 있다. 나의 선택에 따라 상황의 안정도가
크게 좌우되는 시점이며 나의 입장도 분명히 해야 할 때다. 이름 및
명예에 관한 일들에 특히 신경을 써야 상황을 발전적인 방향으로 이
끌 수 있는 시점이다. 또한 변모되는 상황을 긴 안목으로 추구할 때
성취감을 느낀다. 한순간의 나의 판단이 앞으로의 상황의 전개에 큰
영향력을 가지게 되므로 어떤 것을 선택할 것인가를 현실적 측면에
서 판단해서 행동할 일이다. 이제까지의 변동적 흐름이 결실로 맺어
져야 할 시기이므로 적극 분발해서 끝까지 인내하는 자세가 요망된
다.

◼ 224

지금까지 자신이 추구하던 뜻이 관철될 수 있으며 주위로부터 능력

도 인정받게 되는 시기이다. 명예나 문서적인 분야에서 추구하고 쟁취하려는 이상을 이루는 데 별다른 어려움이 없겠고 주위의 동료나 상사의 도움도 따르는 편이다. 적극적으로 행동에 옮긴다면 조금씩 뜻을 관철시킬 수 있겠다. 시험에도 행운이 따라주니 자신감을 갖고 추진한다면 좋은 결과가 기대된다. 한편 너무 지나친 자신감으로 안하무인격이 되었다가는 구설에 몰리는 경우도 있으니 주의해야 하겠다. 이성을 겸비하여 항상 겸손함과 부드러운 자세로 주위를 대한다면 원만한 유대관계의 유지에 도움이 될 수 있다.

5	6	2
7	8	6
4	5	9
7	1	8

일년의 운세

너무 명예에 치우치다 보면 오히려 자신의 이미지를 그르칠 우려가 있고 자신의 능력을 과신하여 무모하게 행동하면 구설도 따르게 되며 건강적으로도 어려움을 겪게 된다. 안정된 상태에서 재물적인 면은 다소 여유를 갖게 되지만 심리적인 갈등은 갖는 동시에 변화를 모색하게 된다. 여기에서의 변화는 자신에게 득이 되기보다는 생각지 않은 어려운 상황에 처하게 하니 가급적 안정을 취하고 묵묵히 지켜나가는 편이 현명하다. 금전적인 이득권이 주어지는 시기이니 자신의 능력을 최대한 활용하기 바란다. 이성과의 만남도 있겠고 이 시기의 변화는 목적을 쟁취하는 계기가 될 수 있다.

■ 562

자기가 부여한 목적에서 뜻을 이루는 계기가 생기며 명예가 뒤따른다. 명예로 인해 활력과 자신감을 갖게 되지만 최대능력을 벗어난 상황까지 가지 않도록 스스로의 관리가 필요한 시기이다. 취업을 원하는 사람은 뜻을 이룰 수 있는 시기이니 적극 활용하라. 행정적인 서식이나, 계약, 입찰 등으로 이익을 보거나 명성을 얻는다. 과욕으로 무리하게 활동하다 보면 건강을 해치는 경우가 오니 주의해야 한다. 학생 등의 경우 공부에 열의를 갖지 못하여 사소한 일로 신경이 예민하게 곤두서는 경향이 있으니 때로는 음악 감상, 독서로 취미생활을 하여 긴장을 풀어 보도록 한다.

■ 786
뜻하지 않던 재물이 주위로부터 자연스럽게 들어와 활력을 갖게 하는 상황이다. 한편 능력과 의욕을 적극 발휘하여 목적 추구에 진일보적인 자세로 나갈 때이다. 자신의 직책과 관련된 것들에서 소득이 있겠으나 계획성이 결여되어 득과 실이 비례하는 경향이 있다. 안정을 유지하면서 무난히 주위와 융화하고 의지를 분명히 해야겠다. 일시적 자만심이나 허영은 다음 상황에서 자신을 궁지에 몰아넣게 되는 결과를 초래하니 미리 다음을 대비하는 겸손한 자세가 요망된다. 정신적 갈등에 휩싸이지 말고 현재의 위치를 확고히 해두는 것이 좋겠다.

■ 459
변화는 금물이니 심리적인 안정을 지켜 소신껏 대처하는 지혜가 필요하다. 건강적인 침체가 오며 의욕이 상실될 우려가 있으니 유념하여 현 상태를 유지하도록 한다. 진취력이 저하되고 조급한 처리가 실수를 빚게 된다. 뜻을 이루기에는 장애가 따르며 주위로부터 구설이 뒤따르니 행동 하나 하나에 각별히 신경을 써서 근신함이 좋겠다. 갈등이 심하니 현 상태에서 탈피하고자 하는 작용이 강하며 매사를 자제하면서 서서히 자신을 재확인한 후에 행동으로 옮기기 바란다. 확고한 신념으로 뜻을 관철 시킬 수 있는 집념이 필요하다. 경직되고 일관된 자세로 임하기보다는 한 발자국 뒤로 물러서는 여유 있는 생활태도가 필요한 때이다.

■ 718
침체된 상태에서 벗어나 새로운 변동을 모색하고 변화로 인해 재물적인 측면에서 안정도 얻게 된다. 금전적 여유와 더불어 명예에 있어서 주위의 도움도 있겠다. 시점의 변화는 재물과도 연결이 되니 목적을 쟁취할 수 있는 계기가 주어진다. 능력을 최대한 활용할 수 있는 뚜렷한 목적의식이 정립되었을 경우에 재물과 명예가 따르는 것이다. 미혼인 경우엔 이성의 만남이 기대되며 아울러 생활의 활력을 갖게 되면서 새로운 구상이 싹트는 시기이다. 주위의 도움도 있는 시기이니 겸허한 자세로 받아들이기 바란다.

5	7	3
8	1	9
8	1	9
3	9	3

일년의 운세

현 상태에서 벗어나 발전적인 생각이 깊어지고 자신의 능력에 따라 큰 의미를 부각시킬 수 있다. 현실 탈피를 갈구하게 되고 새로운 일을 찾는 상황에 돌입하게 된다. 능력과 의욕은 저하되지만 순리적으로 받아들여 안정을 갖고 나아간다면 무리가 없다. 점차로 문서적인 면에서나 명예, 승진의 기회를 맞이하여 자신을 부각시킬 수 있다. 건강적으로 침체가 따르고 심리적으로도 안정을 갖지 못하니 가급적 남의 일에 개입하지 말고 겸허하게 현 상태를 받아들이는 자세가 필요하다. 보증담보는 피하고 추구하는 바를 충실히 행한다면 소기의 목적을 거둘 수 있다.

■ 573

생활의 권태감을 느끼면서 매사에 의욕이 저하되는 과도기적 침체 상태에 빠지는 때이다. 장래에 대한 확실한 비전도 없이 현 위치에서 도피를 하게 되는 일이 발생한다. 미래에 대한 막연한 기대감으로 현 상태의 일이 손에 잡히지 않고 불로소득을 꿈꾸게 되는 것이다. 직장인은 직장을 그만두게 된 후 퇴직금으로 엉뚱한 일을 시작하려 하기도 하고 부부, 연인간에도 권태에 빠지기 쉽다. 이러한 상황에서는 과도기적 상태에서 오는 심리적 불안정으로 인해 건강상태까지 나빠질 우려가 있으니 주의를 요한다. 확실한 비전 없이는 변동을 갖지 말고 현 상태를 유지함이 바람직하다. 따라서 새로운 사업이나 금전적인 측면에서 유통은 원만하며 능력과 의욕을 병합하여 추구함이 뜻을 도모할 수 있는 계기가 된다.

■ 819

자신의 명예 및 위치의 확립으로 안정의 기반을 추구하는 가운데 제자리에 들어설 수 있는 여건이 조성되는 시기이다. 생활의 측면에서는 큰 안정을 가질 수 있는 여건은 못 되지만 안정이 바탕이 될 수 있는 상황이 주위에 존재한다고 볼 수 있다. 문서 및 서류상의 일들과 많은 연관이 있으며 이를 위해 준비하였다면 이 기회에 성취할 수 있는 가능성이 큰 때이므로 취업을 원하는 사람이나 자격의 취득을 위하여 준비하는 사람이라면 충분히 도전해 볼 만한 가치가 있다. 자신의 명예의 성취에 관계되는 시기이므로 분발하여 위치를 좀 더 다질 수 있도록 먼저 노력하기 바란다. 아울러 보증 담보는 가급적 피하는 것이 유리하다.

■ 819

심리적으로 안정된 상태가 못 되니 불안하고 의욕이 저하되는 시기이다. 남의 일에 나서거나 개입하는 일은 삼가는 편이 손해를 막는 길이다. 특히 문서를 통한 보증이나 담보 또는 명예를 빌려주는 일은 자신에게 큰 손실이 있으니 주의해야 한다. 건강적으로도 침체된 상태이며 구설도 따르기 쉬우니 심리적인 부담과 갈등이 가중된다. 시간이 흐름에 따라 차츰 안정을 갖게 되고 갈등도 해소되는 상황이 기대된다. 항상 언행에 조심하고 모든 일에 있어 재확인하며 추진해 나간다면 안정을 유지하는 데 큰 어려움이 없다.

■ 393

자신의 건강과 생활에 무리가 따르며 주위의 여건도 장애 요인으로 작용하게 되는 상황이다. 본인의 능력이 부족함을 절실하게 느끼게 되며 포기적 상태로 몰아갈 수 있다. 전반적인 의욕의 침체로 생활에 활력을 잃으며 건강상태마저 같이 침체되는 어려움이 따른다. 시간의 흐름에 따라 갈 때가지 가보자는 끈질김과 오기가 작용하기 시작해 극복할 수 있는 원동력으로 작용할 수 있게 된다. 끈질긴 집념의 자세를 계속 유지할 수 있도록 노력할 일이며 중도에서 포기하지 않도록 더욱 격려해야 할 시점이다.

5	8	4
9	3	3
3	6	9
8	8	7

일년의 운세

어느 때보다도 금전에 대한 인식이 강해지며 재물에 집착하게 된다. 능력을 한껏 활용할 수 있으며 목적을 성취함에 있어서도 재물과 문서가 따라주며, 변화 변동이 아닌 주변의 도움으로 재물과 문서를 갖게 되고 모든 것이 형성되며 지속된다. 순리대로 순행하여 나아감이 안정을 지속하는 길이다. 투기에도 좋은 결과가 기대된다 하겠다. 다만 부족함이 없는 상태라 자칫 방종하기 쉬우니 매사를 신중히 처리해야 한다. 명예에도 좋은 시기이고 학생의 경우는 소망을 이루지만 건강이나 정신적 갈등으로 엉뚱한 일에 노력을 낭비하는 경향이 있으니 본연의 임무에 충실하기 바란다.

■ 584

바야흐로 주위 환경 및 나의 생활이 불안상태를 벗어나게 되며 새로운 전기를 맞이하게 되는 때이다. 앞으로 발전적으로 이어질 여러 대상들과의 만남이 시작되며 그 결과가 하나 둘씩 나오게 되는 것이다. 금전적인 강한 욕구가 충동되므로 무엇이든 시작하는 것이 좋다. 미해결된 문제들을 해결할 수 있는 계기가 조성된다. 금방 싫증을 낸다든지 안도감에 빠져 미래를 그르치는 일이 없도록 스스로 주의해서 좋은 결과가 나오도록 최선의 노력을 경주할 시점이다.

■ 933

귀인의 도움으로 미해결된 문제들이 확실히 풀려나가기 시작하며 계속되는 호운으로 능력이 한껏 발휘되며 주위로부터도 인정을 받기 시작한다. 명예, 승진의 기회도 따르고 전반적으로 생활에 안정을 찾으며 미래에 대한 포부도 강해지게 된다. 애정, 금전, 승진 및 명예가 따르는 좋은 시기이니 자신이 하고 싶던 일들을 여러 방면으로 시도할 때인 것이다. 무슨 일이든지 결실을 맺을 수 있는 기회가 오기에 꼭 하고자 하던 바를 한 가지 정해 성취토록 한다면 장래를 위해서 더없이 좋은 일이 되겠다. 다만 시간의 흐름에 따라 더 잘되겠지 하는 안일한 생각은 금물이라 하겠다.

■ 369

일에 대한 어느 정도의 성과에 따라 현재를 돌보아야 하는 시기이다. 그동안 했던 일들의 진전 상태를 냉정하게 판단하여 현실성을 갖도록 마무리하는 작업이 필요한 때이다. 아직까지는 모든 여건이 순조로운 상태이나 뜻하지 않은 어려운 일이 발생하려고 하는 조짐이 보인다. 이제까지 인연을 맺고 있던 인간관계에 새로운 변화가 예상된다. 자신의 판단을 확고히 하면서 주위와의 융화도 충분히 생각해야 하겠다. 기존의 관계나 현재의 상태에 변화가 올 수 있는 가능성에 따라 이에 대한 대비가 요망되며 현실에 대한 적극성을 배제하기 바란다.

■ 887

정신적, 육체적인 건강의 불안에 따르는 심리적 위축감을 느끼게 되며 동시에 자신의 명예에 치우치는 경향은 또 다른 갈등을 유발한다. 문서나 명예는 구설에 직결될 수 있으며 침체된 상태에서 정신적으로 갈등을 느끼며 매사에 의욕을 상실할 우려가 크다. 주장을 강하게 밀고 나가려다 드디어 구설이나 오해를 불러일으킬 소지가 크니 자기능력을 과시할 필요는 없을 것이다. 한편 주위와의 융합이나 합리적인 문제해결의 방법이 필요하며 주위에 대한 인식이 너무 단편적인 측면으로 치우쳐 오류를 범하지 않도록 해야겠다. 과로나 잡기를 삼가고 건강을 지키면서 주관적이고 감정적인 면으로 너무 치우치지 말고 객관적인 면을 보유하여 나가면 좋은 면으로 뜻이 형통할 것이다. 성급하지 말고 감정을 억제하여 이성으로 대처함이 필요하다.

5	9	5
1	5	6
7	2	9
4	7	2

일년의 운세

상대의 의견에 가볍게 동조하지 말고 자신의 주관적 행동이 필요한 시점이다. 심리적인 갈등으로 인해 행동반경이 한층 좁아지고 권태감을 느끼며 안정적 기준을 둘 수 없다. 자칫하면 친구관계나 이성 간에 배반이 성립되며 직장이나 동료 간에 불화가 연속되는 상태에서 현직을 탈퇴하는 경향이 크다. 또한 생각지 않게 옛날에 교재를 하던 친구나 이성을 만나게 되거나 주변 상황에 혁신적 계기가 조성되며 갈등이 지속될 수 있다. 따라서 즉흥적이고 본능적인 행동에 주의하며 이성을 갖고 좀 더 차분한 정신적 안정이 필요하다. 과감한 실천을 통하여 문제의 해결과 안정을 되찾게 되며 문서를 통한 금전의 유통이 원활하다.

■ 595

이성간에 새로운 만남이 있으며 문서적으로 발전적 계기가 조성될 수 있으나 확장이나 무리한 활동의 전개보다는 원만히 대처하는 것이 최선의 길이다. 선택에 따르는 변화의 추구는 주위의 선배나 동료와의 대화를 통하여 관철시킬 수 있으나 너무 강인한 주장은 또 다른 불씨를 조성할 수 있으니 안정된 상태에서 하나씩 문제를 풀어

나감이 바람직할 것이다. 새로운 변화에서 귀인의 도움은 좋으나 경솔한 처세에서 또 다른 갈등이나 심리적인 변화를 조성하여서는 안 된다. 한편 젊은 층에 따르는 이성문제는 현재의 상태가 침체와 결별의 과정으로 돌변할 수 있으며 따라서 복잡한 정신적인 문제를 유발할 수 있다.

■ 156

전반적으로 문서상의 문제로 주위의 여건에 동조할 수 없게 되며 매사가 현실적으로 받아들여지지 못하는 때이다. 한편 침착함을 잃고 능률이나 의욕마저 저하되는 시기가 될 수 있으니 신중을 기하는 것이 좋다. 특히 이성간에는 헤어짐이나 마찰의 우려가 있으니 일보 양보하는 마음으로 감싸주기 바란다. 정신적 안정이 필요한 때이니 매사에 심사숙고할 때이다. 주위가 갑자기 돌변하는 경향이 있으니 가급적 중요한 거래 및 새로운 일의 시도는 삼가야 한다. 혼란스러운 정신을 가다듬어 또 다른 오류를 범하지 않도록 철저한 자기관리가 필요한 시점이다.

■ 729

보다 과감한 자세로 현재까지의 상태를 재정비하는 과정으로 돌입될 수 있으며 차분히 능률적인 방식을 취하고 자신의 뜻을 확고히 함으로써 성취감을 갖게 될 수 있다. 문서적인 분야에서의 문제의 대두와 환경 변화 속에서 상황을 구체적으로 이끌어 나갈 수 있는 정신적인 자세와 확고한 책임의식의 필요를 느낄 수 있을 것이다. 매사를 추진하는 과정에서 주위와 융합할 수 있으며 또한 끈질긴 면을 유지하여 동조의식을 유도하여 뜻을 성취할 수 있다. 결코 성급하지 않은 마음의 여유가 필요한 시기이며 문서적인 면에서 확고한 실천성을 갖게 되며 아울러 그 결실의 맺고 끊음이 정확할 때 성취감을 느끼게 된다.

◼ 472

 금전적인 갈등이나 욕구충족의 강한 심리작용이 따를 것이다. 욕구의 추구는 실질적인 이익으로 부각될 수 있으며 자신의 목적에 따른 의욕도 따른다. 물로 현실적으로 얼마나 받아들여지며 목적을 추구하는 과정에서 얼마나 성실하고 꾸준한 노력을 기울였는가 돌아보아야 하겠다. 한편 너무 강한 욕구는 오류를 범할 수 있으며 실질적인 이익을 경솔하게 포기하는 경우는 또 다른 갈등을 유발할 수 있으니 매사를 보완하고 점검하는 식의 신중함이 필요하다. 승산의 계기보다는 완벽하고 주의 깊게 관찰하여 다져나감으로써 뜻을 성취할 수 있을 것이다. 정신적으로나 물질적으로 안정감이 감도는 시기이다.

6	1	7
4	8	3
7	2	9
8	2	1

일년의 운세

주어진 기회에 과감하게 대처하여 자신의 실리를 얻을 수 있다. 새로운 변화를 계기로 금전적인 여유도 생기며 일대의 전환기에 접어들어 취업을 원하는 사람은 무난히 이루어지며 시험에도 좋은 결과를 접하게 된다. 아무리 좋은 기회가 찾아온디 하더라도 기회를 놓치면 목적을 이룰 수 없으니 어떻게 활용하는가에 자신의 성취가 달렸다 하겠다. 가급적 안정을 추구하고 변화나 변동을 삼가야 할 것이다. 때로 피로감과 의욕의 좌절을 느낄 수 있지만 상반기에 변화를 갖기 않는다면 크게 타격은 없으니 차분하게 시간의 흐름을 기다리는 여유가 필요하다. 차츰 안정을 갖게 되고 이성이나 귀인과의 만남도 연출된다.

■ 617

새로운 변화를 시도하는 개혁의 기쁨이 충만할 때로 사물의 개혁, 가옥의 개축, 이전, 직업의 전환 등 모두 좋은 시기이다. 현재는 유쾌할 정도는 아니라도 노력하면 신임도 얻고 인정도 받게 되어 점차 입신출세할 기회가 올 것이다. 다만 조급한 마음에 일을 서두르면 역효과가 올 수 있으니 침착하게 여유 있는 자세를 가지도록 해야겠다. 그러므로 높은 이상을 추구하면서도 가볍게 여유를 즐길 수 있는 낙천적인 면을 지니는 것도 필요하다. 이러한 때는 균형이 잡힌 생활의 지혜를 찾는 것이 중요하며 금전적인 면에서는 현실을 고수하여 투자나 투기는 가급적 기다림도 필요하다. 외부적인 결정은 정신적 피로감을 느낀다.

■ 483

금전적인 욕구가 강하게 대두되는 시기이다. 금전에 관계되는 일이면 무엇이든 적극성을 띠고 성취하나 들어오는 만큼 지출도 있다. 금전으로 인해 주위의 반목과 질시의 감정이 속출할 수 있으니 묵묵히 현실에 동조함이 필요하다. 확실한 신용을 갖추어야 한다고 본다. 허세를 부리는 것보다는 들어오는 만큼 비축해 두는 것이 현명하며 실질적인 재물의 형성을 위하여 외부의 손실이 없도록 지킴도 필요하다. 직장에서 혹은 사업상의 소득에 만족치 못하고 보다 큰 욕심을 내다보면 현 위치에서 이탈을 감행할 가능성이 보이며 한번쯤은 과오를 범할 수 있는 상황이 전개될 수 있다. 과묵하고 안정위주의 성격이 흔들릴 조짐이 보이니 재물의 유혹에 강한 면모를 지녀야겠다.

■ 729

변화하는 환경에 민감하고 적극적인 자세를 취함으로써 금전의 소득이 따르는 시기이다. 이전의 상태를 그대로 고수하려는 태도는 오히려 심리적인 중압감만 가중시키며 건강 또한 악화된다. 변화의 적극성을 가지고 활동하게 되면 자신의 능력 또한 인정받을 수 있는 일면이 있다. 변화변동적인 사항이 많으므로 주변 환경에 따라가려고 하는 것보다는 스스로 주위의 분위기를 바꿔 이끌어가려 하는 의욕적인 자세로 돌입할 수 있도록 하라. 상황에 능동적으로 대처해야 할 수 있도록 모든 면에서 긍정적이고 능동적인 수용자세가 무엇보다도 필요한 때이다. 이성과의 관계에서는 다소 소강상태에 놓일 수 있는 시기임을 명심할 필요가 있다.

■ 821

자기의 변신이 있음으로서 생활의 혁신적인 변화를 꾀하게 되며 주위 환경이 또한 다른 측면을 부여하게 된다. 이로 인해 심리적인 갈등이 대두되면서 색다른 모색의 충동을 강하게 느끼게 된다. 생활과 사람들에게 다소 권태감을 느껴 새로운 만남의 시도를 급진전으로 전개시키나 후에 심리적, 육체적 방황의 화근이 될 수 있으므로 과거를 돌아보지 않는 생활 태도는 오히려 주위의 따가운 시선을 받게 될 것이다. 이성과의 인연이 있거나 주위에서 여러 가지 제의가 자신의 가치판단에 혼란을 줄 수도 있으니 가급적이면 현 상태를 고수하는 것이 바람직하다. 현재는 이미 와있는 상태에서 다시 돌이킬 수 없지만 다가오는 시간에 대해서는 가급적 잘못을 저지르지 않도록 상황의 흐름을 세밀히 주시해야 하겠다.

6	2	8
5	1	6
2	7	9
4	1	5

일년의 운세

 문서에 따르는 변화적인 측면에서 명예도 따르나 과욕을 내포한 경우 도리어 구설이 뒤따르는 경향이 있다. 심사숙고하여 자신의 주관적 사고방식을 타인에게 우기지 않는 책임 있는 행동이 뒤따르면 주위로부터 호평을 받게 되니 순리를 택하기 바란다. 발전적 과정에서는 명예와 문서적인 측면을 신중하게 택하여 결여된 부분이 없는가를 확인하고 행동에 옮겨야 한다. 지금까지 추진하던 문제가 때로는 의외로 빨리 풀려나갈 경우도 있으니 문제의 해결을 성급하게 생각하지 말고 차분히 검토해야 할 시점이다. 이성간에 좋은 변화를 모색할 수 있으며 밝은 전망에 주위로부터 호감을 받을 수 있다.

■ 628

 자신의 의도대로 변화, 변동의 조짐이 보이며 실제적인 행동으로 옮기게 된다. 뜻을 관철하기에는 다소 힘겨운 상태라고 생각할지 모르나 이런 경우 환경적 조건에 동조하며 소신껏 추진하면 뜻을 이룬다. 특히 명예, 문서적인 분야에서 발전된 상황을 불러일으키니 사업가는 계획의 추진이 무난하며 공직자는 명예가 뒤따르고 승진의 뜻을 이룬다. 때로는 좀 더 과감하게 밀어붙이는 결단이 필요하니 일관된 상태로 밀고 나가는 것이 용기의 원천이 될 수 있다. 또한 적극적으로 변화나 변동에 주관을 갖고 밀어붙이게 되는 경향이 있다. 지금가지 침체된 상태를 탈피하는 용단과 좀 더 폭넓은 인간관계에서 뜻을 이룰 수 있도록 하라. 일시적으로 예상치 못한 금전의 유출이 발생하기 쉬우며 미리 대비하는 것이 효과적이다. 아울러 문서적인 측면이나 보증담보는 가급적 자제를 요한다.

◼ 516

노력의 결과로 명예와 승진이 따라주므로 추구하는 바를 확고한 신념을 가지고 행동에 옮기면 목적을 달성할 수 있다. 성급한 경향이 있고 자신의 생각만을 고집하는 경향이 있는데 이점 주의하면 원만하게 주위를 포용하는 과정에서 능력을 십분 발휘하게 된다. 취업을 원하는 사람은 일자리를 구하게 되고 시험에서도 좋은 결과를 얻을 수 있다. 생활의 활력과 의욕이 넘치다 보면 기대 이상의 결과와 인연도 있어 좋은 측면으로 연결된다. 시기를 적극 활용한다면 원하는 바를 무난히 이루게 될 것이다. 기회를 포착하여 적절한 시기에 신속히 행동에 옮기기 비리머 주위의 자문이나 조언에 신경 써서 성급하지 않도록 매사를 실행하라.

◼ 279

모든 여건이 변화하여 일시적으로 의욕과 욕구가 충동되므로 자신의 능력을 보다 적극적으로 활용하여 점진적 발전을 도모할 수 있도록 하라. 따라서 현재의 위치를 탈피하고자 하는 욕구가 강하게 느껴진다. 이시기는 무리하게 변동하거나 확장하는 일은 없도록 하며 시간을 두고 신중하게 검토해야 한다. 건강에 유의하고 매사를 자제하는 마음과 자신을 재확인하는 끈기와 정성이 현재의 상황을 극복하는 지름길이다. 좀 더 긴 안목을 갖고 대처하며 확고에 판단이 앞서 매사를 두들겨 보는 검토분석이 요망된다. 원만한 인간관계의 유지에도 노력을 기울여 심리적인 안정을 우선 도모하기 바란다.

▣ 415

다소 지연되고 정체되었던 상황에서 벗어나 활력을 갖고 뜻을 이루어가게 되며 안정된 분위기에 접어들게 된다. 이성간의 새로운 만남도 주어진다. 과감히 현실을 박차고 나가 크나큰 변혁을 꾀하려 하나 준비과정에 치밀한 계획과 구상이 동반되지 않을 때는 기대만큼의 결과를 얻기는 힘들겠다. 행동이 앞서기보다 정확한 논리로 확인하는 여유를 지니도록 하고 경솔한 판단은 오류를 범할 수 있으니 명심하여 대처하는 것이 이상적일 것이다.

6	3	9
6	3	9
6	3	9
9	9	9

일년의 운세

자신의 노력에 따르는 결과를 무난히 얻게 되나 점차로 형이상학적인 공상과 종교에 대한 관심이 짙어지기 때문에 현실에 대한 적극성이 결여되기도 한다. 공과 사의 구별을 명확히 하여 행동해야 한다. 보증 및 담보 계약은 불이익을 초래할 수 있으니 가능한 이 시기를 피함이 이롭다. 문서적인 측면에서는 좋은 결실을 맺게 되며 자신의 실력 발휘에도 좋은 계기가 조성된다. 추구하는 사업이나 명예는 정신적인 발전을 가지며 기발한 계획이나 실현이 뒷받침되는 때다. 후반은 활동적인 측면에서 이익과 능률이 오르고 국내의 여행 등 폭넓은 활동과 인간관계를 형성하는 흐름이 기대된다.

■ 639

자신의 능력 이상으로 결과를 거둘 수 있는 시기가 될 수 있다. 자만하지 말고 완벽하게 두들겨보는 통찰력이 큰 의미를 갖게 되며 문서나 명예에서 성취감을 느낄 수 있다. 자신은 물론 가족의 건강에 이상을 초래하기 쉬운 때이므로 건강과 구설에 신경을 써야할 때이다. 이해하지 못하는 형이상학적인 공상을 하게 되며 현실에 대해 적극성이 결여되는 시기가 될 수 있다. 가급적 논리를 타인에게 주입하려 하지 말고 독단적이고 집요한 판단을 삼감이 바람직할 것이다. 융통성의 결여로 상대가 돌변하여 적이 될 우려가 있으므로 언행에 조심해야겠다. 하는 일에 대해서도 확실한 점검이 필요하며 엉뚱한 일로 자신의 명예에 손상을 입을 수 있음을 명심해야 한다.

◼ 639

공식적인 일과 사적인 감정을 명확히 구분해 행동해야 할 때이다. 사적인 친분이나 인정에 못 이겨 가까운 인사 청탁을 받거나 문서보증 및 담보 등을 제공한다면 그것으로 인해 자신이 구설수에 오를 수 있음을 상기하기 바란다. 주변사람과 불의의 충돌을 초래하기 쉬우니 가급적 일처리에 있어서도 원칙대로 밀고 나감이 안전하다. 가끔씩 건강문제로 의욕이 침체될 수 있으니 체력의 안배도 신경을 써야겠다. 가족의 건강도 우려되며 가급적 불길한 곳에는 가지 않는 것이 좋다. 사람들의 연륜을 무시하지 말고 귀를 기울여 참고하기 바란다. 재차 강조하는데 공과 사의 구별을 명확히 함으로써 능력을 십분 발휘할 수 있는 때이다.

◼ 639

건강 문제도 발생하며 심리적 불안이 오기 쉬우므로 자신의 능률이나 정신적인 측면에서 보다 진보적이며 발전적인 태도가 요망되는 시기이다. 매사에 너무 완벽하고 실리나 의욕이 강해 주위에서 거부하는 경향이 있으니 여유 있는 자세로 원만하게 대처해야 한다. 자신의 완벽함이 주위에 전달되는 과정에서 문제가 따를 수 있는 것이며 아울러 포용하는 능력이 부족하기 쉬워 매사를 거부적으로 느끼기 때문에 자신을 피곤하게 하는 것이다. 미비한 점을 좀 더 보완하고 융합하여 빠른 발전으로 이끌 수 있도록 하라. 갈등적 상황이면 좀 더 너그럽게 주위를 이해할 수 있는 측면에서 매사를 포용하면 자신의 안정은 물론 성취감도 갖게 될 것이다.

◼ 999

보다 과격한 정신적인 자세로 돌입하며 의욕도 크게 작용한다. 침체된 상태를 벗어나 활력을 불러일으킬 수 있으니 매사에 발전적이며 진취적인 자세를 갖기 바란다. 따라서 활동적인 측면에서 자신의 이익과 추구하는 점을 능률적으로 활용해야 할 것이다. 해외여행이나 또는 현 상태를 탈피하여 폭 넓은 인간관계는 물론 지금까지 답답한 상태에서 벗어나 활동적이며 능동적인 자세로 변화할 수 있는 시기이다. 문서나 변동에서 또는 자신의 직장에서 매사가 순리적으로 이루어질 수 있으며 명예도 뒤따라 발전으로 전환될 수 있는 계기가 되니 성급하지 말고 여유로 대처하면 승산으로 전환된다.

6	4	1
7	5	3
1	8	9
5	8	4

일년의 운세

안정된 가운데 자신의 실리를 추구해야 하는 시기이며 경솔하게 판단하여 심리적 갈등을 초래하지 않도록 해야 한다. 곤고한 가운데 보람을 얻기란 쉽지가 않으니 매사 자제하고 타협과 원만한 처세가 필요한 시기이다. 상반기는 가능한 타인의 일에 개입하지 않는 것이 이로우며 단계적으로 주관을 관철한다면 무리 없이 목적을 달성할 수 있을 것이다. 능력과 여건을 백번 활용하여 추진하며 불필요한 지출은 가능한 억제하고 후반을 최대로 활용함이 현명하다.

▣ 641

다소 여유로운 가운데 실리를 추구해가며 현재의 시점에서 변화는 그다지 이롭지 않으니 자중하여 현재의 상태를 고수하는 편이 바람직하다. 가능하면 자신의 일이 아닐 경우에는 개입하지 않는 편이 이롭고 수고에 비하면 크게 소득이 없이 분주하기만 할 뿐이다. 확고한 주관으로 매사에 신중을 기해야 안정을 지속시킬 수 있으며 이성과의 인연도 주어지니 새로운 기쁨도 있겠고 겸허한 측면에서 상대를 확고히 파악하고 진행할 수 있도록 하라. 경솔한 입장에서는 도리어 갈등만 고조된다.

■ 753

활동력이 지속되다 보니 다소 침체가 따를 수 있으며 그로 인해 의욕이 저하되어 자신의 능력도 제대로 발휘하지 못하는 경향이 많다. 정신적·육체적 갈등이 심화되다 보면 때로는 현실을 떠나 보고픈 마음도 생긴다. 현재의 상태에서 움직임은 그다지 현명한 선택이 될 수 없다. 차분히 시간이 지나기를 기다리는 마음이 필요하며 안정에 노력해야 한다. 주위와도 원만한 관계를 유지하기 위해서는 많은 자제력이 따라야 하며 가급적 생활의 폭을 제한하여 마찰이나 대립을 피함이 바람직스럽다. 이 시기만 지나면 다소 회복의 상태로 접어들게 되니 내일을 기약하는 것이 이로울 것이다.

■ 189

문서적인 방향으로 좌우되는 명예욕은 뜻을 성취시킬 수 있는 핵심적인 부분에서 중요한 작용을 한다. 능력이나 재력이 뒷받침될 수 있으며 사업가나 직장인으로서 하고자 하는 의욕에 따르는 성취감은 큰 활력으로 역할 한다. 주위의 도움도 크게 작용하면 금전적인 측면에서 현실적인 욕구의 충족도 가능하니 실리적인 면으로 매사가 무난히 관철될 수 있다. 다만 중요한 것은 단계를 반드시 쌓아 올라가야 하며 능력과 아울러 주위의 여건도 동조자 역할을 하게 되니 포용력을 강하게 하여 모든 점을 수용하며 겸허한 상태에서 출발하는 것이 이상적이라 하겠다. 이런 상태에서는 윗사람의 신임을 얻으며 상사 또는 친구들 간에도 부각될 수 있는 위치에 놓이게 되며 이성도 따르게 되는 때이니 보다 적극적으로 이해와 아량으로 보살피면서 욕구를 관철시켜 나갈 수 있도록 노력하라.

■ 584

지연되었던 일들이 터지기 시작하여 당황하게 되며 안도의 숨을 돌릴 수 있는 시기이다. 논리와 이론을 정확히 짚어가기보다는 좀 더 적극적인 행동으로 금전의 소득 및 정신적 안정을 얻을 수 있다. 문서 및 직장에서 그전의 상황이 돌변하므로 금전의 유용 및 소득이 있으며 가정 내에서도 원만한 분위기가 조성되나 낭비의 우려가 잇다. 여러 사람이 관계 되는 일에는 충분히 자신의 실리가 따르며 투자 및 새로운 일을 시작하는 무리가 따르지 않도록 자신의 능력 범위 내에서 종결짓는다는 정신으로 임하면 뜻도 따른다.

6	5	2
8	7	6
5	4	9
1	7	8

일년의 운세

너무 강한 쟁취력이나 오기로 성급하게 질주하다 보면 금전적이나 명예적으로 바람직하지 못한 문제를 일으킬까 우려된다. 어떠한 모함이나 구설을 의식하지 말고 자신의 의도대로 꾸준히 밀고 나간다면 무난한 설계에 힘입어 뜻대로 형통될 것이다. 겉으로 보기에는 화려하나 실속을 갖지 못하는 때이며 특히 경솔한 판단에서 실수도 따를 수 있을 때니 대화로써 매사를 풀어나가는 방법이 현명할 것으로 여겨진다. 문서나 명예는 후반기에 대처함이 보다 안정되며 뜻이 관철되어 나아간다. 성급하거나 매사를 자신의 뜻대로 관철시키려 하지 말고 주위를 포용하여 같이 보조를 맞추어 나가길 바란다.

■ 652

주변과 융합하지 못하는 관계로 매사가 짜증스럽고 현재의 상태에서 벗어나고픈 충동이 강할 때이다. 의욕이 상실되고 능력이 제대로 발휘될 수 없는 경향이 있다. 가급적이면 심리상태를 안정시키고 주변의 일에 대하여 이해하고 수용하는 마음가짐이 필요한 시기로 어려움을 극복하고 나면 자신의 능력을 다시 한 번 확인하는 계기가 될 수 있도록 하라. 자신의 일을 이성적으로 처리하는 지혜가 필요하며 지나친 아집이나 고집은 삼가 주위 사람들과 어울릴 수 있어야 한다.

■ 876

자신의 저력을 과시하듯 현 상태에서 과격한 변화를 시도하므로 금전적인 유리함이 돋보이긴 하지만 그것이 직업의 전환이나 명예까지 이어지기에는 다소 시간이 걸릴 듯하다. 뜻에 굽힘이 없는 상태라면 연결의 실마리가 보이지 않는 정체 상태라도 약진의 발판이 된다. 금전과 자신의 욕구에 따르는 일의 태동이 있게 되는 때이므로 능력을 분주하게 발휘하게 된다. 건강이 다소 침체되기는 하나 뜻하는 바를 성취하는데 별 어려움이 없고 건강에만 주의하여야 한다. 주위의 도움과 배려도 있어 기대 이상의 결실을 맺기도 한다. 자기중심적인 독단은 상황을 전복시킬 수 있으니 유의하여 주위의 조언에도 귀를 기울여 수용하는 융통성이 요구된다. 성급하지 말고 단계를 쌓아 올리는 측면에서 풀어 나간다면 문서의 해결은 완결된다.

■ 549

전반적인 주변의 여건이 의도와는 다른 방향으로 전개되다 보니 초조하고 불안한 가운데 의욕마저 상실되는 침체의 분위기에 휩싸이게 된다. 망설이고 기다리기보다는 과감하고 진취적인 방법으로 환경을 바꾸어 보는 것도 무방할 것 같다. 편협한 사고방식은 자신의 활동 범위를 좁게 하니 보수주의적인 사고방식에서 탈피하는 개방적인 면이 요구되는 때이다. 현실적인 욕구나 능력을 인정받을 수 있는 시점에서 너무 안일한 점만 보지 말고 진일보적인 활동성과 과감하고 능동적인 자세로 돌입하라. 문서나 명예에 신경을 쓸 때이며 안정된 측면에서 제반 문제를 풀어나가며 뚜렷한 주관을 가지고 일관성 있게 처리해야 할 것이다. 아집이나 독선적인 행동은 실행에 오차를 가져올 수 있다.

■ 178

지연되던 일의 추이가 자신의 노력을 통해 발전적으로 나타나며 생활에 활력을 불어 넣어준다. 다소 건강적인 어려움은 따르겠지만 자중하고 생활한다면 그다지 힘든 상태로 파급되지 않는다. 과격한 태도보다는 침착한 자세로 행동하는 것이 필요하며 시간적 여유를 갖고 안정을 구해야 한다. 의욕과 적극적인 행동만으로는 건강에 대처하는 데 시간이 필요하며 안정을 취할 수 있도록 하라. 모든 일이 이루어지는 것이 아님을 명심해 한 속도 늦추어 실천에 옮긴다면 원만한 결과를 얻을 수 있으며 금전적인 소득도 따라 조금은 여유로운 상황이 기대되나 실질적인 지출이 급상승하며 보증이나 담보에 신경써야 된다. 무리한 투자 투기는 실효를 얻기보다 갈등에만 휩싸이게 한다.

6	6	3
9	9	9
9	9	9
6	6	3

일년의 운세

막혔던 문제의 해결을 볼 수 있는 시기로 매사가 안정되며, 순리적인 방법으로 문제가 풀리는 경우가 많다. 지금까지의 지연된 상태에서 좀 더 활동적인 상태로 연결시키면 해외로 출장이나 여행의 길도 열리며 관으로 인한 승진이나 명예가 따르는 획기적인 기회를 갖고 있다. 자신이 이것을 어떻게 받아들여 기회로 활성화시키느냐에 따라 보다 진취적인 상태로 발전할 수 있다. 매사가 철두철미하여 용의주도한 반면 과감하게 실행하는 추진력이 부족한 점을 감안해서 뜻을 관철하여 밀고 가는 행동력을 길러야 한다. 적극적인 상태로 심리적인 방향을 변화시켜 시간의 능률적인 활용과 함께 계획과 의지가 일치되어갈 때 목적을 달성시킬 수 있는 기회가 될 것이다.

■ 663

차분하며 매사에 진보적으로 소신을 다해갈 때 뜻이 형통할 수 있는 길이 열린다. 점진적인 발전으로 돌입되며 능력이나 명예가 뒷받침이 되어 의욕이나 욕구가 강하니 자만에 빠질 경우도 많겠다. 항상 겸허한 입장에서 뒤를 돌아보고 침착하게 다져나가면 좋은 발전이 있으니 가급적 안정을 추구하며 점진적인 발전으로 이끌어 나가는 것이 유익하다. 한편 너무 한 곳에 치중하다 건강에 문제가 뒤따르지 않게 늘 조심하는 것이 필요할 것이다. 지나치게 완벽을 추구하다 보면 까다로운 형이라는 소리도 듣겠으나 장점으로 부각되기도 한다.

▣ 999

명예나 문서적인 측면에서 추구하는 것이 형통되며 따라서 매사에 의욕이 충만 되어 현실적으로 부러움이 없을 것이다. 한편 타지나 해외로 나갈 수 있는 여행의 기회도 주어지며 사업가는 분주한 만큼 거래관계에서 능률이 오를 수 있겠고 의지를 마음껏 발휘할 수 있는 계기가 된다. 또한 공부를 필요로 하는 학생일 경우는 외국으로 나아가거나 활동적으로 자신의 학문을 더 깊이 연구할 수 있는 기회가 뒤따른다. 이러한 상태에서는 능률과 재력이 겸비됨은 물론 의도대로 관철시켜 나갈 수 있는 여건이 조성된다 하겠다. 다만 이성간에서는 마음을 표출하는 과정이 진실성을 잃기 쉬우며 현실적으로 갈등이 뒤따르기 쉽다.

▣ 999

의도하는 바를 관철시키는 과정에서 주위여건에 갈등이 고조될 수 있으나 항시 긴 안목으로 일관되게 나아가면 성공할 수가 있다. 보다 적극적인 상황으로 돌입될 때는 주위의 여건과 찬반의 대립이 능률이나 의욕을 저하시킬 수 있다. 반대를 위한 반대는 무기력한 싸움으로 돌변하며 결코 실효성이 없는 상태에서 시간만 낭비할 수 있으니 과감성 있게 대처할 필요가 있다. 주어진 기회를 잘 활용하여 자신의 발전을 도모하는 노력과 함께 목적을 위하여 진취적인 자세로 돌입될 수 있도록 일보 전진하는 위용을 갖추기 바라며 특히 문서적인 분야에서 성급하지 말고 단계적으로 풀어나감이 바람직하다.

▣ 663

또 다시 따르는 명예나 문서에서 의욕과 욕구가 충만 될 수 있으며 따라서 지금까지의 활동적인 상태가 완전히 자신의 위치에서 뜻을 펴나갈 수 있는 기회로 바뀐다. 능력이나 평소 쌓아놓은 모든 것이 주위를 통해 크게 활력을 갖게 되는 시점에서 보다 나은 길을 택할 수 있어야겠다. 다만 자만하지 말고 겸허한 상태에서 주위의 모범이 될 수 있게 규율과 책임의 한계를 명확히 지키면 좋은 결과가 예상되며 학생도 자신의 의도대로 매사에 관철될 수 있는 시기가 된다. 한편 입시나 또 다른 분야에서도 소기의 목적이 성취됨은 물론 매사에 의욕을 갖고 행동하니 발전적인 계기가 된다. 다만 자만은 주위로부터 호응을 받지 못함을 상가하기 바란다.

6	7	4
1	2	3
4	5	9
2	5	7

일년의 운세

 자칫 타인과의 연결이나 결합에서 좋지 않은 결과로 난처한 지경에
놓이게 되며 실리적인 갈등과 마찰로 인해 의욕이 저하될 우려가 있
다. 한동안의 안정으로 다소 여유를 얻으며 생각지 않은 만남이 연
출 된다. 오랫동안 헤어져 지낸 친구나 애인, 별거중인 부부는 우연
한 기회로 상봉의 기회를 맞게 되어 기쁨과 슬픔이 엇갈리는 혼란도
있다. 안정의 추구에 마음을 쓰게 되며 다소의 마찰이나 충돌도 우
려되니 슬기롭게 넘겨야 금전적인 측면도 안정을 얻게 된다. 시간적
여유를 갖고 주위를 포용하며 건강적인 문제도 주의를 기울여야 하
니 매사를 서둘러 처리하려는 성급함을 버려야겠다.

■ 674

 건강에 문제가 따르며 매사가 다소 지연되는 느낌으로 자신의 이미
지를 관리하는 데 게으르지 않도록 배려해야겠으며 가능한 자신을
내세워 부각시키기보다는 조용히 내실을 기하면 도움이 될 것이다.
피로가 가중되고 마음의 여유를 갖지 못하니 매사를 안정권에서 처
리하고 새로운 계획의 시도는 무리이니 구상으로 그치고 다음의 기
회를 활용해야 한다. 여행이나 현실을 떠나려는 마음도 생기지만 가

급적 안정에 주력하여 내일을 기약하는 마음으로 자중하기 바라며 현실적인 힘을 키워나가는 것이 효과적으로 쌓아 올릴 수 있는 계기를 조성한다.

■ 123

안정된 가운데 자신의 페이스를 찾아 생활을 익혀가며 뜻하지 않은 만남으로 기쁨을 얻기도 한다. 오랫동안 헤어져 지낸 친구나 애인을 만나 마음의 동요를 느끼지만 분명한 선을 그어서 의사를 밝혀야 후유증을 막을 수 있다. 현재의 상황에서 변화하고픈 마음은 간절하나 이 시기의 이동은 심리적 불안만 가중되고 크게 이득은 없다. 가능한 현실을 고수하며 남의 일에 개입하지 않는 편이 바람직하다. 새로운 섭외나 확정은 시간적인 여유를 갖고 안정된 분위기에서 결정함이 이로운 때이다. 정신적인 갈등과 심리적인 갈등이 교차되며 현실에 무능함을 보일 때이며 따라서 축적하는 것이 이상적이다.

■ 459

이성이나 또는 동료, 직장에서의 충돌로 인해 심리적 위화감이 지속되지만 정신적 안정을 갖게 되는 시기이다. 과감성 있는 행동으로 스스로에게 활력을 불어 넣어 안정을 쟁취해야 한다. 과감한 적극성으로 다소 침체된 분위기에 활력을 가질 수 있으나 한번쯤 더 일의 변동이 있으니 소극적인 행동을 취하면 자기능력에 의혹 감을 가질 수 있다. 지나간 일에는 집착을 갖지 말고 새롭게 대두되는 일에 의욕을 가져야 할 때이며, 특히 문서적인 분야에서 검토 분석하여 현실적인 이익으로 도모하는 데 힘쓸 때이다.

■ 257

매사가 능력과 의욕의 일치로서 뜻을 조성하는 계기가 된다. 점진적인 방안을 모색하여 단계적인 측면에서 발전으로 연결시킬 수 있도록 적극적인 행동도 필요하다. 명예나 금전적인 분야에서 다소 어려움을 느끼나 차분하게 분석하여 가능한 현실을 직시하고 단계적으로 쌓아 올릴 수 있도록 힘쓴다. 현실적인 이익보다 순행하는 과정에서 뜻을 도모하도록 하라. 침착하게 자신을 돌아다보고 하고자 하는 일을 분석하여 행동으로 옮기는 것이 필요하며 심리적 안정을 바탕으로 매사에 철저한 관리 운영의 방식을 갖도록 하라. 한편 건강에 따르는 현실성은 의욕을 둔화시킬 수 있음으로 자신의 주장보다 주변의 식견을 수렴하여 지혜롭게 대처하는 것이 바람직하다.

6	8	5
2	4	6
8	1	9
7	4	2

일년의 운세

금전적 호운을 맞이하여 매사가 순리적으로 풀려 나가며 아울러 새로운 안정이 추구되며 문서적으로도 좋은 때이다. 좀 더 자신의 노력의 대가에 기대를 걸 수 있으며 안정적인 활동성에서 보다 큰 결실을 맺을 수 있다. 이성간에도 지금까지의 지연된 상태가 활력을 불러일으키나 겸손한 마음의 자세가 필요하다. 재물은 실리적인 면에 강하니 섬세하게 계획을 세워 매사에 철두철미하게 움직여야 할 것이며, 경솔하거나 자만함은 금물이다. 다만 노력을 게을리 하지 말고 자신 및 주변을 활성화하며 좀 더 폭넓은 이해력을 살려 여유롭게 대처해야 한다.

■ 685

재물 운이 강하게 작용하여 주위의 생활이나 사업 또는 자신이 하고자 하는 분야에서는 순조롭게 풀릴 때이다. 낡은 것을 버리고 새로운 변모를 갖추는 시기이며 개혁과 전업, 전직, 가옥의 수리, 개축 등에 무리가 없다. 이와 같은 시기에 최선을 다한다는 자세로 일에 임하면 천운을 만나겠고 주위 사람들로부터 신임과 인정을 받겠다. 일을 진행하기에 앞서 철저한 계획을 세우고 미비한 점이 보이면 즉

시 시정하여 나가면 의외로 커다란 성과를 올릴 수 있다. 또한 새로 사귀는 사람마다 자신에게 도움이 되며 흉금을 터놓고 지낼 수 있는 친구나 이성도 만나게 된다. 현실에 만족하고 쌓아온 모든 분야에서 묵묵히 지켜보는 것이 이상적일 것이다. 무리한 확장이나 의욕은 시간의 지연이 뒤따르며 결과를 예상하기에는 힘든 감이 예상된다.

◼ 246

안정된 가운데 추구하는 바가 서서히 이루어질 수 있는 때이다. 모든 것이 원만하게 뒷받침되니 자신의 능력이 최대한의 경지에 이르러 주위의 인정을 받게 된다. 가정에는 이사 운이, 자신에게는 명예 운이 따르기도 하고 사업가에게는 문서가 강하니 국영 기업체를 상대로 하거나 관과 관련된 일에 더욱 큰 발전이 있다. 기존 사업을 확장하여도 무리가 없으며, 금전운도 안정되고 문서에 운이 강하니 계약이나 입찰 등에 주력하면 좋은 결과를 얻을 수 있다. 남녀에게 좋은 인연이 맺어져 결혼으로 이어지겠다. 모든 일에 자만을 경계하여 스스로를 망치는 일이 없도록 해야 한다. 특히 문서적인 보증 담보는 가급적 자제를 요하며 주위의 징에 치우치는 행동은 자신을 곤경으로 몰아넣을 수 있는 계기가 됨을 특히 명심하라.

◼ 819

실질적인 결실을 맺을 수 있는 시기이다. 금전의 소득과 유용에 있어서 자신이 독단적으로 처리하기보다는 도와주는 사람이 나타남으로써 다리의 역할과 견제 세력의 역할을 겸하게 되며 실패할 확률이 거의 없다. 문서도 이로워 자신이 의도한 바가 그대로 관철될 수 있는 때이므로 가진 능력의 100% 발휘를 기대할 수 있다. 금전, 이성 및 문서에도 무리가 없어 평안한 상태가 되므로 이러한 분위기 속에서 남녀 간의 결합도 가능하게 된다. 지연된 상태에 있는 문제를 처분하게 되는 것은 도리어 손해를 자초할 수 있으나 시간을 갖고 대처함이 바람직하다. 다만 너무 자만에 빠지거나 집착치 말고 다소 융통성 있는 처세가 필요한 때이다.

■ 742

 사람의 욕구는 주기적으로 반복되고 끝이 없지만 이러한 때는 심리적인 허탈감이 느껴지며 현실 안주와 의욕 부족의 상태에 빠지기 쉽다. 안정된 상태에서 무료함을 느끼게 되며 그로 인한 일시적인 의욕의 저하를 초래하게 된다. 급변하는 상황에 민감하게 반응을 보일 필요는 없고 진보적인 일면이 없다 할지라도 현재의 안정적 상태를 유지하는 것이 바람직하며, 가족과 자신의 건강에 이상이 있을 수 있으며 혹 금전의 지출이 있을 조짐이 보인다. 생활의 의미를 잠시 망각할 수 있는 때이니만큼 목표의 재설정도 필요하며 심리적인 갈등과 침체는 태만한 비활 동에서 기인하므로 자극적 요소를 스스로 창출해 나갈 때이다. 이성간에는 다소 발전적인 면모를 지닐 수 있으며 공존할 수 있는 새로운 생활의 공간을 연출하라.

6	9	6
3	6	9
3	6	9
3	3	6

일년의 운세

지금까지 쌓아올린 공이 인정을 받으며 문서적인 측면의 일이라면 발전의 계기가 조성되어 인사이동, 확장, 변경 등에 좋은 결실을 맺게 된다. 학생의 경우는 시험에도 좋은 결과를 얻으며 자격증의 취득에 자신의 능력을 최대한 발휘해 기대 이상의 결과를 얻는다. 성급함 보다는 안정을 추구하면서 주위의 자문이나 조언을 귀담아 두는 것이 도움이 된다. 가능한 타인에게 간섭이나 개입을 않는 편이 좋으며 건강에 많은 신경을 기울여 안정을 도모하기 바란다.

■ 696

승진, 명예, 문서면에서 행운이 많이 따르니 명예와 관록으로 바라던바 뜻을 이루게 된다. 그러나 자기 과시욕을 자제하고 이성적으로 일을 처리해야 한다. 꾸준히 주어진 일을 실행해온 노력이 빛을 발해 자신의 능력을 인정받는 계기가 주어진다. 문서적인 측면은 발전적인 변화가 기대되며 자격증이나 논문의 발표도 기대 이상의 효과를 보게 된다. 지금껏 미루어 왔던 일이 있다면 이 기회에 행동으로 옮겨 보는 것도 좋고 학생의 경우는 시험에도 능률이 오른다. 다만 능력을 과신한 행동은 자신의 이미지를 흐려놓을 수 있으니 유의해야 되며 문서적인 분야도 성급히 말고 묵묵한 활동이 큰 비전을 안겨 준다. 확인, 검토, 분석이 자신에게 이익을 준다.

■ 369

문서적인 측면에서 보증 담보에 신경을 쓸 수 있도록 해야 한다. 성급함 보다는 안정을 추구하면서 주위의 흐름에 동조하는 것이 보다 나은 길이라 하겠다. 문서적인 완벽함을 추구하는 가장 좋은 비결은 주위의 자문이나 조언을 귀담아 두는 것이라 하겠으니 경솔한 판단은 오류를 범함을 명심하기 바란다. 이론에 밝고 경우가 바르며 논리에 강인한 편에 속하지만 때로는 주위와 병합하지 못하는 경우가 많다. 그것은 다른 견해에서 비롯되는 것이며 아울러 이런 상태에서는 마찰이나 갈등의 우려가 매우 크니 가급적 함구하는 편이 이로우며 시간이 해결해 준다는 방침을 머리에 두고 묵묵히 대처하라. 꼼꼼한 성격에서 타산적인 실리를 추구함은 도리어 갈등을 고조시킬 뿐이다.

■ 369

심리적인 갈등의 상태가 고조되면서 뜻과 행동의 일치를 느끼지 못하여 의욕이나 욕구에 침체를 느끼게 되는 경우가 많다. 타인의 일에 간섭이나 개입을 않는 것이 좋으나 인간적인 측면에서 보증 담보의 정적인면이 금전상이나 정신적인 어려움을 느끼게 한다. 한편 관재 구설의 우려와 건강상으로도 갈등을 느낄 수 있으니 가급적 현 위치에서 문서나 보증 문제에는 보다 세심한 주의가 요망된다. 따라서 명예에 누를 끼치지 않게 조심하며 특히 건강에 유의하고 무리한 행동은 자제하며 단계적으로 쌓아가도록 하기 바라며 문서적인 방안은 현실적으로 도움이 되지 못하므로 시간을 두고 검토, 분석하는 데서 뜻을 도모할 수 있도록 하라.

■ 336

심리적인 불안상태에 돌입되는 갈등적 상황은 자신의 능력을 감소

시킬 수 있는 때이다. 이런 상태에서는 매사에 능률도 저조하며 욕구나 의욕도 침체하여 실리를 추구하지 못하는 경우에 놓이게 된다. 건강에 유념함은 물론 단계적으로 시간의 흐름에 따른 해결이 필요하고 침착하게 추구하는 바와 주위의 여건을 조화시킴은 물론 윗사람의 충고나 자문의 역할이 큰 비중을 차지할 수 있음을 명심하기 바란다. 여유 있는 자세로 어려움을 극복할 수 있는 지혜를 발휘할 수 있게 되며 현실에서 탈피하고 싶은 강한 욕구도 발생하나 잠시 자신을 뒤돌아보며 확고히 목적을 쟁취할 수 있는 기회를 조성시켜라.

7	1	8
6	9	6
3	6	9
7	7	5

일년의 운세

귀인의 도움을 받아 일의 추진에 큰 힘이 되며 이로 인하여 명예적인 측면이 한층 돋보이는 때이다. 생활에 안정을 찾아 자기 목적을 실현하는 데는 별 어려움이 없으나 지켜나갈 수 있도록 노력하라. 간혹 문서로 주위에 물의를 일으킬 수 있으니 신중함이 요구되지만 지혜를 발휘해 어려움을 모면하는 재주 또한 발휘된다. 되도록 타인의 일에 깊이 관여하거나 나서지 않는 편이 좋다. 심리적 갈등이 대두되는 때이며 타인으로 하여 의욕이 저하되는 경우도 발생하므로 건강에 더욱 신경을 써야 한다. 대인관계에서는 상대에 대한 의사표시를 명백히 하여 서로에게 오해가 없도록 하며 더불어 원만한 생활을 해나가도록 양보나 너그러움이 절실한 때이다.

◼ 718

귀인의 도움이 따르며 능력도 활력을 갖게 되는 좋은 기회다. 지연된 상태라면 서서히 뜻이 형통되며 따라서 하고자 하는 목적을 무난히 성취할 수 있는 때다. 현재의 상태에서 확고한 위치 조성을 굳혀나갈 수 있도록 하라. 특히 이성간에 새로운 만남이 연출되어 서로에게 도움을 주며 사업가에게는 자신을 도와 함께 어려움을 극복해

나갈 동조자가 생기니 큰 힘이 되겠다. 한편 가까운 상대방의 감정을 흐리게 하거나 금전관계로 인한 불미스러운 일이 발생될 수 있으니 인간적인 측면에서 서로를 돈독히 믿어 준다면 아무 일없이 순탄한 생활이 전개된다. 주위 환경에 흔들리지 않고 자신의 주관을 끝까지 관철시키는 의지가 주위에서 눈총을 받을 수 있으나 굽히지 않는 독불장군격의 아집도 자신의 목적을 쟁취하는 데 중요한 요소가 되며 금전적인 지출이나 타인의 의견에 동조함은 손실을 볼 수 있으니 명심하도록 하라.

■ 696

문서나 명예가 겸비되고 욕구가 강한 상태로 돌입되어 마음먹은 대로 풀려나가며 점진적인 발전이 전개되어 간다. 귀인의 도움이 가장 활발한 때로 문서상의 문제가 좋은 타결을 보이며 이로 인해 명예가 높아지는 일에 있어 의도한 바대로 관철시켜 나갈 수 있는 시기이다. 다만 너무 자기중심으로 일을 처리하려들지 말고 상대에게도 기회를 주는 포용력을 키움이 자신의 명예를 한층 더 돈보이게 하는 처사이다.

■ 369

뜻을 인정받고자 부단히 노력하는 시기이며 때로 명예를 얻으려는 욕심으로 무모한 일처리가 전개된다. 능력으로 재력을 갖출 수 있으니 너무 서두르지 않음이 좋을 것이다. 아울러 동조자도 생기니 서로의 힘을 합치면 어떤 불가능한 일이라도 이룰 수 있는 패기가 있다. 그러나 강한 자기주장이 주위를 경계하는 편견을 가져올 수도 있으니 너그러움을 발휘하여 정신적인 강인함을 부각시킬 때이다. 다만 너무 인간적인 정에 치우치면 자신의 위치나 환경에 부합되지 못하여 동정적인 상태에서 큰 손실을 볼 수 있다. 가급적 현실적 입장에서 확고한 판단과 기준을 세워 단계적인 자가의 발전을 도모할 때 모든 문제가 해결 상태로 직결될 수 있으나, 고집스런 독단적인 행동은 오류를 범할 수 있으니 자문이나 조언에 동조할 수 있도록 하라.

◼ 775

대인관계에 있어 끊고 맺음을 분명히 하여 구설수와 사건에 휘말리지 않도록 주의하고 주관이 확고하지 못한 상태에서 성급하게 판단하여 화를 일으킬 수 있으니 세밀히 검토 분석하여 결정해야 할 시점이다. 언행에도 각별한 신경을 쓰고 모든 것을 참고 견디는 길만이 실수를 모면하는 처세임을 명심하며 남에게 관심을 보이기보다는 내실에 충실을 기함이 요구된다. 결과가 눈앞에 없다고 하여 경거망동하는 행동은 더욱 악화상태로 일을 이끌어 간다. 자신의 노력만이 일을 진행시킬 수 있으니 남에게 의지하려는 마음을 버리고 일의 구상을 피하고 겸허한 자세로 대세를 관망하는 것이 좋으며 특히 정신적으로도 많이 약해진 상태이므로 건강에 각별한 관심을 쏟아야 할 것이다. 극기와 자기관리만이 일의 결과를 볼 수 있는 무기이므로 발전 없는 변화에 실망하기보다는 재충전의 기회로 내실에 힘써야 한다.

7	2	9
7	2	9
7	2	9
3	6	9

일년의 운세

현실적인 여건이 자신의 욕구에 충족되지 않는 상태에서 새로운 변화를 꿈꾸게 되며 일의 추진과정에서는 중도에 변동 상황이 많아 자칫하면 의욕을 잃기 쉬우며 자포자기 하는 경향도 있다. 그러나 주도적 입장을 잃지 말고 상황의 흐름을 잘 주시히여 적극직으로 대처하였을 때는 그 어느 때보다도 변화를 통한 자기발전의 가능성이 가장 높은 시기이다. 특히 명예, 직업 및 문서상에서 위치의 변동적 상황이 대두되는 경향이 많은데 분별력에 발전의 폭이 크게 달려 있는 시기이다. 심리적인 갈등이 대두되어 계획보다는 타인의 감언이설에 현혹되기 쉬우니 부화뇌동하는 행동에서 오는 피해는 가급적 유의하여야 할 것이다. 심사숙고하는 자세를 취해 실행에 앞서 관찰이나 확인을 하면 자신에게 오는 손실을 막는 최상의 무기가 될 것이다. 자신의 뜻이 관철됨과 동시에 가시적인 결실을 볼 수 있다.

■ 729

변화나 변동은 큰 의미를 부각시키지 못하는 동시에 강한 인내도 때로는 어느 한계에 다다르게 된다. 외부에서 오는 영향으로 심리적 갈등의 초래와 의욕을 저하하게 만들 수 있으니 뚜렷한 목적의식을 갖고 행동으로 옮길 수 있는 판단이 필요한 상태이다. 또한 건강이나 문서에 관계되는 측면은 주위의 조언이나 자문도 크게 받아들여서 결정적인 단계에서는 완벽하게 이끌어 나감도 필요하다. 능력이나 힘의 의존보다는 부족한 부분을 쌓아올릴 수 있는 현명한 판단이 더욱 돋보이는 때이니 사고에 편협함이 없이 냉철한 판단을 내려야 할 것이다.

◙ 729

침체된 상황에서 벗어날 수 있도록 좀 더 적극적인 변화의 시도가 요구되는 시기이다. 때로는 인내력도 한계에 부딪히는 경향이 있으나 안일하게 주저앉기 보다는 진취적인 자세로 밀고 나아갈 수 있도록 하라. 자신도 모르는 사이에 호전될 수 있으며 변화 변동에서 뜻을 성취시킬 수 있다. 주위의 영향력에 위축되지 말고 목적의식을 확고히 다져야겠다. 새로운 일의 구상이나 확장 및 이전은 신중하게 확인 검토함으로써 머지않아 이익으로 부각될 수 있다. 또한 건강관리에도 만전을 기하며 가족들 가까운 사람들과의 많은 대화로써 긴장된 마음을 풀어 보는 기회도 자주 필요한 때이다.

◙ 729

반복되는 상황의 변동으로 때로는 심리적인 무력감이 느껴지기도 하겠지만 변화적인 상황에 위축되지 말고 실제로 다가오는 환경적인 여건에 편승함으로써 기대 이상의 결과를 얻을 수 있다. 문서 및 명예적으로 이전의 관계를 탈피하여 새로운 돌파구를 찾을 수 있는 때이다. 정적인 생각이 주위 여건과 관련된 모든 분야를 스스로가 주도해 나갈 수 있는 중요한 요건이 된다. 자만하면 관재 구설로 곤경에 처할 우려가 있으니 언행에 주의를 기울이고 참고 견디면 실수를 모면하게 되고 주위에서도 자신의 노력을 높이 평가할 것이다.

◙ 369

타인의 일에만 깊이 관여하지 않는다면 자신의 보편적 생활 패턴을 유지해가는 데 무리가 따르지 않는다. 뜻하지 않은 문서의 대두로 일이나 학업에 열의를 가지게 되며 취업 및 시험에도 좋은 성과를 거둘 수 있는 때이다. 오랫동안 갈등 속에서 벗어나 주위와 협조관 계도 긴밀하여지며 자체되었던 문제도 해결의 실마리가 보이니 이럴 때일수록 정확한 검토와 확인이 필요한 시점이다. 점차 주위의 도움 이 따르니 계획했던 일들을 성급하게 추진하지 말고 분석 검토하여 계획에 차질이 없도록 신경 쓸 때이다. 이때에 변화 변동은 손실이 크며 현실적인 도움이 되지 못한다.

7	3	1
8	4	3
2	7	9
8	5	4

일년의 운세

자신의 능력과 힘을 바탕으로 생활하는 가운데 귀인의 도움이 있겠고 과감하게 실행할 줄 아는 데서 순리적으로 풀려 나간다. 한편 금전적으로는 조급하지 않는 여유 있는 처세에서 오히려 풍족함을 맛볼 수 있다. 이때에는 안정을 저해할 수 있는 변화적인 국면은 가급적 삼가기 바란다. 갈수록 본인의 사치가 심해지고 마음의 안정을 찾지 못해 갈등적 요소만 심해지는 상태가 전개될 수 있으니 행동을 보다 신중하게 생각함이 좋을 것이다. 또한 대인관계에서도 너무 과다한 지출이나 변화가 우려되니 생활이 여유롭다고 낭비하면 뒤에 심한 후회를 하게 된다. 건강도 좋은 영향권을 벗어나 자신의 심리적 갈등에 영향을 줄 수 있으니 평소의 자기 관리가 중요하다.

■ 731

변화를 갖는다면 좋은 결과를 가질 수 있고 귀인의 도움도 있겠으니 하고자 하는 일을 과감하게 행동으로 옮길 때이다. 차츰 실마리가 풀리고 재물수도 있으니 사업의 경우에는 다소 장애가 있더라도 곧 순조롭게 진행된다. 적극성을 띤다면 원하는 만큼을 이룰 수 있으니 노력을 배로 하여 삶의 방향을 바꿀 수 있는 좋은 기회로 삼기 바라며, 정상적인 판단과 행동에서 모든 기회를 놓치면 정신적 갈등이 대두될 뿐만 아니라 의욕까지 상실되는 경향이 크다. 한편 건강에서 오는 심리적인 작용에 대처할 수 있도록 하라. 순리에 따라 도에 넘치지 않는 건전한 생활의 방향을 모색할 뿐만 아니라 이성이나 사업에 대한 동조자는 신중히 선택함이 바람직하다. 자신의 고집과 독단적 판단은 또 다른 갈등에 휩싸이니 겸허한 인간적 처세가 필요하다.

■ 843

상황이 호전되면서 금전의 소득이 있겠으나 노력에 따르는 대가를 추구할 수 있도록 기대된다. 여유가 생활의 안정으로 양립되면서 금전적인 분야에서 성취감을 느낄 수 있다. 주위의 여건에 편승함도 실질적인 이익으로 병행하겠고 과욕하지 않는 상태에서 일의 확대나 상대와의 분쟁을 조심해야 할 때이다. 금전에 대한 호조를 보이게 됨으로써 스스로가 자만에 흐르게 되며 그로 인해 주위와는 이질감을 갖게 한다. 생활패턴의 변화로 인해 건강에 무기력함을 느끼게 되니 인정을 바탕으로 현실적으로 대처할 수 있도록 하라. 금전의 소득과 안정적인 분위기를 느끼기에는 너무 그 순간이 빨리 지나갈 수 있으며 심리적인 불안감이 대두되기 시작한다. 소원하던 바가 전복될 우려가 있으니 마음의 준비가 필요할 때이다.

■ 279

주위를 편협한 시각으로 보게 되며 정신적 상태에 심한 불안을 느끼는 때이다. 한편 현재의 상태에서 변화적인 분야는 새로운 활력을 불러일으킬 수 있으며 능력 또한 과감하게 돌출시켜라. 이런 상태에서 실리를 추구함이 이익이 될 수 있다. 단계적으로 쌓아올릴 수 있으니 주위의 여건에 동조하여 나아갈 때 빠른 발전으로 전개될 수 있을 것이다. 똑같은 상태에서라면 주위를 포용하면서 문제를 풀어나감이 좋을 것이다. 상대나 주위를 무시하여 혼자 판단하고 혼자 행동하기 때문에 심한 고독에 사로잡혀 생활에 활력을 잃을 수도 있으니 밝은 쪽으로 생각하여 자신의 생활에 변화를 가질 수 있는 기회를 만들어감이 현명한 처사이다. 현 상태에서는 문서나 명예의 추구보다는 현실을 고수하며 보다 큰 문제의 해결점도 똑같이 병행할 수 있는 정신적인 자세가 필요한 상황이다. 주위의 동조자나 주위의 여건을 감안하여볼 때 피부에 와 닿는 상태는 시간의 무료감을 느낄 수 있으니 자중하여 풀어나감이 필요하다.

■ 854

금전적인 측면에서 문제가 대두되며 이익만을 고집함이 없도록 순리를 택하는 방법이 필요할 때이다. 강인한 욕구와 충동은 또 다른 정신적 갈등이 파생됨은 물론 현실적으로 받아들여지는 상태가 아님을 상기할 필요가 있다. 주위를 포용하며 융합하는 과정에서 문제의 핵심부터 검토 분석하여 다져나간다면 점차로 안정된 상태에서 점진적인 발전으로 유도 할 수 있다. 금전이나 물질의 욕구가 강한 측면으로 부각된다. 또 다른 문제를 파생시킬 우려가 있으니 성취감을 보완하여 이에 대처하는 식으로 방향을 전환할 필요가 있다.

7	4	2
9	6	6
6	3	9
4	4	8

일년의 운세

마음의 안정 속에서 자신의 뜻이 관철되며 명예나 문서적인 상태에서 보다 발전될 계기에 놓이게 된다. 활동 범위를 좀 더 넓게 개척해 최대한 능력을 발휘할 수 있는 장으로 만들어 주위로부터 명예를 얻을 수 있는 좋은 계기가 된다. 삶의 도약을 성실하게 추진하는 노력이 필요하며 과감히 주위를 포용하여 개인적인 일보다는 협조관계의 연계를 활용하여 펼쳐나감이 빠른 발전으로 돌아올 것이다. 끈질긴 면을 활용하여 백번 자신의 뜻으로 몰고 감이 필요하다. 문서적인 면은 지연된 상태가 해결되며 따라서 지금까지의 미비한 상태가 보완되어진다. 금전적인 문제도 해결을 볼 수 있는 기회이며 안정을 추구할 수 있는 상태에 도달된다.

■ 742

안정된 가운데 변화를 시도하면 좋은 일을 접하겠으나 주변에서 도움을 청하는 일은 정에 이끌리기보다 심사숙고하여 행동에 옮김이 손실을 막는 길이다. 주위로부터 도움을 청하여 일을 추진하라. 자신의 주관보다는 주위 분위기에 편승하여 실리를 추구하는 것이 오히려 더 좋은 이익으로 부상될 수 있다. 가정생활이나 마음 상태가 평온화여 모든 일에 의욕이 생길 때이다. 일을 추진할 때는 독단적인 판단보다는 여러 사람의 의견을 수렴하여 함께 추진하는 것도 바람직하고 장애물이 생기면 그것에 대해 포용하는 자세로 임하는 것이 좋겠다.

■ 966

안정적인 분위기 속에서 자신의 위치가 향상될 수 있으며 능력을 인정받을 수 있다. 명예나 신분의 고수를 위해 의욕적으로 활동하게 되며 승진 행운도 따른다. 무직자에겐 취업의 운이 강하며 면허 취득의 기회로는 더없이 좋은 때이다. 업무 및 학업에 한층 더 열의를 가지고 임하며 금전적인 이로움도 따르겠으며 자칫 반대 경우에 처해 업무상의 차질로 인한 법정시비 문제가 대두될 수 있는 때이다. 그로 인해 자신의 지위 및 명예에 손상을 끼칠 수도 있고 문서적인 분야에서는 안정적인 상태에서 결합의 운도 강하게 부여되므로 친구 관계에서 보증담보를 자제하라. 한편 현 상태에서는 우선 자신의 위치를 먼저 확고히 다져놓는 것이 중요시된다.

■ 639

확고한 관념으로 자신의 위치를 재인식할 수 있으며, 따라서 완벽하게 짚고 넘어가라. 문서적인 분야에서 뜻이 조성될 수 있으며, 능력을 적극 활용하여 문서 보증이나 사업상 담보는 뜻을 부여하게 된다. 성급하지 말고 가급적 시간을 두고 결정하는 것이 바람직하다. 현 상태에서의 직업상의 지위관계나 사업 및 타인과의 거래에서 줄 것, 받을 것에 너무 집착하여 불미스런 인상을 주게 되며 크게 반발을 살 우려가 있음을 명심하여 확대 및 과욕보다는 현재 처해있는 상황에서 철저한 점검이 필요한 때이다. 상황에 따라서는 의도와는 반대로 윗사람이나 동료의 뜻하지 않는 도움으로 승진 및 행운의 기회도 부여될 수 있는 때이므로 무리하고 과욕에 찬 행동을 자제해야 오히려 상황을 역전시킬 수 있다.

■ 448

심리적 안정이 오면서 더불어 변화를 추구하면 좋은 일을 접하겠으나 문서에 관한 일은 심사숙고하여 행동에 옮겨야 한다. 자신의 생각하는 변화·변동은 원하는 대로 이룩되며 실업자인 경우는 일자리가 생겨 생활의 활력과 리듬을 찾는다. 의욕이 넘치고 자신감이 충만하니 신뢰도가 높아지고 명예가 따른다. 성격이 주위와 융화 적이라 호기를 맞으면 발전할 수 있는 때이다. 한편 타인에 대한 지나친 배려로 구설수에 오르게 되는 일이 발생하기 쉽다. 재물은 안정된 상태가 아니니 변화를 시도하는 것이 좋겠고 안정된 상태에서 일에 임하니 순조롭게 진행되어가고 의욕 또한 대단하며, 상태에 따라서 너무 큰 변동을 하려다 보면 이를 달성하기에 역부족이므로 건강에 무리가 올 수 있다. 목표에 너무 집착하지 말고 여유를 가져봄이 필요하다.

7	5	3
1	8	9
1	8	9
9	3	3

일년의 운세

현재의 상태에서 보다 큰 변혁의 일면을 맞게 된다. 뜻하지 않은 일의 발생으로 다소 당황하나 그 위기를 잘 극복하면 그 대가도 기대 이상으로 충분히 찾을 수 있다. 능력보다는 기분에 치우치는 경향이 다소 있으니 좀 더 침착하게 밀어나가면 모든 것을 성취시킬 수 있는 능력을 갖게 된다. 현명하게 처세할 수 있는 방법론이 서며 실리적이고 금전적인 면을 아울러 추구할 때이다. 선배나 주위에 대한 과감한 포용력으로 한발 앞선 자세로 임하며 무리하다고 생각되는 환경에 놓여 있더라도 밀고 나아가는 힘의 가속도를 발휘함으로써 목적을 달성할 수 있는 계기가 조성된다. 사업가는 귀인의 도움이 따르며 이성관계는 급진적 상태로 돌입하여 안정을 찾으나 문서적인 분야에서는 갈등이 고조될 수 있으니 현실에 대처하는 방안이 모색되어야 한다. 심리적 갈등도 예상되니 여유 있는 마음가짐이 필요하다.

◼ 753

주변에 급변화가 일어나 평상시 가까웠던 사람과 갈등을 느끼게 되며 부정적인 시각으로 볼 수 있다. 이 같은 상황에서는 다분히 주변의 조언을 무시하고 독선적인 행동을 내세워 뛰쳐나오면 실업자가 되기 쉽고 학생의 경우엔 학업 이외의 다른 일로 학업에 열중하지 못하니 자기 관리를 철저히 하는 것이 필요하다. 따라서 이런 때는 자신의 성격을 원만히 하고 주위사람인 동료, 친지, 선배 등의 충고를 받아들여 주변의 변화에 적응하는 발판을 삼는 것이 좋을 것이다. 또한 도박이나 잡기에 빠져 재산과 건강에 누가 있을 수도 있으니 주의하기 바란다.

◪ 189

귀인의 도움으로 혼란한 상황으로부터 탈피하여 새로운 환경을 접하게 되면서 다소의 소득과 더불어 자신의 실추된 이미지를 회복할 수 있을 것이다. 어느 때보다 만남의 중요성이 대두되는 시기이며 이성의 만남이 새로운 인연으로 생활 전반이 서로 연관성을 갖게 된다. 원만한 성격이 요구되며 자기 억제력을 길러 다가오는 기회를 잡을 수 있도록 해야 한다. 상황을 피하기보다 적극적으로 맞서 대처함이 현명할 것이다. 나를 돕고자 하는 이도 나서주고 자신의 능력이 동반하니 생활하는 데는 어렵지 않을 정도로 금전과 명예가 따른다. 뜻을 관철시킬 발판을 마련하기에 이상적인 시기이니 안정을 지키며 자기관리에 힘쓰기 바란다. 구설수와 건강에 각별히 유념하면서 발전을 꾀하는 편이 안정을 찾는 데 도움이 되겠다.

◪ 189

미루어 왔던 일에 뜻밖의 결실이 있으며 이성간 행운 및 명예가 따를 수 있는 상황이다. 노력만큼 대가가 주어지며 새로운 변화의 시도도 실효를 거둘 수 있는 때이다. 금전의 거래 및 문서상의 시험, 매매, 투자에도 좋은 결실을 볼 수 있는 시기이니 과감한 행동력과 추진력이 절실히 요구된다. 인간 선택에 신중을 기해야 하며 자신의 능력 권을 넘어선 무리한 지출은 삼가야 할 것이다. 여유가 있을 때 비축하여 두는 저축의 정신이 절실하게 필요한 시점이다. 그것은 다음을 준비하기 위한 것이다.

■ 933

주위 여건이 다소 비우호적으로 돌변함으로써 일에 막힘이 많고 뜻하지 않은 일의 발생도 생긴다. 원인 없이 건강의 무기력함을 느끼게 되며 동조자의 변심으로 인해 관재 구설의 위험도 있다. 가정 내에서 가족의 건강에 이상이 초래되어 금전의 지출이 예상되며 불의의 사고도 우려되니 냉정하고 차분한 마음가짐이 중요하다. 이성과의 관계에서도 서로에게 이질감을 느끼게 되며 이별의 가능성이 엿보인다. 심리적 갈등이 고조됨으로써 신경질적인 행동을 보일 수 있으니 순간적인 감정으로 인해 주변 사람들에게 이미지 손상을 자초하는 결과가 되지 않도록 주의함이 요망된다. 가급적 불미스런 장소에는 가지 않음이 현명할 것이다.

7	6	4
2	1	3
5	4	9
5	2	7

일년의 운세

일시적으로 명예와 안정을 도모할 수 있으나 곧 변화의 조짐이 보이니 새로운 방향 설정이 절실하다. 대인관계나 이성간에 불화와 마찰의 우려가 있으니 서로 양보의 미덕을 발휘하기 바란다. 심리적인 갈등에서 자신의 안정을 추구하지 못하며 의욕이 저하되는 경향이 있다. 공직자는 현직에서 탈피하고 싶은 경향이 있으며 사업가도 새로운 사업으로 갈등이 고조되고 헤어짐도 뒤따르며 또한 손해나 손실이 오기 쉬운 상황에 놓이게 되니 우선 안정된 자세가 필요하다. 따라서 일을 성급하게 생각하지 말고 시간적 여유를 갖고 대처하는 방법이 필요하며 사람을 대하는 데도 포용력 있는 넓은 아량으로 대함이 후일 자기 발전에 큰 도움이 될 것이다. 안정을 찾아 여유를 누리겠으나 새로운 변화를 찾기보다 현 상태를 고수하는 것이 바람직하겠다.

■ 764

외면상으로는 순조롭게 진행되는 듯 하지만 순간적인 불찰로 불의의 화를 부를 수 있으니 문서나 직업적인 일을 처리할 때 구설이 따르지 않도록 빈틈없는 일처리가 중요하다. 일상에서 한번쯤은 벗어나 여행을 하는 것도 앞으로의 일에 새로운 계획을 제시할 수 있는 기회가 되기도 한다. 경제적으로는 크게 부족함이 없어 늘 풍족한 가운데 생활하며 공직자와 사업가에게도 막히는 일이 없으니 원하던 바를 성취하겠다. 나름대로의 뜻을 품고 그 뜻에 맞춰 부단히 노력을 기할 때이나 우선 여유 있는 마음가짐이 정립되어야 목적을 달성시킬 수 있으며 특히 안정을 바탕으로 이끌어 나갈 때이다.

■ 213

조급하게 서두르기보다 신중히 다루어 구설이 따르지 않도록 주의하여야 하며 주위의 강한 유혹으로 자신의 처지를 격하시킬 수도 있으니 자기 주관을 확고히 하여 흔들리지 않아야 한다. 변화를 추구함은 위험이 따르니 지금의 상태를 고집하고 묵묵히 기다리는 자세가 필요한 시기이겠다. 지금의 고비를 무사히 넘기고 나면 안정된 가운데 문서나 명예를 갖게 되니 적극적으로 추진해도 좋겠다. 동조자와 함께 하는 사업은 더욱 신경 쓸 때이며 자신의 독단적 판단은 오류를 범할 수 있다. 안정을 추구함이 최선의 방법이며 정신적 갈등에는 겸허하게 대처하라.

■ 549

자신이 하고자 하는 일이나 학업이 주위의 돌변으로 점진적으로 발전이 예측되며 과감하게 결정하여 목적 쟁취에 실효성을 갖도록 노력하라. 한편 안정을 도모하며 능력을 활용하는 상태로 돌입됨으로써 이성을 갖고 일을 처리하게 된다. 구상했던 일을 추진하게 되며 시험이나 취업에도 호운의 시기이다. 이성이나 주위사람과의 충돌로 인한 이별 및 상처는 차츰 치유될 수 있는 때이다. 의욕을 회복하며 업무나 학업에 충실을 기할 수 있는 분위기가 조성된다. 감정적이고 과격한 행동으로 말미암아 정신적 스트레스를 갖게 되니 현실에 순응하여 힘의 축적이 다음에 활력을 보충하는 계기로 생각하고 겸허한 인간적인 정을 느낄 때 뜻도 도모된다.

과격한 성격보다는 유연함으로 문제를 처리한다면 더욱 높은 결실을 맺게 되며 성취감도 어느 정도 맛볼 수 있다. 물이 흐르는 방향으로 편승하는 것이 최선의 방법이며 그 방법을 따르는 것이 좋을 것이다. 선택에 따른 결과는 자신이 느끼는 것이지만, 판단을 내리기에 앞서 주위 상황을 충분히 고려하는 것이 보다 일의 진척이 빠르며 생활에 안정감도 줄 것이다. 때로는 오류를 범할 수도 있다는 것을 깊이 명심하여 대처하는 것이 유익하다. 명예를 추구하는 방법과 금전적인 데서 갈등이 따르니 사업이나 직장에 변동이나 또 다른 방향의 추구보다는 묵묵히 지켜나가면서 어떤 것이 유리한가를 판단함이 필요하다. 최종적인 결정은 자문에 의존하는 것이 큰 도움이 될 수 있다.

7	7	5
3	3	6
9	9	9
1	1	2

일년의 운세

진척이 없는 시기이므로 무엇이 이루어지기에는 시간적인 여유를 필요로 한다. 건강 상태에 신경을 쓸 때이며 무기력하여 의욕상실을 가져오고 좌절의식에 빠져 비관주의에 사로잡히는 나약함을 보이기 쉽다. 보다 긍정적이고 진취적으로 생각하여 현 위치에서 좀 더 높은 자리로 도약하려는 자기 노력이 있다면 곧 극복되고 새로운 활력을 찾겠다. 현실에서 벗어나 외국으로 나가거나 원거리 출장 등으로 활동의 폭을 넓힐 수 있는 일이 조성되며 여행이나 변동에서 크게 발전할 때이다. 이성으로 인한 변화적 갈등도 대두되니 심리적으로 안정을 찾지 못할 경우 어떠한 이성이라도 자신의 마음에 흡족하다고 느껴지지 못하며 한 가지 목적에 전념하고 집중하였을 때 하나씩 풀려나갈 것이다. 좀 더 적극적인 자세가 필요하며 평소의 노력을 게을리 하지 말아야 한다.

■ 775

정신적으로 안정을 찾지 못하여 남과 쉽게 충동할 수 있으므로 항상 말과 행동을 조심하여 손해 보는 일이 없도록 하는 것이 필요하다. 이 시기에는 열심히 노력해도 능력이 발휘되지 않아 의욕이 저하되는 때이다. 새로운 사업을 구상한다든가 하는 일은 가급적 피하기 바란다. 정신이 허약해 건강을 해칠까 우려된다. 그러나 시간이 흐르면 해결되니 때를 기다릴 줄 아는 인내가 요망된다. 행동을 추진할 때 마음은 있되 몸이 못 미쳐 점차 의욕이 줄어들면서 마음의 괴로움이 더하겠지만, 스스로의 극기로써 이 같은 슬럼프를 지혜롭게 헤쳐 나가 밝은 내일을 기약해야겠다.

◼ 336

심리적으로나 정신적으로 갈등이 고조되어 생활하는 데에도 안정감을 갖지 못하고 어수선한 행동의 연속이다. 주위에 대해 별 흥미를 갖지 못할 뿐 아니라 의욕마저 저하되는 경우에 도달한다. 자신이 느끼는 현실이 다소 불안으로 다가서며 건강에도 심한 위기가 닥친다. 그러나 모든 것은 마음에서 비롯된 것이니 현실을 바라보는 좀 더 긍정적이고 진취적인 태도가 절실한 때이다. 자신에게 일어나는 일에 소신을 다하여 행동하며 타인의 일에 너무 깊이 관여하여 담보나 문서로 화를 자초하는 일을 삼가야 할 것이다. 점진적 발전이 예상되며 추구한바 소기의 목적 달성이 가까이 보이는 때이다.

◼ 999

마음은 바쁘고 무엇인가 잡힐듯하여 새로운 돌파구를 찾아 분주히 움직이는 노력 속에서 현실에 안주할 수 없게 된다. 현실을 잠시 탈피하여 행동을 펼칠 수 있는 때이니 현 위치를 떠나 여행하는 일이나 출장의 기회를 만들면 오히려 효과적인 안정감으로 소기의 목적을 달성할 수 있는 때이다. 자신의 뜻을 굽히지 말고 조용한 시간을 내어 세심한 검토와 현명한 판단을 내린다면 주위에서 자신을 도와 함께 일 할 동조자가 생기고 건강적인 문제도 좋은 상태로 생활에 활력을 찾을 수 있다. 문서적인 문제에는 포기하지 말고 인내하여 능력의 폭을 더 넓힐 수 있는 계기를 만들며 주위의 자문이나 의견의 수렴이 손실을 막을 수 있으니 독선적 행동은 자제를 요한다.

■ 112

새로운 섭외가 들어오거나 발전적 상황으로 돌입되면서 자신의 목적을 달성할 수 있는 조건이 조성되며 이성의 도움으로 크게 활력을 찾는 시기이다. 생의 욕구가 다시금 소생하여 여러 가지 기회가 부여될 때마다 자신의 노력으로 결실을 보는 호황이 펼쳐진다. 신중을 기하여 한 가지에 전념하는 태도가 중요하며 너무 큰일을 벌이는 것은 오히려 손실을 초래할 수 있다. 기존의 것을 버리고 새 것을 취하고자 하는 마음은 주위로부터 힐난을 받을 우려가 있으니 사람관계에 더욱 신뢰성을 높여야 한다. 구상과 계획을 실천하는 단계에 있으며 보다 적극적인 자세가 요망되는 때이다. 변화적 상승 속에서 자신의 변동이나 추구하는 이상은 뜻대로 성취될 수 있으나 너무 권위의식에 사로잡히지 말고 주위를 포용하는 데서 동조자의 힘이 클 때이다.

7	8	6
4	5	9
4	5	9
6	9	6

일년의 운세

금전적인 인식이 강해지며 필요성 또한 크게 작용하는 때이다. 자신의 심리적 상태는 금전을 추구하며 재물에 대한 욕구가 충족되는 상황이다. 새롭게 발전하는 계기에 놓이게 되며 무엇이든 자신감 있게 해낼 수 있다는 의욕이 강할 때이니 도전저인 자세로 뛰어들기 바란다. 다만 지나친 고집을 버리고 적극적으로 계획을 검토 분석하여 실행에 차질이 없도록 한다. 사업가는 새로운 변화구상이나 계획이 현실과 일치되며 공직자는 명예나 승진의 기회를 포착하는 상태에 이르게 된다. 학생도 학업과 아울러 그 외의 다른 분야에서의 활동에서도 발전에 도움이 되는 좋은 결과가 기대된다.

■ 786

재물과 명예를 겸비하여 의욕이 고조되고 생활에도 안정을 찾겠다. 의도하는 바가 만족할 만큼 순조롭게 이루어지겠으니 망설이지 말고 계획했던 일을 실현해보라. 직장인의 경우에는 승진의 운이 있겠고 주변으로부터 공감대를 형성하여 능력을 인정받으며 취직이나 문서적 거래에 있어서도 큰 이득권을 얻을 수 있는 때이다. 자신의 능력권 내에서 행동하는 것이 바람직한 때이니 타인의 돈은 가급적 유용하지 않는 것이 좋다. 학생도 안정된 가운에 의욕을 가지고 학업에 전념할 수 있게 된다. 분주한 만큼 소득이 따르게 되나 뿌린 대로 거둔다는 겸허하고 긍정적인 자세로 임하기 바란다. 특히 문서적인 측면에서는 철저한 확인 체크가 필요하며 보증담보는 가급적 자제하여 시간의 흐름에 병행할 수 있도록 힘쓰라.

▣ 459

안정된 분위기 속에서 자신의 행동반경을 넓힐 수 있는 시기이다. 좀 더 과감히 밀고 나감으로써 자신이 투자한 일에 의욕적인 발전을 기할 수 있는 시기임을 명심한다. 과감한 행동을 보이는데 있어서 상대와 충돌 및 변동 사항이 있겠으나, 확고부동한 문서의 도움이 있으므로 별 문제될 것이 없다. 금전에 대한 인식과 욕구가 강하게 대두되는 때이며 대인관계 및 문서적인 섭외는 금전과 연결시킬 수 있으므로 능력을 최대한 발휘한다. 금전이나 문서적인 어려움으로 고난을 겪게 되며 여러 가지 난관을 거치게 되나 집요하고 끈질긴 추구력으로 극복할 수 있는 정도이다. 되고 안 되는 것은 자신의 마음먹기에 달려있는 시기이므로 마음가짐에서 실리를 추구한다.

▣ 459

큰 교섭이나 거래가 무난히 이루어지며 순리대로 처리하는 일은 소기의 목적이 달성된다. 명예와 관록이 유지되어 자신의 뜻이 관철되는 때이지만, 과잉된 자신감 때문에 오류를 범할 우려가 있으므로 이성을 갖고 신중하게 처리하는 습성을 갖도록 한다. 변동사항이 있고 막힘이 초래된다 하여도 과감하게 밀고 나갈 수 있는 용기가 필요한 때이다. 일관성 있는 생활은 곧 자신의 안정과 획기적인 발전의 모태가 된다. 금전적 실리나 문서적인 분야에서는 가급적 성급할 때가 아니라, 현실을 지켜보며 단계적으로 추구하는 것이 이상적이며 자신에게 실리를 부여하게 된다.

■ 696

금전과 명예를 지속하며 미결된 일이 진척되어질 기미가 보인다. 증권이나 부동산을 사고 팔면 자신도 놀랄 만큼 소득을 얻지만, 정확한 검토가 수반되어야 하며 너무 큰 기대는 실망을 주기 쉬우니 분수에 맞게 행동하여 의욕과 자존심이 상하는 비극은 피하기 바란다. 주관이 확고하지 못한 상태에서의 성급한 판단은 오히려 화를 부르게 되니 정확한 판단력이 어느 때보다 요구된다. 문서적인 문제는 주의를 기울여 실행한다면 어느 때보다 소득과 성과가 기대되는 때이다. 남의 말을 잘 듣지 않는 편이고 정에 약하여 구설의 위험이 있으므로 주의를 요하며 변화를 추구하기 보다는 내실을 기하는 것이 바람직하다. 한편 현재의 상태에서는 주위와의 깊은 연관은 곤란한 위치에 놓이게 된다.

7	9	7
5	7	3
8	1	9
2	8	1

일년의 운세

현실의 모든 것을 탈피하고 싶은 심정이며 자신의 안정을 갖지 못하는 때이다. 물론 모두가 순조롭지 못한 데서 갈등이 대두되며 모함이나 질투로 인하여 고립되는 상태에 놓인다. 반성이 필요하며 상대와의 갈등은 이해로써 해소될 수 있을 것이다. 냉전 상태를 심각하게 몰고 가면 현 위치의 이탈이나 파경으로까지도 몰고 갈 수 있으니 마음을 어떻게 결정하는가가 중요하다. 모두가 자신으로부터 이루어지며 결정된다는 것을 명심하여 대처하기 바란다. 뒤엉키던 일들이 서서히 풀려나가며 금전적인 분야에서도 안정을 찾는다. 특히 문서적인 분야에 좋은 시기이므로 학생인 경우 안정을 찾고 학업 및 각종 시험 등에서 좋은 결과가 예상된다. 다만 경솔한 판단보다 겸허한 마음자세가 필요하겠다.

■ 797

문서로 인해 심한 고통이 있겠으니 문서와 관련된 문제에는 심사숙고 하여 보증이나 담보와 같은 일에 관여되지 말아야 한다. 일이 순조롭지 않다보니 권태롭고 의욕이 상실되겠으니 이럴수록 정신적인 안정을 찾아 여유 있는 자세로 일을 처리해야 손해를 막을 수 있다.

현재의 상황이 어려울 때는 변화를 추구하기보다는 내실을 기하는 것이 좋겠다. 마음의 고뇌와 갈등이 심하여 타인과의 의견 충돌이 자주 있겠고, 그로 인해 소강상태에 놓이게 되니 시간을 갖고 인내하기 바란다. 순간의 감정으로 상대에게 불편을 주거나 생활의 리듬을 깨지 않도록 주의하기 바라며 정신적 육체적으로 피로감을 느낀다. 다만 현실에 치중하면 자신에게 불행을 야기 시키는 결과만 초래됨을 명심하기 바란다.

■ 573

문서와 관련된 문제는 심사숙고한 후에 행동함이 바람직하다. 문서로 인한 곤란이 따르므로 보증이나 담보는 자신에게 고통을 안겨준다. 일에도 순조롭지 못하여 권태롭고 의욕이 상실되므로 건강에 누를 끼칠까 우려된다. 하는 일마다 뜻대로 되지 않아 심리적 불안이 따르고 이 시기의 변화는 자신에게 손실만 초래하므로 변화보다는 자기관리에 치중하여 앞으로의 일에 대비함이 옳은 결단이다. 어려운 상태를 극복하고 자신에게 주어진 최대한의 노력을 발휘하여 일에 착수하면 목적달성을 이룬다. 아울러 적극적인 자세를 취한다면 노력은 결코 헛되지 않을 것이며 독단적인 행동보다는 주변의 조언을 받아 행동함이 도움이 된다.

■ 819

동결되었던 문서와 금전이 서서히 회복되어가며 큰 소득은 기대하지 어렵지만 현상 유지 정도는 가능하다. 활력을 다시 찾게 되며 동조자가 나타나므로 원상 복귀하느라고 분주한 상황이다. 바람이 불고간 뒤 주변을 정리하듯 큰 소득이나 발전을 기대하기보다는 다소 안정된 분위기에서 현실을 재정비하는 시기이다. 자신의 마음을 가다듬고 일을 착수하면 곧 결실을 맺어 노력의 힘이 헛되지 않는 행복이 찾아온다. 주위의 도움이 따르며 능력이나 의욕을 겸비할 수 있으나 독단적으로 밀고 나가려는 처세는 오히려 심한 반발로 구설이 있을 수 있으니 주위 여건에 동조하라. 대인관계도 원활함을 잃지 말아야 한다. 도움을 충분히 활용할 수 있는 자세가 절실히 필요한 때임을 명심하기 바란다. 서두르지 않고 차분히 성취해나갈 때에 순조롭게 결실을 맺을 수 있다.

▣ 281

그 동안의 침체를 벗어나 활력을 찾고 노력한 만큼의 소득도 획득하겠다. 건강이 호전되어 의욕이 왕성하고 재물도 뜻한 대로 모여드는 시기이다. 변동은 뜻밖의 행운을 안겨주지만, 독단적인 행동보다는 주변의 조언을 받아 행동함이 이롭다. 다른 사람의 의견을 폭넓게 수용하는 스스럼없는 행동은 발전적인 측면을 부여하며 금전적인 실리를 추구하여 목적을 쟁취할 수 있도록 부단하게 노력하면 결실로 맺어진다. 귀인의 도움으로 재물과 명예가 성취될수록 안정된 상태에서 소망을 이루기에 힘쓸 때이다. 젊은 연인은 성급하지 말고 상대를 알아두는 데 힘을 쓸 때이다. 경솔하여 누를 끼칠까 두려우며 사업가는 분석과 연구의 기회를 갖도록 하라.

8	1	9
8	1	9
8	1	9
6	3	9

일년의 운세

여러 가지로 뜻이 관철될 수 있는 기회가 주어진다. 주위의 도움이 있어 자신의 뜻을 추구하는 데 가장 좋은 시기이다. 금전상태가 호전되고 능력을 인정받아 발전의 계기를 불러 일으키겠고 명예적인 분야에서도 급진전하여 기대 이상의 출세를 하게 되거나 충분한 만족을 느끼며 목표를 추구하여간다. 다만 허영심이나 자만심에서 주위에 대하여 이질적인 성향을 불러일으킬 수 있다. 이성간의 새로운 만남이 전개되니 좀 더 적극적인 자세가 필요하다. 서로에게 자존심 상하는 일만 삼간다면 만남이 활력으로 변해 점진적인 발전이 지속될 것이다. 일처리에 조급함이 없이 여유 있는 판단을 한다면 순조롭게 노력의 대가를 맛볼 수 있다.

◼ 819

자신을 도와주는 귀인의 도움과 문서 및 명예가 이어지면서 구상해 왔던 일을 착수하게 되며 현재 진행 중인 일에 발전이 있게 되는 시기이다. 막힘이 없고 순조로우며 이성의 만남이 있게 됨으로써 생활의 활력이 고조된다. 적극적인 자세로 대범함을 보이면 주위로부터의 도움이 생겨 목적달성에 큰 도움이 된다. 이성간에도 발전의 속도가 빠르다. 생활에 대한 새로운 의욕이 강할 때이므로 혼기인 경우 결혼을 생각게 되며 서로가 결합한다. 새로운 공간을 만들어 내기에는 최고의 시기이나 먼저 자신의 위치를 확고히 다져 놓음이 바람직하며 성급한 권위적인 사고방식에서 벗어나 겸허한 처세가 크게 표출된다.

▣ 819

계속적으로 재물과 명예에 운이 강하게 작용하나 자칫 주위를 무시하거나 자만에 빠져 화를 부르는 경향이 크다. 겸허하게 자신을 돌아보고 행동을 다스린다면 귀인의 도움으로 인생의 반려자를 만나는 즐거움도 있다. 사업가는 그 동안의 침체에서 벗어나 새로운 활력을 찾고 노력한 만큼의 소득을 충분히 획득한다. 직장인의 경우는 승진의 호기이므로 적극적인 자세를 취한다면 노력이 결코 헛되지 않을 것이다. 학생의 경우도 자신의 능력을 최대한 발휘하는 가운데 주위의 인정을 받을 수 있다. 특히 문서에 관련된 일들과 각종 시험 및 미결된 문제는 해결의 실마리가 보이나 금전적인 소득으로 연결될 수 있는 시기는 아니며 결실을 맺기에는 시간이 필요하니 성급하지 말고 자신의 몫을 지킬 수 있도록 겸허히 대처할 때이다.

▣ 819

계속되는 발전이 자신의 위치를 높여주고 또 귀인의 도움이 있으니 어려움을 모르는 상황이다. 원하는 일마다 순조롭게 풀리는 가운데 능력과 노력이 더욱 돋보이는 때이다. 재물도 가까이 있고 이성간에도 새로운 교제의 희망이 보이며 혼기인 사람이면 결혼으로 이어지겠다. 사업가는 한동안의 정체 상태를 벗어나 활력을 되찾고 부단히 노력하는 만큼 소득이 따른다. 공직자인 경우 문서를 다루는 데 신중을 기한다면 능력을 인정받아 승진의 운이 도래한다. 가정적으로도 편안한 가운데 자기 혁신을 꾀하게 된다. 자신에게 다가온 최대한의 기회라고 생각하지 말고 안정을 바탕으로 현실에 대처함이 바람직하다. 특히 문서나 명예에 너무 치우치지 말고 여유 있는 자세로 시간에 흐름에 병행하도록 하라.

■ 639

 금전적인 측면과 문서적인 분야에서 능력을 인정받으며 새로운 만남의 계기도 비교적 순조롭게 이어진다. 지금까지의 활발한 상황을 완벽하게 다져나가는 생활의 신조가 필요하며 기회를 잃지 않도록 노력할 때이다. 주변의 갈등과 반목을 피할 수 없을 것이다. 목적을 위해 열심히 노력하나 성과가 따라주지 않고 크게 인정을 받지 못하는 때이다. 뜻밖의 구설에 휘말려 곤란을 당하는 경우도 생기지만, 이성간에는 지금까지의 어려움을 개선할 여지가 보인다. 현 상태에서 변화를 시도하고픈 욕구가 강하게 작용하며 변화를 갖게 되면 돕는 사람이 나타나 자신이 추구하는 바가 순탄히 해결될 때는 아니다. 마음의 안정이 따를 수 있으나 현실적인 도움과는 거리가 멀다. 서로 밀착하지 말고 자신을 지켜 참모습을 나타내도록 노력해야 한다.

8	2	1
9	3	3
3	6	9
2	2	4

일년의 운세

이 시기는 앞으로의 도약을 위한 준비단계로 생활의 변화보다는 꾸준한 노력이 필요한 때이다. 심리적인 갈등으로 방황이 시작되는 때이고 능력이나 건강도 다소 침체상태에 놓이게 되므로 부정적으로 판단하는 경향이 있다. 노력만큼의 대가가 없다고 하여 실망하거나 성급하지 말고 인내하면서 기다릴 수 있는 마음의 자세가 중요하다. 아직은 움직일 때가 아니며 기분대로 행동하다가 더 큰 손실을 초래할 수도 있다. 이 시기는 자신의 완벽함을 요구하게 되며 상대방의 조언도 깊이 새겨들으면 재난에 힘이 되어 줄 것이다. 성격상의 문제와 건강에 따르는 자신의 심리적인 상태에 변화가 오니 여유 있는 자세가 중요하다. 변동이나 이사는 가급적 피하며 여행에는 동행자가 있으면 좋을 것이다. 심리적인 갈등은 여행을 함으로써 해결될 수 있으며 안정을 찾을 수 있다.

■ 821

자기의 변신이 있음으로써 생활에 혁신적인 변화를 꾀하게 되며 주위 환경이 다른 측면을 부여하게 된다. 이로 인해 심리적인 갈등이 대두되면서 색다른 충동을 강하게 느낀다. 생활과 사람들에게 다소 권태감을 느껴 새로운 만남의 시도를 급진적으로 전개시키나 후에 심리적, 육체적 방황의 화근이 될 수 있으므로 과거를 돌아보지 않는 생활태도는 오히려 주위의 따가운 시선을 받게 될 것이다. 이성과의 인연이 있거나 주위에서 여러 가지 제의가 자신의 가치판단에 혼란을 줄 수도 있으니 가급적이면 현 상태를 고수하는 것이 바람직하다. 현재는 이미 와있는 상태에서 다시 돌이킬 수 없지만 다가오는 시간에 대해서는 가급적 잘못을 저지르지 않도록 상황의 흐름을 세밀히 주시해야 하겠다.

■ 933

일시적으로는 귀인의 도움과 문서적인 호기를 맞이하나 점차로 갈등이 대두됨은 물론 의욕이 떨어지면서 정신적으로 안정을 갖지 못하여 주위로부터 고립될 수 있다. 심리적인 갈등과 변화적인 양상 때문에 욕구가 엉뚱한 상태로 돌입됨에 따라 갈등만 쌓이니 자신을 피로하게 만들 뿐만 아니라 모든 것을 배척하는 경향이 많다. 안정을 추구하는 것은 물론 주변이나 환경의 개선이 필요하게 느껴진다. 이 시기의 비현실적인 사고방식은 자신의 욕구나 주변에서 오는 환경의 영향을 다소라도 변화시킴으로써 해결될 수 있다. 환자나 노약자일 경우는 시간을 요하는 인내가 필요하니 가족의 세심한 보살핌이 요구된다.

■ 369

안정을 갖지 못한 상태이니 새로운 구상은 피하고 건강에 문제가 따르니 마음의 안정을 찾아야겠다. 구설과 병고가 있고 잘 될듯하면서도 성사되지 않는다. 현상유지만을 꾀하는 것이 현명하다 하겠다. 문서적으로 승진의 기회가 따르기도 하며 자신의 명예가 오르는 시기이다. 자기 관리에 신경을 쓰고 성실하게 일을 진행시킨다면 원거리 여행이나 해외로 나갈 수 있는 기회도 이루어진다. 언행에 주의하고 모든 것을 참고 견디는 인내가 자기의 발전에 큰 도움이 된다. 남의 일에 개입하면 엄청난 불상사가 초래되니 관여하지 말고 대출이나 보증도 세심한 주의가 요구된다. 현재의 상태에 만족을 얻지 못하여 변화를 시도하고자 하는 욕구가 강하게 일어나지만, 불안에서 오는 변화는 안정을 도모하지 못하므로 확인하고 검토 분석하여 추진하여야 불상사를 막을 수 있다. 당분간 불안한 마음을 차분하게 가라앉히는 자제력이 필요한 시기이다.

■ 224

안정을 갖지 못하던 상태에 변화를 가져 환경을 바꿔봄으로써 안정을 가져보려고 하는 상태이다. 새로운 활력을 가지고 일을 추진하고픈 생각에서 주위의 복잡했던 상황을 정리하게 되는 때인 것이다. 주위를 포용하여 현실성 있는 안정을 추구할 수 있도록 하라. 변화, 변동에 따라 안정을 가진 후 충분히 자신의 능력을 발휘할 수 있는 계기가 될 수 있다. 충분한 검토 없이 변화의 방향을 한 곳으로 정하지 못하고 우왕좌왕할 경우엔 정반대의 결과를 초래할 수 있으니 행동에 신중을 요한다. 변화의 충동이 차분하게 가라앉고 주위환경 또한 안정 상태로 호전될 수 있도록 하라. 어려웠던 지난 일들을 되돌아보고 잘 견뎌온 스스로에게 위안을 줄 수 있는 마음이 깃들게 되니 폭넓게 내다보라.

8	3	2
1	5	6
7	2	9
7	1	8

일년의 운세

성급한 행동이 오히려 일을 그르치는 격이니 안정하여 신중한 결단이 필요한 때이다 .주위의 구설이나 모함이 뒤따르기 쉬우므로 대인관계에 좀 더 원활함을 보여 마음 상하는 일이 가급적 피하여야 한다. 안될 일은 자신이 파악하기보다 윗사람이나 선배의 자문 역할이 필요하다. 단 결단의 단계로 생각된다면 빨리 끝내는 것이 훨씬 유리한 결과를 갖다 준다. 자신이 갈등적인 상태라면 여유를 가지고 계획을 세워야 하고 지금 변화는 상황 속에서의 두뇌 싸움은 가급적 피하는 것이 좋다. 충격적인 상황에 돌입하더라도 이성을 갖고 행동할 때 순리적으로 풀려나가 큰 승산을 볼 수 있다. 금전적인 문제는 귀인의 도움으로 잘 풀려나가며 자신의 안정을 추구하기에 좋은 호운으로 점차 들어선다.

■ 832

금전적으로 안정을 갖게 되며 목적 추구에 집념을 가질 때이다. 자신에게 불리한 상황에서 벗어나 현재의 상태를 탈피하여 활력을 갖도록 하며 능력과 의욕을 재활용하도록 하라. 불안한 마음을 차분히 가라앉히는 자제력이 요구되는 때이다. 정확히 검토하고 주변으로부터 받지 못한 이해에는 정성스럽고 적극적인 마음가짐으로 대하는 것이 좋겠다. 변화 변동에서는 주위의 의견을 종합하고 정리하여 과감하게 대처하는 것이 좋은 방법이라 하겠다. 시기가 여의치 않아 모든 일을 당장에 이룰 수는 없지만 점차 성사될 수 있는 조짐이 보인다.

◼ 156

자신이 추구하고자 하는 바를 과감하게 밀고 나갈 수 있는 주위 여건이 조성됨으로써 명예를 구축할 수 있는 시기이다. 이탈의 욕구가 강하고 스스로 부딪치고자 하는 의욕이 곧 결과로 나타나므로 자신의 의도대로 행동을 앞세워보도록 함이 좋겠다. 하지만 설정한 목표가 어느 선까지인지가 흔들리게 되면 곧 침체와 변동의 분위기가 조성될 수 있으므로 만일을 대비하여 확실히 설정함이 옳을 것이다. 기대가 크면 실망도 크게 되듯 분수를 알고 최선의 노력을 아끼지 말며 힘의 안배를 계산해 두어야 한다. 무슨 일이든 가시적이 되거나 그 성과를 느낄 수 있으며 명예가 오르고 학업이나 자신의 업무에 열의를 갖게 된다.

◼ 729

변화적인 면을 추구하는 과정에서 새로운 활력을 불러일으킬 수 있으며 지금까지의 생활이나 환경에 개선이 필요한 때이다. 현실적으로 주위의 여건이 자신의 뜻대로 조성되지 않았으나 남다른 투자로 자기에게 주어진 기회를 잘 이용하여 진보적인 삶을 살아간다. 문서적으로 안정권에 돌입할 수 있으며 따라서 능력이나 재력적인 면에서도 충분히 뒷받침할 수 있는 계기가 된다. 아울러 새롭게 주위환경을 개선하는 것도 비중을 차지하며 발전도 뒤따를 수 있다. 침체된 상태에서 활력을 가질 수 있는 이때가 전환기가 될 수 있는 중요한 때이다. 다만 주위의 자문이나 조언도 큰 힘이 될 수 있음을 간과하지 말아야 하겠다. 경솔한 아집이나 의욕은 현실성 있는 태도가 되지 않으며 능력 또한 발휘되지 않음을 상기하라.

■ 718

　일시적인 침체가 있으나 귀인의 도움으로 재물과 명예가 따르겠으며 안정된 상태에서 자신의 소망을 이루기에 알맞은 시기이다. 다만 건강에 유의하고 성급하지 않은 생활의 태도로 점진적으로 발전할 수 있도록 노력할 때이다. 사업가는 귀인의 도움으로 더욱 번창할 것이다. 금전적인 측면도 다소 호전될 기미가 보이며 직장인은 승진, 영전하여 능력을 널리 인정받게 된다. 능력과 의욕이 일치함과 동시에 이성간에도 새로운 활력과 발전이 뒤따른다. 자만은 금물이며 남의 일까지 쓸데없이 관여하는 일이 있으면 곤란이 크고 구설수에 휘말리지 않도록 주의하기 바란다. 금전적인 분야에서 보증담보도 현실적 이익이 못되니 가급적 안정을 추구할 수 있도록 노력하라.

8	4	3
2	7	9
2	7	9
3	9	3

일년의 운세

겉으로는 화려한 것 같으면서도 실속은 별로 없는 때이다. 행동의 폭을 좁히고 한 가지라도 성취할 수 있는 끈질김이 필요한 시기이므로 자중자애하기 바란다. 금전적으로 불안한 변동이나 변화가 우려되어 하고 있는 일에 불만이 고조되거나 안정을 추구하지 못할 때다. 주위의 조언도 배척하려하므로 이런 심리상태에서는 가급적 경솔하지 말고 한 번에 처리한다는 생각보다는 시간을 두고 연구하여 침착하게 처세하여야 안정을 찾을 수 있다. 건강에도 각별히 신경을 써야 되며 자신을 지킬 줄 아는 현명한 처세가 요망되는 시기이므로 행동에 앞서 신중한 판단이 화근을 막을 수 있다.

■ 843

뜻하지 않은 일의 발생으로 인한 금전적인 문제나 업무상의 과실로 안정감을 상실하게 되기 쉽다. 조금만 신경을 써서 주의한다면 스스로의 실수를 피해갈 수 있으니 가급적 안정을 최선으로 하는 자세가 바람직하겠다. 안정을 바탕으로 현실에 충실할 때이다. 따라서 금전이나 자신의 목적은 시간적으로 해결된다는 원칙하에 겸허히 대처하라. 실리적인 이익이 될 수 없다. 자기 갈등이 심하다 보니 현재의 상태에서 탈피하고픈 심리적 작용이 강하게 일어난다. 자제하면서 서서히 자신을 재확인한 후에 다음을 기약함이 옳은 순서라 하겠다.

■ 279

예정된 계획이 변경되거나 주위의 여건으로 포기하게 되는 변화가 많은 시기로서 자기 갈등이 심해진다. 성급함을 자제하여야 하는 때이다. 일의 능률이 오르지 않으며 사기가 저하되므로 외부로부터 섭외되어 오는 일도 거부적인 반응을 보이기 쉽다. 또 자신의 능력을 다 발휘하지 못하므로 신용마저 잃게 될 수가 있다. 가급적 자기 생활의 규모를 확대하려 하지 말고 한 가지라도 집중적인 노력을 경주하여야 할 것이다. 주거의 변동이 있게 되며 자기중심을 잃게 되면 방탕한 생활을 하게 된다. 혼란한 가운데서도 자신의 소신이 약해지지 않도록 주위의 도움을 요청하되, 문서가 현 상태를 벗어날 수 있게 하나 신중하게 확인하지 않으면 안 된다.

■ 279

변화 변동에서 새로운 활력을 느낄 수 있으며 지금까지의 상태를 탈피하여 과감하고 도전적인 자세라야 그 뜻을 찾을 수 있을 것이다. 다만 다음을 생각할 수 있는 안목과 여유 또한 절실한 때이다. 다소의 침체가 우려되며 주위 환경 또한 크게 활성화되지 못한 상태이므로 때로는 거부적인 생각을 하기 쉽다. 집념을 갖고 목적을 추구하도록 자신을 철저히 다스려야 할 때이다. 자신이 최종적인 결정권을 쥐고 있으므로 판단에 신중을 기하기 바란다. 특히 문서상의 일이 어느 정도 가시적인 성과를 가져올 수 있으며 마음 또한 넓어지는 상태에서 주위 환경에 위축되지 않는 여유를 갖고 행동할 수 있다. 다만 독자적인 판단과 행동보다는 주위의 의견을 수렴하여 참고하면서 행동하는 것이 바람직하다.

■ 393

심리적인 상태를 안정시켜 모든 일에 소신껏 대처하는 지혜가 필요한 시기이다. 건강의 침체가 오며 의욕이 상실될 우려가 있으므로 각별히 유념하여 현 상태를 유지하도록 한다. 문서적인 분야에서 갈등도 따르며 자신의 목적에 대한 강한 욕구가 분출될 수 있다. 자제하면서 서서히 자신의 역량을 재확인한 후에 다음을 기약함이 옳은 순서라 하겠다. 심리적 안정이 필요한 시기이니 경솔은 금물이다. 확고한 신념으로 뜻을 관철시킬 수 있는 집념이 필요하다. 안정을 갖고 주위와의 충동을 피하는 게 좋다. 때에 따라서는 일보 뒤로 물러서는 여유 있는 태도가 필요한 때이다.

8	5	4
3	9	3
6	3	9
8	8	7

일년의 운세

내부의 손실 또는 좌절을 감수하면서 서서히 몰입할 때 소기의 목적을 달성할 수 있을 것이다. 의욕이 지나쳐서 실패하는 일이 따를 수 있으니 주위와 적당히 보조를 맞추어야 될 것이다. 자기의 의사만을 너무 내세우면 파탄이 생길 우려가 있으니 주위와 융화하여 자신의 뜻을 관철시키고 분수에 맞는 행동이 절실하다. 다분히 고독감이나 자기 연민에 사로잡혀 방황의 위기를 느낄 수 있는 나약함이 있으니 냉정한 주관 확립 또한 필요하다. 금전적 갈등을 해소하기 위한 성급한 행동은 가급적 삼가는 것이 좋다. 계획했던 일이 순조롭게 풀려나가며 차츰 금전적 안정을 맞이할 수 있다. 사업이나 명예도 차츰 회복될 수 있으며 작은 것에서부터 크게 성취할 수 있다는 자부심 또한 강할 때이다.

■ 854

원만한 가운데 주위의 조언이나 충고를 수렴함으로써 큰 이익으로 연결될 수 있으나 독단적인 판단은 오류를 범할 우려가 높다. 자신의 고집스런 측면이 항시 주위와의 불화관계를 조성할 수 있으며 금전적인 관계에서 지금까지 지속된 인간관계에 큰 실수를 범할 수 있다. 행동에 거부감을 느끼지 않게 원만히 다져나가는 것이 유익하다. 이론과 실제적인 사항이 이러한 상태에서는 큰 오차가 발생될 수 있으므로 판단이나 생각에 너무 의존하지 말라. 주위의 도움이나 조언에 같이 병행하여 안정을 추구하면서 실행함이 좋을 것이다. 금전이나 명예 또는 자존심에 의존할 때가 아니라 안정을 기본으로 생각하여야 좋은 방향으로 유도되는 때이다.

▣ 393

자신의 주관대로 밀고 나가는 자세로 임하는 것보다는 여유를 갖고 차분하게 검토, 분석한 후에 결정하는 편이 이롭다. 주변으로부터의 충고나 조언이 가장 필요한 것이 된다. 심리적 상태가 결여된 때이며 서두르는 경향이 있어 독자적인 일의 추진은 자신에게 보탬이 되기보다는 갈등이 되며 정신적으로 피곤하게 느껴진다. 문서로 인한 심리적 불안으로 고통을 겪고 갈등이 심화되다 보니 사소한 일도 감정적으로 처리하여 불미스런 일을 유발시키기 쉽다. 확고한 신념으로 뜻을 관철시킬 수 있는 집념이 필요하다. 자신의 욕구를 자제할 수 있도록 최대한 노력하고 분에 넘치는 생활은 궁지로 몰아넣을 수 있음을 명심하기 바란다. 타인에 대한 지나친 배려로 오히려 구설이 따르니 언행에도 각별한 신경을 써야 한다. 또한 새로운 일을 시작한다든지 변화를 시도하는 것은 시기적으로 빠르다고 본다.

▣ 639

주위환경이 크게 변화되며 명예나 문서적인 분야에서 갈등을 느끼나 자신의 확고한 판단을 내릴 때는 과감한 행동으로 끝맺는 것이 좋은 때이다. 이루기 힘든 생각을 갖게 되며 육체적 피로가 가중되어 현실과의 조화가 어려우니 정신적 스트레스를 받게 된다. 따라서 직선적인 감정 표출은 주위와 융합하기 어려워 더욱 상황을 힘들게 만든다. 명예를 유지하기 힘든 상황이 따르며 계약이나 약관상의 문제로 난관에 부딪치기 쉽다. 현실적 어려움에 봉착해 여행이나 탈출의 기회를 생각하고 있는 상태이다. 과감한 일처리로 자신의 나약함을 보이지 말고 독자적으로 행동한다면 주위에서도 자신을 돕고자 나서는 동조자가 생긴다.

◾ 887

금전에 대한 집착과 욕구가 강하게 작용되는 시기이다. 주위로부터 금전에 관계되는 일의 제의가 오며 필요성 또한 크게 대두된다. 다만 갖고 활동을 하다 보면 건강에도 무리가 오니 각별히 신경을 쓸 때이다. 그동안 주변 환경과 생활 패턴이 원만치 못하다 보니 오기에 찬 욕구가 충만 되어있는 상태가 될 수 있다. 그러나 뜻을 관철시키기에는 큰 무리가 따르지 않는다. 현실에 대처하며 건강에 유념함은 물론 차분히 인간적인 수양이 필요할 때이다. 이때는 타인에게 인색하게 처세하지 말고 다음 일을 도모하는 데 그들의 도움을 충분히 활용하기 바란다. 앞을 폭넓게 예견하는 지혜가 있어야 할 때이다.

8	6	5
4	2	6
1	8	9
4	7	2

일년의 운세

번창을 상징하며 명예나 재물적인 측면에서 목적을 달성할 수 있는 기회이다. 최선을 다해 더욱 돈독해 질 수 있는 때이며 하는 일마다 이익이 따른다. 좋은 협력자가 나서며 변동이나 변화에 새로운 활력을 추구하며 전력을 쏟을 때이다. 한편 이성간에는 보다 급진적인 상태로 발전될 가능성을 보이며 주위의 여건 조성으로 성취되는 방향으로 돌입되는 때이다. 물론 자신의 강인한 의욕과 노력에 달렸겠지만 무난히 목적을 이루며 재물이나 그 외 소송관계, 취직관계도 무난하게 뜻을 관철시킬 수 있는 시기이다. 따라서 자신의 의도대로 추구해 나아가는 원동력을 백번 발휘함이 이상적인 때이다. 욕망을 갖고 행동함이 바람직하다.

■ 865

관의 운세가 강하여 해결치 못했던 일들에 자신의 능력을 유감없이 발휘할 수 있겠다. 아울러 계획했던 일들을 실천에 옮기면 큰 성과를 얻을 수 있으며 사업가는 신규 거래나 업체와의 계약에 길하며 미혼인 경우에는 좋은 반려자가 나타날 수 있다. 지금까지 침체되어 있었다면 이 기회를 이용하여 명예나 재물에서 소득을 기대해 보는 것이 좋다. 해결하지 못했던 일도 이 시기에 적극적으로 밀어 붙인다면 가능하다. 노력한 만큼의 결과를 얻을 수 있으니 운에만 맡기지 말고 열심히 정진하여 자신의 위치를 확고히 구축하기 바라며 문서적인 분야에는 세심한 관심을 기울이기 바란다.

■ 426

현실 안주의 생활보다는 과감한 시도가 절실히 요구되는 때이다. 주변 환경에 대해 민감한 반응을 보이게 되며 직업적, 학문적 기반을 다지는 절회의 기회이다. 스스로 적극적인 행동을 취함으로써 자격획득이나 취업 및 금전 소득이 있겠다. 서로의 사랑에 의기투합하여 좀 더 가까워지면서 능률을 돌출시킬 수 있다. 학생은 다른 때보다 공부에 열의를 보이며 직장인은 일에 적극성을 보임으로써 발전적 가능성을 스스로 느낄 수 있는 때이다. 현재 하고 있는 일에 이질감을 느끼는 사람일 경우에 직장을 옮긴다거나 변화를 갖게 되며 이상적인 일을 할 수 있는 직장을 구하게 된다. 하지만 자신의 능력을 살피지 않은 상태에서 무리한 변동은 두 마리의 토끼를 쫓는 격이 된다.

■ 189

주위에 능력을 과시하게 된다. 모든 일에 의욕이 왕성하고 적극성을 띠게 되며 명예나 재물도 노력한 만큼 보상을 받는다. 귀인의 도움으로 현실성 있는 공감대를 형성하여 한결 안정을 찾는다. 능력을 인정받음과 동시에 명예도 따를 때이다. 변화를 추구하면 안정된 가운데 자신의 위치를 구출할 수 있으니 적극성과 신념을 가질 때이다. 행운, 명예, 승진 모든 것이 형통하게 되므로 순리대로 순행하여 나아감이 안정을 지속하는 길이다. 투자에도 좋은 결과가 예상되며 뜻을 관철시키기에 이상적인 시기로서 안정을 지키면 능력과 재물이 직결될 수 있다. 그러나 비상할 수 있는 원동력을 얻었으면 자족할 줄 알고 그만큼에서 확고히 다져 놓아야 할 것이다.

■ 472

전반적으로는 안정을 유지하나 주위의 상황이나 자극에 감정이 격해지기 쉬우니 상당히 민감하게 반응하게 되고 자칫 안정을 벗어나기 쉬우므로 현실적인 방향을 모색하여 능동적으로 대처함이 바람직하다. 갈등으로 의욕이 상실되니 현실 탈피의 욕구도 있겠다. 공직자나 직장인이 현재의 직위에서 뛰쳐나온다면 미래를 예측할 수 없는 불운이 따르게 된다. 가정에서도 스스로의 감정을 자제하는 인내력이 가장 요구되는 때이다. 현재의 일시적인 불안감을 극복하면 곧 새로운 마음의 결심이 서는 때가 올 것이니 건전한 사고방식을 갖도록 애써야 하겠다. 또한 뜻대로 일이 진척되지 않는다 하여 변화 변동을 갖는 것만은 금해야 할 것이다.

8	7	6
5	4	9
5	4	9
9	6	6

일년의 운세

좀 더 적극적인 상태로 기회를 활용할 수 있는 자세를 가져야 하는 때이다. 다소 건강이나 의욕의 악화로 역부족이라고 생각하기 쉬우므로 자신감을 갖고 자신의 안정을 추구함이 보다 빠른 지름길이다. 경솔하게 확장하는 것은 무리가 따르고 능력 밖의 행동은 삼가는 것이 좋다. 단시일 내에 이루기보다는 차분하게 내다보는 점진적 상황 속에서 일의 실마리를 찾을 수 있다. 먼저 안정을 추구하는 가운데 문서적으로 돌입되는 상황을 지연시킴으로써 서서히 좋은 측면으로 일이 전개되며 특히 최종적인 결정단계에서 명예나 재력을 겸비할 수 있는 계기가 주어진다.

■ 876

주변의 여건이 자신의 의도와는 다르게 전개되나 금전적인 안정으로 돌입되며 실리를 추구하는 측면으로 부각시킬 수 있도록 힘쓸 때이다. 이럴 때는 과감하게 현실을 탈피하여 생활 패턴을 바꾸어 보는 것이 좋을 것이다. 현재의 위치에서 다른 곳으로 옮겨 변화를 주는 것도 좋겠으나 가정에는 불안감이 보이니 원만히 처리하는 것이 필요하겠다. 편협한 사고로 경솔한 행동이나 성급한 판단을 하는 경우에는 화가 있을 것이니 신중하게 사고하고 행동하여 과실을 행하지 않도록 하는 것이 현명할 것이다. 성급한 행동보다는 현재의 상태를 그대로 유지하도록 한다.

■ 549

안정된 상태에서 지금까지의 상태를 재정비하는 과정으로 돌입될 수 있으며 차분히 능률적인 방식을 취하여 자신의 뜻을 확고히 하면 성취감을 갖게 될 수 있다. 문서적인 문제에서 확고한 책임의식과 주관대로 일관성 있게 이끌고 나갈 수 있는 정신적인 자세가 필요하다. 어려운 환경에 직면해도 주위와 잘 융합할 수 있으니 끈질긴 면을 보유하여 상대에게 완벽한 면을 보여줌으로써 뜻을 성취할 수 있다. 결코 성급하지 않으며 책임을 다할 수 있는 마음이 필요한 것이다. 문서적인 면에서 확고한 실천성을 갖게 되며 맺고 끊음이 정확할 때 성취감을 느끼게 된다. 조급한 점을 보완한다면 지구력 있는 끈기가 중요한 결실을 맺게 한다.

■ 549

과감하게 탈피하여 생활패턴을 바꾸어 보는 것이 슬럼프를 극복하는 하나의 방법이다. 새로운 분위기에서 자신의 인생을 재조명해 봄이 바람직하다. 안정된 가운데 문서나 명예를 갖게 되니 적극적으로 추진해야 할 시기이다. 도에 지나치는 욕심은 삼가고 순리에 따라 안정을 추구하며 자신의 발전을 꾀한다. 의욕이 넘치고 자신감 또한 충만한 가운데 능력을 발휘하라. 신뢰도가 높아지고 명예가 따른다. 직장에서도 발전적 분위기가 조성되므로 능력을 재차 확인하여 부족함이 없이 뛰어들어야 한다. 다만 지나친 명예욕은 오히려 잘못을 저지를 수 있으므로 자중할 수 있는 습관을 길러야 할 것이다.

■ 966

명예나 문서적으로 입장이 확고해지면서 점진적으로 발전할 수 있다. 주위의 여건이나 동조자의 힘을 빌려 큰 발전으로 전환될 수 있다. 명예나 문서적인 문제에서 사업가는 큰 성취감을 느낄 수 있다.

이런 상황에서는 주위를 너무 의식하지 말고 과감히 밀고 나간다면 확고한 주관이 정립되고 아울러 일에도 그르침이 없을 것이다. 문서적인 분야에서는 현실성 있게 대처하는 것이 바람직하다. 때로는 완벽함을 찾다 도리어 갈등을 초래할 수 있다. 주위와 병행하여 겸손한 자세로 인간적인 정을 가지면 뜻이 뒤따를 수 있다.

8	8	7
6	6	3
9	9	9
5	5	1

일년의 운세

추구하는 재물이 형통하는 데는 다소 시간이 소요된다. 따라서 성급한 행동을 자제하고 안정된 측면에서 신중히 풀어나가는 것이 유익할 것이다. 변동, 변화에서 성취감을 찾으려 하나 도리어 피곤한 상태에서 능력마저 저하되는 시기에 놓이기 쉽다. 현실적인 방안보다는 외부에서 뜻을 도모할 수 있으며 분주한 만큼 능력도 크게 표출될 수 있다. 여행이나 변동에서 목적과 명예도 따를 수 있으며 금전적인 분야보다 노력의 대가를 기대하는 것이 빠르다. 순리적으로 임할 때 빠른 발전을 도모할 수 있다. 그러나 너무 금전적인 측면으로 치우쳐서 순리에 역행할 때는 소득도 없이 몸만 피곤하게 된다.

◼ 887

심리적이면서 이론이 정확한 대신 자신만의 관점으로 진행하는 데서 문제가 따르며 독단적인 행동으로 외면당하기 쉬운 시기이다. 금전적으로는 실질적인 이익으로 부각되기 시작하여 욕구가 금전으로 치우치는 경향이 크다. 단편적인 측면만 생각하지 말고 긴 안목으로 앞을 내다보는 것이 필요한 때이며 생각이나 능력도 한 곳에 집약하는 것보다는 주위를 포용하며 견제하는 것이 이상적일 때이다. 건강적인 부분에서 신경을 써야 되며 무리한 욕구에 의한 갈등은 자신을 위한 관리가 소홀할 때 느껴지는 점이니 항상 자신을 먼저 파악하고 두들겨 보는 것이 타당할 때이다.

▣ 663

자신의 주관과 나아갈 길이 확고해지면서 여러 가지 일들이 제의되어 온다. 능력을 한껏 발휘해야 될 시기이므로 활동적으로 행동하되 자만에 빠지지 않도록 신경을 쓴다. 능력만큼만 일을 받아들이며 하나라도 완전을 기할 수 있도록 효과적이고 조직적인 계획을 세운다. 상황이 급진전 될 수 있고 외국으로까지 진출할 수 있으니 철저한 준비의 단계로 보아도 좋다. 주위로부터 능력을 인정받아 명예, 승진에 있어서 좋은 기회가 엿보이는 때다. 의도적으로 자신의 능력을 표출하려고 하는 노력보다는 보이지 않는 곳에서의 충실함이 인정되므로 자연스럽게 돋보이게 된다. 아집과 독선은 자칫 큰 과오를 범할 수 있는 때이다. 한 번의 실수로도 주위의 시선이 따가운 시기임을 명심하기 바라며, 정신적인 갈등에서 벗어나 겸허한 처세가 필요한 때이다.

▣ 999

현실적인 측면에서 활력을 갖게 되며 금전을 추구하는 강한 욕구가 분출되며 목적을 위한 노력의 대가는 결실로 이어진다. 적극성을 띠고 현재의 위치를 벗어나 뜻을 찾아 활력을 갖도록 하라. 외국이나 국내에서 고향을 떠나 활동하는 시기이다. 점차 지금의 상태를 벗어나 활력을 갖게 되며 분주한 만큼 소득으로 연결될 수 있는 중요한 계기가 된다. 이런 상태에서는 사업상이나 심리적인 안정을 위하여 한 번쯤 멀리 외국 등지로 나가는 것도 이상적일 때이다. 현실적으로 활동적인 계기이며 문서적으로 지연된 상태가 순탄하게 풀리어 뜻을 이루는 때이며 또한 평소 자신이 추구하는 이상을 활동적이며 적극적으로 펴나갈 수 있으나 최종적인 검토 분석이 요망된다.

■ 551

자신이 시도하게 되는 뜻밖의 일로 한동안 당황하기도 하지만 그로 인해서 정신적 자각이 있게 되며 과감한 변신은 스스로는 물론 주위 환경에 새로운 면모를 갖추게 한다. 과감성 있는 일의 추진이나 변화의 시도가 금전적인 이익으로 연결되나 때로 과잉된 욕구와 주위를 의식하지 않는 독선적인 자세로 주위 사람들의 반목과 시기를 살 우려가 크다. 급작스런 상황의 돌변으로 고립되지 않도록 평소에 협조 관계를 원만하게 형성해 놓기 바란다. 새로운 인연이 연결되면서 색다른 생활의 활력을 부여 받게 되며 자신의 일을 꾸려나가는 데 많은 도움이 따른다. 성급하게 마음을 터놓을 상태는 아니며 여러 가지로 새로운 국면으로 돌입할 때일수록 세심한 상황 판단이 요구된다 하겠다.

8	9	8
7	8	6
4	5	9
1	4	5

일년의 운세

금전적인 측면에 따르는 이익은 문서적인 안정권으로 유지될 수 있으며 자신의 계획을 실천으로 옮길 수 있는 계기가 뒤따른다. 성급하지 말고 자신감 있게 행동하여야 빠른 발전으로 전환되며 능력이나 능력을 겸비하는 과정에서 자신의 이익으로 연결될 수 있는 때이다. 공직자는 명예가 따르며 사업가는 능력을 마음껏 발휘할 수 있는 기회가 따르며 직장인은 승진의 기회가 따른다. 때로는 자신의 위치가 안정권으로 돌입하여 자만할 수 있으나 보다 더 주위와 맞추어가야 더욱 돋보일 수 있을 것이다.

■ 898

문서로 인해 재물을 취득할 수 있다. 부동산 매매, 증권투자 같은 일에서 능력 이상의 소득을 얻고 관직, 공직자 또는 직장인에게도 승진 운세가 보인다. 그러므로 외부 치장보다는 내실에 역점을 둘 때이다. 사업가는 사람을 쓸 때 심사숙고하여 임한다면 사업이 날로 번창하겠다. 이성간에 결실이 있고 직장 변화는 새로운 활력을 부각시킬 수 있으며 문서적으로 자신의 목적을 쟁취할 수 있는 계기가 조성된다. 적극적으로 임하여 확고한 신념으로 노력한다면 대인관계에서도 원만한 결실이 있고 추구하는 바에서 명예도 얻을 수 있겠다.

■ 786

문서를 통해 재물을 취득할 수 있는 시기로 부동산 및 증권투자에도 능력 이상의 소득을 얻을 수 있다. 직장인의 경우 승진의 기회가 따르며 문서적인 면에서 뜻이 이루어지니 정신적 갈등을 해소하고 점진적으로 발전을 도모할 때이다. 금전과 명예를 겸비하여 안정과 의욕이 한층 더 고조되는 시기이다. 모든 일이 순조롭게 이루어지고 주위로부터 능력을 높이 인정받을 수 있다. 현실에 만족하지 못하고 새로운 계획이 전개될 수 있다. 정확한 검토가 수반되어야 하며 자만은 좋은 기회를 반감시킨다는 것을 명심하기 바란다. 아무리 급한 일이라도 충고나 조언에 귀 기울이는 것이 우선이며 될 수 있으면 중도적 입장을 견지해야 한다. 서두르지 말고 침착하게 자신을 관리하며 능력을 발휘하여야 이익과 명예가 따른다.

■ 459

문서로 재물을 취득할 수 있는 시기이다. 능력 이상으로 소득이 따르니 이 시기를 활용하여 내실을 기하기 바란다. 금전과 명예를 겸비하여 안정의 의욕이 한층 고조되는 시기이다. 모든 일이 만족할 만큼 순조롭게 이루어지며 주변으로부터 능력을 높이 인정받을 수 있다. 증권투자나 부동산을 사고팔면 자신도 놀랄 만큼 소득을 얻는다. 지나친 욕심을 부리지 말고 꾸준히 일에 정진한다면 스스로 성취감을 느낄 것이다. 안정된 상태에서 주도적 입장을 유지하기 바란다. 귀인의 도움도 있으나 문서적인 분야에서는 성급하지 말고 순리를 택하는 것이 최선의 방책이다.

■ 145

점진적인 발전이 예측될 수 있는 시기이며 귀인의 도움이 따를 수 있다. 현재의 상태는 안정적인 측면에서 포용하는 과정으로 그 흐름을 느낄 때이다. 이성간이나 귀인의 도움이 따르며 명예나 문서적으로 능력을 재인식할 수 있다. 성급한 측면은 또 다른 문제를 파생시킬 수 있으므로 안정을 지키며 묵묵히 침착하게 관리하여 실수하지 않도록 할 때이다. 타인과 의견통합으로 묘안에 착수하는 기회도 주어진다. 능력을 발휘할 수 있는 한도 내에서 노력보다 더 큰 이익이 떨어지니 주위의 사소한 일에도 귀를 기울이고 이미지 관리에 힘써 주위의 반감이나 시기를 막아야 할 것이다. 좀 더 주위를 포용하며 자기의 주관적인 입장만 고수하지 말고 묵묵히 신념을 가지고 강하게 밀고 나간다면 소기의 목적을 찾을 수 있다.

9	1	1
1	2	3
4	5	9
5	8	4

일년의 운세

새로운 인연을 맺게 됨으로써 생활에 새로운 국면을 모색하게 되는 해이다. 미혼인 경우엔 이성으로 인한 갈등이 심화되기도 하며 양자택일의 기로에 놓이는 상황이라 하겠다. 자칫하면 이전의 관계가 원수로 변하기도 하며 지금까지의 상황에 변화가 온다. 이별, 충동 등으로 복잡하여 한동안 방황하는 시간을 갖기도 한다. 의욕보다는 현실을 잘 판단하여 안정을 유지함이 현명하다 하겠다. 재물에 치중함은 명예를 잃거나 타인의 신뢰를 저버리는 일이 된다. 주위의 의견에 귀를 기울여 처신함이 필요한 시기라 하겠다.

▣ 911

상대로 하여금 불안함을 느끼게 하는 조마조마한 상태가 도래하는 경우가 많다. 사업이나 이성 관계에 있어서 서로가 다소 소홀해지고 새로운 인물이 등장하여 고민을 하게 된다. 이 시기는 확고한 결단이 따라야만 불행한 사태를 막을 수 있다. 생각은 깊고 포부는 크지만 때가 이르지 않아 섣불리 행동에 옮기면 손해만 따르니 신중하게 처신함이 필요한 상황이다. 선택의 기로에 있다면 서로의 만남을 피하는 것이 자신에게 도움이 될 것이다. 단호한 결단력이 요구되는 시기이니 신중하기 바란다. 주위의 자문이나 조언이 활력을 갖게 한다.

◼ 123

여유 있는 자세로 대처함이 필요한 시점이다. 변화를 꾀하는 과정에서 주위가 적대관계로 돌변하여 지금까지 쌓여온 인간관계에 배신과 모함이 따르는 시기이다. 계획을 실천하는 데 장애적인 요소가 대두되어 심리적 갈등이 초래되며 능력 또한 저하되어 무기력한 상태에 돌입할 우려가 있다. 주위의 모든 여건이 자신에게 불리한 방향으로 돌아가니 소속감에서 탈피하고 싶은 마음이 깊어지고 안정감을 상실한다. 이성간에 결별을 선언하는 드라마도 연출되며 사소한 충돌로 인해 대립을 가져오게 되니 양보의 미덕으로 스스로를 낮추고 상대의 의견에 따라주되 상황이 악화되면 다소 마음은 아프겠지만 미련두지 않는 것이 자신을 위해서 바람직한 처사이다.

◼ 459

차분한 안정감이 깃들게 되며 지난 시간을 회상하면서 정리할 수 있는 정신적 여유를 갖게 되니 힘의 안배에 신경을 쓰기 바란다. 갑작스런 상황의 돌변으로 당혹감을 느끼게 되지만 생각 여하에 따라서 획기적인 변화의 계기가 될 수 있으니 위축되지 말고 과감하게 대처함으로써 오히려 전화위복이 될 수 있는 상황이다. 끝까지 버티어가는 지구력이 요구되는 시점이다. 문서적으로 이로운 때이니 염두에 두고 있는 일이 있다면 실행에 옮기도록 하여 성취감을 느낄 때다.

◼ 584

의욕에 치우쳐 행하기보다는 현실을 잘 파악하여 안정을 유지함이 유리한 상태이다. 지나치게 금전에 집착하는 경향이 있으나 자칫하면 그로 인해서 동요하며 따라서 금전적인 측면에서도 점진적인 안정을 추구해야 한다. 이전까지의 혼란과 침체상태에서 어느 정도 벗어나 안정감이 감돌게 되니 지금의 위치에서 해야 할 일을 확고한 방안과 구체적인 설계로 집약할 때이다. 과격한 성격으로 주위의 맺고 끊음을 정확히 할 때이다.

9	2	2
2	4	6
8	1	9
1	7	8

일년의 운세

변화적인 양상이 지속됨으로써 심리적, 육체적으로 차분한 안정감이 결여되며 분주하기는 하지만 확고한 자신의 위치를 구축하지 못하는 경향이 있다. 일관된 목적의식을 가지고 자신에게 적합한 위치를 결정해야 한다. 따라서 주위의 도움으로 하고자 하는 일에 지속성을 갖게 되며 너무 의존적인 자세는 삼가야 하고 목적을 위한 과감성에서 성취감을 느낄 수 있으며 재물도 따를 수 있다.

▣ 922

심리적인 변화와 주위의 변화가 많아 다소 분주한 상황이지만 확고하게 마음을 정하지 못해 번민하는 경우가 있다. 상황적인 변화에 편승하여 이전부터 생각해오던 직업의 변동이나 거주지의 이동을 꾀하게 된다. 마음이 들떠 있어 가정생활에 충실치 못하는 경향이 있고 가정은 물론 주변 관리에 소홀히 할 우려가 있다. 항시 경계심을 게을리 하지 않도록 하며 변화 변동은 가급적 피하도록 하라. 한편 자신의 환경변화가 새로운 발판의 모체가 될 수 있는 좋은 때이다.

■ 246

변화나 변동은 좋은 의미를 시사하며 중간 과정에서 심적인 갈등도 대두되지만 시간이 흐름에 따라 확고한 위치가 확립 될 수 있다. 살던 집을 옮겨가거나 직업의 변동도 뜻한 바대로 이루어진다. 안정을 바탕으로 현실에 충실함이 자신에게 실질적 도움이 편승할 수 있으며 매사가 원만하게 처리된다. 주위의 도움으로 모든 일이 순조롭게 이루어지나 노력과 능력도 중요하며 명예, 승진 기회도 따르고 학업에 대한 능률이 상승하는 시기이나 자만하지 않도록 한다.

■ 819

재물과 명예에 행운이 깃들게 되며 의욕에 차서 주위를 무시하는 자만에 빠지기 쉬운 때이다. 자신을 잘 다스려 겸손과 아량을 겸비한다면 주위의 도움으로 새로운 인연을 맺을 수 있겠다. 금전적인 문제는 호전되어 가지만 이성간의 만남은 애정으로 가까워지기에는 다소 문제가 따른다. 여유를 갖고 현실적인 측면에서 서로의 부담을 느끼지 않도록 하라. 문서적인 면에 소신껏 추진하면 예상외의 결과를 얻을 수 있겠으며 자만하거나 경솔히 행동하면 큰 이익을 얻지 못하니 신중한 자세로 임해야겠다. 주위를 이해와 아량으로 보살피면서 자신의 욕구를 관철시켜 나가야 할 시기이다.

■ 178

자신이 추진하는 일에 어려움이 따르며 소강상태를 면하기가 쉽지 않으니 모든 일을 접어두고 싶은 심정이다. 시간이 흐름에 따라 안정을 얻게 되며 다소의 금전적인 여유도 누리게 되니 가능한 진취적인 사고방식으로 다스려야 한다. 현 상태에서 자신의 위치를 재검토하고 상황변화에 따라 마음도 안정을 기할 수 있도록 하라. 이성간에 새로운 계기가 조성되며 서로의 발전으로 치닫게 된다. 성급하지 말고 서서히 행동으로 옮겨라. 하고 싶은 일은 뜻대로 밀고 나가는 것이 좋지만 주위의 조언이 전화위복이 될 수도 있다. 뜻하지 않은 금전 소득을 기대해 볼 만하다. 아울러 현실적인 실리를 추구하는 강한 욕구도 분출될 수 있다.

9	3	3
3	6	9
3	6	9
6	6	3

일년의 운세

무엇보다도 건강에 문제가 야기되는 편이다. 가급적 과로를 피하여 건강을 지켜야 하며 뜻하지 않은 사고나 실수로 능력이 상실될 우려가 있으니 가능한 활동의 폭을 제한할 필요가 있다. 언행에도 유념하여 구설에 휘말리지 않게 주의하며 무엇보다도 확실치 않은 상황에는 절대 개입하지 않도록 하라. 직장 여성은 문서처리에 신중을 기해야 하며 능력 밖의 일에는 처음부터 관여하지 않는 것이 좋다. 아울러 이때 만나는 이성은 크게 이로운 상대가 못되니 너무 의존하지 않는 것이 좋다.

■ 933

분주히 움직이는 데 비하면 소득이 없어 바쁘기만 하다. 심리적 갈등과 건강의 침체가 염려되며 욕구와는 반대로 금전의 지출을 요하는 문서가 대두되고 여러 가지 난관에 봉착하게 된다. 명예, 문서, 금전에 상황 전복이 많아 성사되기에는 많은 어려움이 따른다. 안정된 상태가 못 되어 주위의 유혹에 현혹되기 쉬우니 의타심을 갖지 말고 혼자 견디어내야 하는 때이다. 학생의 경우에도 학업에 열의를 갖지 못하니 건강에 특히 유의하기 바란다. 불의의 사고를 조심하고 문서로 인한 구설이 우려되니 문서를 접할 때는 세심한 확인이 필요하다.

▣ 369

신중을 기하는 태도로 완벽하게 짚고 넘어가야 한다. 학업이나 실무적인 일에서 생각지도 못했던 낭패를 볼 우려가 있으니 세심한 주의력을 요한다. 아집과 독선으로 주위로부터 따돌림 받는 결과를 초래하므로 어느 때보다도 융화 속에서 발전을 도모함이 필요하다. 나아갈 길이 확고해지면 한층 더 활동적으로 행하되 관련이 없는 일에는 나서지 않도록 특히 주의를 한다. 문서적인 면에서 뜻을 찾게 되며 사업이나 취업 및 미결된 문제의 해결을 볼 수 있는 때이다.

▣ 369

문서 및 서류와 관련을 가지면서 자신의 명예와 관련된 일들이 계속 이어지는 때이다. 따라서 명확한 공사의 구분이 없을 때에는 명예에 관련된 분야에서 손실이 가져오는 결과가 초래된다. 결정과 판단 여하에 따라서 지금의 상황이나 하고 있던 일들이 빠른 진전 및 퇴보를 할 수 있는 극단적인 일면이 있는 시기이다. 이 점을 명심하고 행동에 무리가 없도록 하며 현재의 상황을 점검하여 다음을 대비토록 해야겠다. 건강의 안정 및 심리 상태의 조절을 위해서 각별히 신경을 써야 한다. 어떤 변화의 조짐이 있을 때에는 자신의 위치에서 무난히 소화할 수 있겠는가를 먼저 검토한 후 수용하도록 해야겠다.

▣ 663

그동안 지체되어 오던 일이 차츰 풀려가고 노력한 만큼 인정도 받게 된다. 외국 출장이나 여행에 좋은 시기이며 주위의 선처로 쉽게 자신의 위치를 확립할 수 있다. 취업을 원하는 여성은 크게 희망을 가져볼 만한 시기이니 가급적 연기되지 않도록 최선의 노력을 경주하기 바란다. 불가항력적인 장애 요소가 있다 해도 뜻을 굽히지 않으면 반드시 성사 될 수 있는 때이며 따라서 건강에 유의하여 무리하지 말고 가급적 자제를 요한다.

9	4	4
4	8	3
7	2	9
2	5	7

일년의 운세

가능한 안정권 내에서 계획을 구상해야 큰 무리가 없다. 이 시기에 금전에 집착함은 오히려 실망만 안겨줄 뿐이니 너무 금전과 결부시키지 않는 편이 좋다. 현실에 만족을 갖지 못하면 의욕이 저하되며 타인의 일로 많은 시간이 소모된다. 자신의 주장보다 주위의 의견을 수렴하여 지혜롭게 이끌어 나가는 자세가 필요하다 하겠다.

■ 944

안정된 상태에서 재물을 추구하는 면이 짙게 나타난다. 갈등을 느꼈던 일들이라면 조용히 정리할 수 있고 안정된 가운데 처리하니 여유와 편안함이 계속되겠다. 의도한 대로 순조롭게 관철되며 주위의 상황이 다소 변할 수 있으니 즉흥적이고 직선적인 언행에 주의하여 타개하여 나가야 한다. 가정생활은 원만하고 순조롭다. 옥은 닦을수록 빛을 내는 것과 같이 자만하지 않고 여유롭고 침착하게 행동한다면 가장 편안하고 안정된 생활을 누릴 수 있을 것이다. 능력 이상의 일에 손을 뻗치는 것은 오히려 어지러운 상황으로 몰고 가는 결과가 된다.

◼ 483

소망하는 것이 대부분 금전적인 면으로 치우쳐 있으나 소득보다는 지출의 우려가 더 크므로 고정적 지출 이외에는 억제할 수 있도록 한다. 성격상 타인에게 피해를 주지 않는 편이라 서둘지 않고 차분하게 일을 풀어나가면 모든 것이 자신의 편이 되어 준다. 권태와 심리적 갈등이 강하게 일어나 현 위치를 바꾸려는 마음도 생긴다. 하지만 현재 상태에서의 변화는 금해야 한다. 수입보다는 지출이 많으며 손해 보는 일이 있으니 계획성 있는 생활이 필요한 때이다.

◼ 729

현실에 만족을 얻지 못하여 의욕이 저하되는 편이다. 타인의 일로 인해 소득도 없이 시간만 낭비하게 된다. 큰 기대만큼 결실을 맺지 못하니 안타깝다. 초조해하거나 서둘러 처리하는 것보다는 현실에 충실을 기하여 하나하나 풀어나가는 자세가 필요하다. 확실한 보장을 받지 못하는 일에 뛰어들어 손해를 자초하면 심리적으로 엄청난 고통과 갈등이 모든 일에 영향을 미치게 된다. 확고한 자기 기반위에서 심리적 갈등을 없애고 현재의 처지를 긍정적으로 받아들여 안정을 추구할 수 있는 시점이라 하겠다.

◼ 257

서둘러 일을 처리하게 되면 크게 손해를 입게 된다. 주위의 조언과 위안도 현 상태를 극복하는 데 도움이 된다. 마음만 있을 뿐 실제 행동은 효과적인 실효를 거두지 못한다. 주위의 환경이 하루 사이에 돌변하게 되니 의욕이 무너져 내리는 고통이 수반된다. 이성보다 본능이 앞서 실수가 잦아지니 자신의 주장만 고집하지 말고 주위의 의견을 수렴하여 지혜롭게 대처함이 요망된다. 심리적 불안감은 건강과 직결되므로 만성적인 질환이 재발하기도 하겠지만 불의의 사고도 유의해야 한다. 당분간 자신의 일 외에는 신경을 끊도록 함이 유익하다 하겠다.

9	5	5
5	1	6
2	7	9
7	4	2

일년의 운세

자신이 도모하는 혁신적인 변화가 뜻한 만큼 실효성을 거두기 위해서는 노력이 필요하다. 때로는 시간이 자신의 감정을 자극했다 하더라도 가급적 자중해야 하며 상황의 흐름을 주도면밀하게 주시하여 실행에 옮겨야 한다. 다소의 난관이 따르겠지만 의타심을 갖지 않도록 자기 관리에 만전을 기해야 한다. 따라서 안정 속에서 좋은 변동을 갖추니 주위에서 일어나는 일들에 대해 과민한 반응을 보이지 않도록 하며 자신의 힘으로 매사를 포용하며 수용하는 정신적 자세라면 뜻을 성취시킬 수 있다.

■ 955

환경에서 과감하게 탈피하고픈 생각이 깊어지며 혁신적인 변화를 추구하는 마음도 강하게 작용한다. 노력 여하에 따라 성과가 좌우되겠지만, 이 시기는 이성보다는 감성에 의한 행동이 표출될 우려가 있으니 스스로를 진단해 보기 바란다. 이익만 생각한 나머지 주변 여건과 상황을 고려하지 않고 서두르다 보면 타인에게 해가 될 수도 있다. 조그만 이익을 얻고자 남에게 큰 상처를 안겨주는 실수를 범하지 않도록 자신을 돌아봄이 필요한 시점이라 하겠다. 자신의 의도와는 달리 가끔 돌발적인 사건이 생길 수 있으니 마음의 안정을 도모하면서 적극적으로 대처한다. 획기적인 변화의 계기가 될 수 있으니 신중을 기해 기회 포착에 만전을 기한다.

■ 516

예기치 않은 돌발적인 사태로 인해 마음의 평정을 잃고 실의에 빠지기 쉬운 때이다. 훌훌 털어버리고 과감한 노력을 게을리 하지 않도록 스스로의 관리에 신경을 써야 한다. 새로운 인연으로 이성을 만날 수도 있으나 너무 의존적인 자세는 삼간다. 또한 이성으로 인한 문제가 발생할 수도 있으니 각별한 주의가 필요하다. 상황이 다소 완화되는 시기이며 문서적인 측면이나 명예에 일시적인 결과를 형성할 수 있으며 새로운 섭외로 또 다른 구상을 갖게 된다. 다만 다분히 감정적인 판단을 내릴 우려가 있으니 주의하기 바란다.

■ 279

변화적인 측면에서 새로운 갈등이 대두되며 정신적이나 건강적인 면에서 안정을 찾지 못하는 입장에 놓이게 된다. 의욕이나 욕구는 강하나 현실이 생각처럼 따라주지 않는 경향이 있다. 가급적 주위의 변화적 상황에 과민한 반응을 보이지 말고 못 본 것처럼 지나쳐 버리는 것이 좋다. 건강에 유념하여 성급하게 마음을 재촉하지 않도록 한다. 순리대로 행하여 나가는 도중에 상황이 점차 호전되어 간다. 문서적으로 이로운 때이니 뜻이 있으면 성취할 수 있는 기회이나 자신의 실리를 추구하는 데 전념하라.

■ 742

주위의 상황이나 자극에 민감해 긴장감을 떨쳐버리기 어렵다. 계속되는 심리적 중압감으로 현재의 위치를 벗어나고픈 충동이 일어 직장여성의 경우 직장을 그만 두고자 하는 마음도 있다. 하지만 섣부른 판단과 경솔한 행동은 후회가 뒤따르며 수습하기 힘든 상황으로 몰고 가기 어느 때보다도 감정을 자제하고 다음을 기약하는 마음의 자세가 필요한 때이다. 순간적으로 현실을 도피하려는 생각은 삼가고 변동에도 신중함이 요구된다. 따라서 자신을 지키는 마음가짐에서 성취감을 느낄 수 있는 강한 욕구가 작용하니 뜻을 도모하도록 하라.

9	6	6
6	3	9
6	3	9
3	3	6

일년의 운세

계획과 구상이 순조롭게 진행되기에는 다소 어려운 시점에 있으나 중도에서 포기하지 않는 지구력만 갖추고 있다면 독자적인 생활력의 구축이나 학업에 좋은 발전을 기대할 수 있다. 타인의 일에는 개입하지 않는 것이 좋으며 자칫하면 구설이나 문서로 인한 갈등이 표면화되니 현실적으로 자신의 이익을 먼저 염두에 두어야 한다. 아울러 건강에도 각별히 유념하여야 하며 정신적인 분야에서 뚜렷한 가치관의 확립이 중요한 시기가 된다.

■ 966

뜻하는 바가 주위의 의견과 일치되어 실현 가능성이 보인다 해도 중도에서 결렬될 우려가 있으니 의도적인 욕구의 표출은 가급적 삼가기 바란다. 순리에 그르치지 않는 범위 내에서 뜻을 실현해야 하는 상황이라 하겠다. 아집에 따른 행동보다는 포용하는 과정에서 발전적인 흐름이 보인다. 학생의 경우에는 일생의 확고한 목표가 설정되며 학업에 충실할 수 있는 때이다.

▣ 639

남의 일에 개입하는 경솔함은 실리에 크나큰 손상을 입게 된다. 업무상 과실의 우려가 있으며 모든 책임의 소재가 엉뚱하게 자신에게 돌아오는 경향이 있으니 신중하게 판단하여 행동해야 한다. 타인으로 인한 구설과 오해로 심리적인 갈등이 심화되며 자신이 진행 중인 일에도 뛰는 데 비해서 성과가 없으니 크게 인정을 받지 못한다. 문서를 통한 보증담보의 대여로 조심해야 하는 시기이다. 학생의 경우에는 감정의 기복이 심한편이니 관리에 만전을 기해야 한다.

▣ 639

무엇인가 될듯하면서도 상황이 다시 돌변하여 자신에게 부여될 수 있는 기회가 다른 쪽으로 방향을 바꾸게 된다. 성급하게 일을 벌려 놓고 수습하기 어려운 단계에 봉착하게 되니 주위의 견해를 충분히 수렴하여 행동하여야 한다. 불가항력적인 변화의 양상이 목적의식을 혼미하게 할 우려가 있으니 정면으로 부딪치기 보다는 우회하는 여유를 갖도록 노력한다. 남의 일에 관여하지 말고 모든 일에 신중을 기해야 한다. 이때는 철학이나 사상, 종교에 많은 관심을 갖게 되며 형이상학적 세계를 동경하며 현실적으로는 침체된 국면에 돌입할 수 있다. 잠재의식 속에서 학문이나 사상을 동경하며 의존하고 싶은 생각에 빠지는 경향이 있다. 가급적 안정을 추구하며 문서적으로 깊이 생각하여 변화를 모색함은 물론 외국이나 여행으로 분위기를 개선할 때이다.

▣ 336

엉뚱한 일로 관심을 분산시키게 되며 정신적인 측면에 일관성을 이루지 못하는 경향이 있다. 결단과 결정의 오류를 범할 수 있는 시기이므로 가족이나 동료의 도움이 절실하게 필요한 때이다. 일이나 학업에 능률이 오르지 않아 정신적인 건강이 여유롭지 못한 상태인 주위에서 일어나는 일들에 대해서 다소 둔감하게 대처할 필요가 있다. 다소의 안정감이 감돌게 되며 주위의 배려로 의욕을 되찾게 되고 보

다 새롭게 뜻을 정립하게 된다. 아울러 문서적으로 성취감을 느낄
수 있도록 노력하라.

9	7	7
7	5	3
1	8	9
8	2	1

일년의 운세

생활에 큰 진전은 없고 현상 유지에 머무르는 시기이니 새로운 계획이라 해도 미루는 것이 바람직하다. 갑작스런 돌변으로 물질적, 정신적 손실이 크게 우려된다. 귀인의 도움이 따르며 자신의 능력과 의욕을 병합하여 매사에 점진적인 발전으로 도약할 수 있도록 하라. 다만 지난날의 피해의식을 씻어버릴 수 있는 분위기로 호전되면서 주위의 도움이나 이성의 만남으로 생활에 활력을 되찾을 수 있으며 금전적인 안정권을 보유하고 있다.

■ 977

의욕이 저하되는 경향이 있으며 학업이나 업무에 있어서도 열의를 갖지 못하는 실정이다. 건강도 좋지 않은 때이며 생활의 큰 진전을 기대할 수 없는 상태이다. 무리한 확장이나 이동보다는 충실히 현 위치를 고수하도록 한다. 상황의 흐름을 잘 주시하여 나설 때 나서고 물러설 때 미련 없이 물러서는 단호한 결단력이 필요한 때이다. 한곳에 집착하기보다는 관심을 분산시켜 정신적인 여유를 갖도록 노력한다. 따라서 의욕이 침체되면 무기력하게 만들 수 있다.

■ 753

계속해서 자신의 능력을 발휘하기에는 어려움이 따른다. 심리적 불안이 가중되어 불안과 초조의 긴장상태가 지속되며 계속적으로 정신적 갈등이 따르며 건강에도 나쁜 영향을 미치게 된다. 때로는 부정적인 측면으로만 생각하다 보니 다분히 감정적인 언행의 구사가 우려된다. 직장 여성의 경우에 순간의 감정으로 퇴직의 마음을 갖기도 하니 돌이킬 수 없는 실수를 범하지 않도록 자기관리에 신경을 쓸 때이다. 다만 불의의 충돌 및 사고에 유의하기 바란다.

■ 189

이전까지의 상황은 금지와 절제로 일관되어 왔지만 이제부터는 적극적으로 실리와 뜻을 관철시킬 때이다. 귀인의 도움이 따르며 금전적인 지출이 있기는 하지만 자신에게 유리한 영향권으로 돌입하게 됨으로써 긍정적인 사고력과 행동력을 갖게 된다. 급진적인 발전보다는 단계적인 발전을 하게 되니 성급하게 생각지 않도록 한다. 이성과의 만남도 크게 기대되는 때이다. 또한 현실적인 이익을 추구할 수 있으며 원만한 분위기 속에서 뜻을 찾도록 하라.

■ 821

노력으로 금전의 소득도 얻게 되며 안정감이 깃들게 된다. 다만 새로운 일의 구상이나 확장, 이동을 계획하기에는 아직 시기상조이다. 주위의 선처로 생활에 새로운 국면을 맞게 되며 침체된 상태에서 벗어나 활력을 갖게 되니 주위의 환경이나 직장 등 생활의 모든 여건을 스스로가 개척하여 주도해 나간다. 아울러 이러한 때일수록 대인관계도 더욱 돈독히 해두기 바란다. 일상생활에서 벗어나 활력을 갖게 되니 주위의 환경이나 생활의 여건을 바꾸어가려는 기미가 보인다. 귀인이나 이성의 도움이 따르게 되니 상황의 흐름에 편승하는 것도 좋을 듯하다.

9	8	8
8	7	6
5	4	9
4	1	5

일년의 운세

금전적인 면으로 자기 자신의 욕구가 강하게 치우치는 때이다. 약간의 여유와 안정을 갖게 되며 수입에 비례하는 지출 또한 큰 몫을 차지한다. 갈수록 안정권에 들어서며 이성과의 만남은 뜻밖의 변화를 갖게 된다. 지나친 욕심은 또 다른 과오로 잉태하게 되니 상황에 맞게 적당히 만족하는 것이 바람직한 처사이며 때로는 현실에 순응하여 자신의 몫을 지킬 수 있는 내면을 키워나갈 때이다.

■ 988

금전적인 욕구가 어느 때보다도 마음에 가득한 때이다. 원하는 바는 먼저 투자를 함으로써 결실을 볼 수 있으니 능력의 한도 내에서 지출을 조정해야 한다. 고정적인 지출 이외 지출이 우려되기도 하며 주위 상황에 대해서 다소의 의혹 감을 갖기도 하므로 독단적인 판단은 삼간다. 어느 때보다 분주한 나날을 보내며 안팎에서 경제적 어려움을 느끼지 않는다. 욕심이 지나쳐 모처럼의 호기가 주변의 따가운 시선으로 위축되지 않도록 중용을 지키는 자세를 취하도록 한다.

■ 876

현실과 이상의 부조화로 하고자 하는 일에 연결성이 결여되며 건강에도 문제가 있다. 신경 쓸 일들이 늘어만 가고 속수무책으로 해결의 실마리는 보이지 않으니 짜증스러운 때이다. 과감하게 생활의 패턴을 바꾸어 보는 것이 슬럼프를 극복하는 해결책이 될 수 있다. 편협한 사고방식은 활동범위를 좁게 하므로 개방적인 사고로 대처해야 하겠다. 모든 문제의 해결은 자신의 능력으로 택하기 바란다. 본래의 임무에 충실할 수 있으며 주위의 배려도 원만히 이루어진다. 따라서 성급한 분야에서보다 원만한 가운데 성취감을 느낄 수 있다.

■ 549

주위 여건의 잦은 변화로 감정이 고조될 수 있으나 가급적 자신의 능력권 내에서 변화를 시도해 보는 것이 바람직하겠다. 무리가 따르지 않는 상황이므로 타인의 힘을 빌리고자 하는 의타심을 철저히 배제하도록 한다. 주위로부터 부여되는 획기적인 변화에 너무 큰 기대를 걸지 말고 인내와 노력으로 성취감을 느끼도록 한다. 문서적으로 자신에게 유리한 때이다. 순리대로 풀려나가는 때이니 마음을 재촉하지 않도록 하라. 한편 과감한 투자나 의욕이 때로는 힘이 될 수 있다.

■ 415

현실적인 면에서 안정감이 있으며 지난 시간을 차분하게 정리할 수 있는 여유가 있다. 생의 반려자를 만나거나 뜻을 같이하는 동조자를 만나 자신의 능력을 펴나감은 물론 발전으로 치닫게 된다. 상황적인 변동이 다소 있겠지만 생활의 패턴을 바꾸어 볼 수 있는 획기적인 기회가 될 수 있다. 따라서 주위의 포용이 현실적인 이익으로 표출될 수 있다. 다만 자만이나 너무 강한 욕구는 반목을 살 우려가 있으니 독선적 행동을 견제하도록 한다. 순리를 따르며 역행은 금물이다. 차분한 마음으로 인내하며 노력한다면 성과가 예상된다.

9	9	9
9	9	9
9	9	9
9	9	9

일년의 운세

자신이 처해 있던 모든 상태에서 벗어나 새로운 환경으로의 전환이나 탈피 욕구를 느끼게 된다. 외국으로 나갈 수 있는 기회도 되며 매우 활동적으로 움직이게 된다. 분주하게 움직이는 만큼의 소득은 미약하지만 활동범위를 넓게 갖고 주위의 포용력에 힘입어 좀 더 넓은 시야를 가질 수 있는 획기적인 기회가 된다. 갑작스런 변동이나 탈피는 다소의 곤란이 따르기도 하니 차분히 검토 분석하여 실행에 옮기도록 하며 혁신적 변화에 순응함이 필요하다.

◼ 999

주변의 상황에 힘입어 꿈꾸어 오던 일들에 착수하려 노력하지만 어려움이 따른다. 현실에 만족을 얻지 못하여 현 상태를 벗어나 멀리 여행이나 도피를 생각하게 된다. 자신의 뜻을 가로막는 장애적 상황이 와도 그것에 구애받지 않고 꿋꿋하게 길을 걸어가야 한다는 확고한 신념과 의지를 필요로 하는 시기이다. 적극적인 자세로 능력을 십분 발휘하여 이루고자 하는 바를 성취할 일이다. 현실에 만족하고 안주한다면 주어진 절호의 찬스를 잃어버리는 격이니 금전적 소득이 크게 따르지 않는다 해도 기회를 잘 활용하여 폭넓은 교제의 장을 구축하기 바란다.

▣ 999

심리상태가 소강상태에 놓이게 되며 추진하고자 하는 일의 급작스러운 변화로 당황하여 다소 혼란을 겪게 된다. 몸과 마음은 여유 없이 빠듯하게 움직이나 결과를 기대하기 어려우니 안타깝고 초조하기만 하다. 한자리에 머무르는 지긋함보다는 이리저리 변화를 모색하며 현실 탈피의 심리작용이 강하게 대두된다. 지금껏 잘 견디어온 사소한 문제도 크게 확대되고 표면화되어 갈등이 심화되는 경향이 있다. 답보상태인 현 위치를 떠나 있지 못하면 육체적, 정신적으로 어려움을 겪게 되니 현 위치 보다 타지에서의 능력 발휘가 효과적인 결실을 맺을 수 있음을 상기하기 바란다.

▣ 999

생활에 약간의 변화를 갖게 되는 시기이다. 현실에 안주하지 못하고 다른 곳에 생각이 머물러 있어 현재의 위치에서 잠시 벗어나 보는 길을 택하게 되는 상황이다. 확신이 부족해 망설이고 주저하지만 이때는 확고한 신념 아래 행동하는 신중함도 겸비해야 한다. 망설이는 기간이 길어지면 이곳저곳을 기웃거리는 안정적이지 못한 상황으로 연결될 수 있으니 흘러가는 추이를 파악하여 곧 대처함으로써 본래 궤도에 오를 수 있도록 하기 바란다.

▣ 999

심리적으로 약간 지쳐있는 상태이다. 자신의 생활에 대해 의혹감을 떨쳐 버리지 못하며 누구에겐가 의존하고 싶은 생각이 들기도 한다. 이런 때일수록 의타심을 갖기보다는 스스로 찾아나서는 능동적인 자세가 요구된다. 주위로부터 섭외되어 오는 문서를 통해 돌파구를 찾을 수 있으므로 심기일전하여 최선을 다하기 바란다. 가정보다는 외부에서의 활동력이 크게 돋보이는 시기이다.

현실적인 분야보다 더 넓은 지향을 추구하여 의욕과 욕구가 분출될 수 있는 최선의 기회로 잡고 능력을 과감하게 돌출시킬 수 있도록 하라.

운정 김종현

1985년	스포츠서울 오늘의 운세 연재
1987년~ 90년	스포츠서울 특집 신년운세
1985년	선데이서울 자기소개
1986년	명사백인전 동양철학
	선데이서울 월드컵 예상
	선데이서울 체형으로 보는 궁합
	제일약품 올해의 운세
1987년	선데이서울 역술가가 짚어보는 올해의 운세
1988년	월간 원예 꽃운세
	원예가이드 꽃으로 보는 행운
	한국식품 주간운세
	월간 불교 무진년 운세
	대영전자 사보 대영인의 운세
	올림픽 예상 상승 스포츠서울
	삼성시계 별자리 운세
	삼성시계 월간 우리
	청소년의 가는 길
1989년	꽃으로 보는 당신의 성격 연재
	가정조선 이달의 운세 연재
	가정조선 기사년 새해운세

선데이서울 꽃으로 보는 운명 특집

여성중앙 꽃으로 보는 당신의 운명 연재

포트폴리오 금전운세 연재

매일경제신문 경제운세

스포츠서울 프로야구 '89년 운세전망 새해 특집

만화시대 만화로 본 운세

조선일보 특집

신부 태몽 꿈의 전설

남도일보 마산 당신의 운세 연재

스포츠서울 꿈 연재

대우중공업 사보 사주팔자의 유래

삼성전기 사보 금년운세의 연재

여성중앙 태몽 꿈

부동산경제 운세 예보

여성중앙 속궁합 연재

주간여성 남녀성격분석

KBS 가정저널, 전국은 지금, 자니윤쇼

국군방송 해외특집프로, 아침마당, 궁합

무엇이든 물어보세요, 꿈의 해설

KBS 신미년 국가의 운세

89 토요일의 김영란 사주팔자

도시농촌 결혼 짝짓기 출연

신입사원 면접상담

결혼에 대한 상담

스포츠서울 오늘의 운세 꿈의 해설을 장기간 연재했으며

경남매일, 일요신문, 부동산경제, 가정조선 54개 신문잡지 연재

신비한 꿈의 세계, 통역(매화역수), 인생철학의 진리,

꿈풀이 백과 운정비결 신간

1998년	브라질 상파울로
1999년	하와이
2000년	LA 중앙일보 오늘의 운세
2006년	텐방송 고정스페셜 미국 전역방송상담(6개월프로)
	매년 라디오코리아 출연(상담방송)
2006년부터	스포츠서울연재
2012년	라디오코리아 출연

운정비결 중국어판, 미주판. 일본어판